彩莲九月菊
教学漫谈

王彩莲　著

西南交通大学出版社
·成都·

图书在版编目（ＣＩＰ）数据

彩莲九月菊教学漫谈/王彩莲著.—成都：西南交通大学出版社，2018.4
　ISBN 978-7-5643-6128-0

Ⅰ.①彩…　Ⅱ.①王…　Ⅲ.①教育工作－文集　Ⅳ.①G4-53

中国版本图书馆 CIP 数据核字（2018）第 060854 号

彩莲九月菊教学漫谈
王彩莲　著

责　任　编　辑	左凌涛
助　理　编　辑	赵永铭
封　面　设　计	严春艳
出　版　发　行	西南交通大学出版社 （四川省成都市二环路北一段 111 号 西南交通大学创新大厦 21 楼）
发 行 部 电 话	028-87600564　028-87600533
邮　政　编　码	610031
网　　　　　址	http://www.xnjdcbs.com
印　　　　　刷	四川煤田地质制图印刷厂
成　品　尺　寸	170 mm×230 mm
印　　　　　张	14.5
字　　　　　数	222 千
版　　　　　次	2018 年 4 月第 1 版
印　　　　　次	2018 年 4 月第 1 次
书　　　　　号	ISBN 978-7-5643-6128-0
定　　　　　价	56.00 元

图书如有印装质量问题　本社负责退换
版权所有　盗版必究　举报电话：028-87600562

自 序

我出生在甘肃永登县红城镇，自小生长在庄浪河畔，儿童时期常常在自家门前的小溪里嬉戏，捉鱼，洗衣服，长大以后成为了一名教师。20多年的教学生涯里我遇见了许许多多的人和事，可以说现在是桃李满天下。从2014年开始，我有了写一些教学方面的东西的意愿。因为我是农历九月初九日出生，接生婆建议取名"九菊"，认识我的人都叫我"菊"，学名叫"王莲"。但在小学二年级的时候我们甲班和乙班合在了一起，这样班上有了2个"王莲"，在班主任老师的建议下爸爸妈妈同意给我改名为"王彩莲"。这个名字将伴随我一生，因此，我决定将本书命名为《彩莲九月菊教学漫谈》，希望本书为我的教学生涯画上圆满的句号。

目 录

第一章 教学论文及教学经验 _ 1
第一节 教学论文 _ 1
爱心点燃希望之花 _ 1
不可忽视的导语设计 _ 3
创设情境 激发潜能 _ 6
促进师生互动 加强课堂调控 _ 7
合作学习中的新型师生关系 _ 10
教师的形象设计 _ 13
教学经验交流发言稿一 _ 16
教学经验交流发言稿二 _ 18
教学经验交流发言稿三 _ 21
《爱的教育》读后感 _ 24
《陶行知教育法》读后感 _ 25
《给教师的一百条建议》读后感 _ 26
浅谈"三主五步"课堂教学模式 _ 29
让情感成为教师工作的主线 _ 32
用小组活动提高班级教学效率 _ 34
谈实施素质教育对教师素质的要求 _ 36

第二节 班主任经验 _ 38
迎接新学期,创造新人生 _ 38
班会中的主要演员 _ 40
班主任的"五个一" _ 43
班主任的基本素质需求 _ 47
班主任的教育艺术 _ 49

班主任职业幸福的实践追寻 _ 51
　　对差生群体跟踪教育责任制的实践探究 _ 57
　　关注学生个体差异，促进学生全面发展 _ 61
　　农牧区班主任工作的基本策略 _ 65
　　浅谈班主任的人格魅力 _ 68
　　让班级管理走向生本 _ 70
　　新时期班主任工作策略 _ 74
　　主题班会中班主任的作用 _ 78

第三节　数学教学经验 _ 80
　　化归思想在方程教学中的应用 _ 80
　　教师主导为本　提高数教为重 _ 83
　　利用信息技术优化数学课堂教学 _ 85
　　浅谈初中数学教学中对学生的评价方式 _ 89
　　认真学习数学　巧用技巧方法 _ 92
　　浅谈数学教学中的备课 _ 95
　　数学课小结的三种形式 _ 98
　　谈多媒体辅助教学的得与失 _ 101
　　新课改数学教学中的师生"共振" _ 105
　　新课改数学课堂导言浅淡 _ 106
　　给家长和老师的建议 _ 108
　　注重数学复习，提高教学效果 _ 110
　　西藏初一新生数学学习习惯和兴趣初探 _ 113
　　试卷讲评点滴谈 _ 116
　　数学教学内容和方法浅探 _ 120

第二章　课题研究 _ 122
　　林芝市初中生物课的分层教学论证报告书 _ 122
　　巴宜区中学生物分层教学初探 _ 127
　　——课前课后分层辅导 _ 127
　　赏识教育在初中生物分层教学中的运用 _ 131

第三章　教学随笔 _ 137

　　林中印象 _ 137

　　林中介绍 _ 137

　　对教师成长的一些感悟 _ 138

　　如何做一个合格的老师 _ 141

　　记我校两名中考状元 _ 145

　　真诚待人做师生朋友　真心做事创巴中辉煌 _ 146

　　用爱心创造奇迹 _ 146

　　精益求精　永不止步 _ 147

　　创新探究才能迈向成功 _ 147

　　情洒教坛不言悔 _ 148

　　好学生，更是好榜样 _ 148

　　给毕业班学生的赠言 _ 149

　　期中随思 _ 149

　　教育团队 _ 150

　　教学随笔集锦 _ 151

　　在辅导儿子英语中的一点随思 _ 152

　　我的教育教学随笔 _ 154

　　我的教育故事案例随笔 _ 155

　　未成曲调先有情 _ 157

　　一树春风千万枝 _ 158

　　万紫千红才是春 _ 159

　　要善于鼓励学生 _ 160

　　笑，让我们彼此走近 _ 162

　　相信学生 _ 163

　　两种学生 _ 165

　　关爱学生，从心开始 _ 166

　　爱护学生，保护自己 _ 169

第四章　培训感悟 _ 171

　　陕西师大培训心得 _ 171

四川师范大学培训学习总结 _ 174
　　研修总结 _ 175
　　中教信息技术个人研修计划 _ 179
　　信息技术助力数学课堂教学的妙招 _ 180
　　信息技术学习心得 _ 184
　　2016年素质教育督导评估心得体会 _ 186
　　"国培计划2017西藏项目薄弱学科初中化学骨干教师"
　　培训总结 _ 188
　　我的教师专业成长规划 _ 190

第五章　给儿子的信 _ 194
　　第一封信 _ 194
　　第二封信 _ 195
　　第三封信 _ 196
　　第四封信 _ 197

第六章　数学诗歌 _ 200
　　与数学有关的诗歌 _ 200

第七章　抒情诗 _ 213
　　教师节有感 _ 213
　　聚别有感 _ 213
　　游林芝有感 _ 214
　　偶感 _ 215
　　探亲 _ 216
　　回途 _ 216
　　母子图有感 _ 216
　　庭院月季 _ 216
　　观风景 _ 217
　　上网瘾 _ 217
　　父子情 _ 217
　　送儿上高中 _ 217
　　广汉游感 _ 218

打开心门 _ 218

在家偶感 _ 218

广东艺术学校有感 _ 218

外校吟 _ 218

观丝路花雨 _ 219

赠师生家长 _ 219

读书有感 _ 219

休憩 _ 219

离天堂最近的香巴拉 _ 220

回望当年 _ 220

广汉漫步 _ 220

顿悟 _ 220

贺年有感 _ 220

思儿 _ 220

望月思 _ 221

母亲节 _ 221

偶感 _ 221

赏玫瑰 _ 221

参考文献 _ 222

第一章　教学论文及教学经验

第一节　教学论文

爱心点燃希望之花

我从教将近三十年了，多次担任班主任工作。看着一个个天真纯朴、活泼可爱的孩子，爱心不由地在心中荡漾着。他们就像一张张白纸，等待老师去用心描绘，我将会在他们纯洁的心灵里留下什么呢？所以我一直在积极地思考如何更好地做好班主任工作，让自己成为一名智慧型、爱心型的受学生爱戴的好班主任。今天我就谈谈我担任班主任工作以来的一些做法和体会。

一、用心去爱学生，培养学生良好的行为习惯

高尔基说过："谁不爱孩子，孩子就不爱他，只有爱孩子的人，才能教育孩子。"我希望孩子们能快乐成长，我们也才有笑容相伴。低年级的孩子对老师特别热情，课后经常会围着老师转，问各式各样的问题，说自己开心或烦恼的事情。每当这个时候，我都会放下手中的工作，陪他们聊天，了解他们的心声。我始终认为学生能找你倾诉，说明他喜欢你、信任你。空闲的时候，我也会经常把孩子拉到身边，和他们聊聊天。告诉他们这几天天气冷，要多穿衣服，防止感冒；问问他们这漂亮衣服是谁买的；还告诉他们这几天作业写得不错，老师看了很高兴；今天和同学吵架是不应该的，老师不喜欢看到这样的……在这种轻松的聊天氛围下，自然而然地提出对他们的一些要求，他们会很听话，效果非常好。

二、认真鼓励孩子，增强学生完美的自信品质

自信是孩子成长的前提，是孩子全面发展的重要因素。我希望看到孩子们脸上绽放着笑容。班上有个学生，平时不爱讲话，说话总是轻轻地，非要你把耳朵凑到她嘴边才能听得见。开始我很纳闷，还没几个孩子怕我呢，这丫头怎么这样？后来问其奶奶，才知道这个小孩没有妈妈。多可怜啊！从那以后，我常找机会和她聊天，了解她的近况，夸她奶奶的好！告诉她我和小朋友们都很喜欢她。课上，她举手回答问题了，我必叫她。她回答正确露出微笑时，我会喊全班小朋友一起看，告诉她，她笑起来很漂亮，希望她常给大家带来笑容，希望她对自己有信心！自信就如同兴趣一样，它需要我们用语言去激发。在课堂上，我常对他们说："你真棒！""今天你表现真好！""这个问题你都会啊，了不起！""你的声音真响亮！"班上有些孩子，有能力但是没有胆量和信心，我常把这些人拉起来，让他们也试一试，告诉他们做不好没关系！试一下吧！成功了，他就会对自己更加自信；失败了，我会鼓励他下次继续努力，和他一起分析失败的原因。我的激励，既是对孩子的肯定，同时又会使孩子的自信心大增。我要不断地激发他们的自信，让这自信更持久，让自信的笑容更灿烂！

三、捕捉学生闪光点，鼓励学生积极的上进精神

金无足赤，人无完人，再好的学生难免也有不足之处，再差的学生身上也有自己的优点。及时捕捉学生的闪光点进行因势利导，使他们产生积极的情感，从而以点带面促使学生全面进步。这是班主任工作至关重要的一环。在别人看来，后进学生不求上进，没有任何优点，我不那么认为。谁说他们没有优点？我班的果果同学每天早晨为班级打水，央央同学给班级买来毛巾，强巴同学从家里拿来钉子和锤子为同学修桌椅，晓红同学从家里拿来抹布……难道这不是他们的优点吗？于是我利用他们的优点，抓住契机，鼓励上进。从心理学的角度看：一个人只要体验一次成功的快乐，便会激起无休止的成功的力量和信心。因此，老师要引导学生了解自己的长处和短处，扬长避短，增强学习的信心。他们学习成绩虽然不是很理想，但我相信，经过努力他们的学习成绩会赶上来，必将是班上的佼佼者。捕

捉闪光点，抓住契机，鼓励上进，有助于培养学生的自信心。

四、经常进行联系，让家庭学校的沟通落到实处

孩子的进步，集体的成长，离不开教师，也离不开家长，家庭教育对孩子的成长起到举足轻重的作用。学校教育需要家长的配合，班主任工作更需要家长的信任和支持。在教育过程中若能取得家长们的积极配合，对学生的教育可起到事半功倍的作用。所以我经常走访家长，主动和家长交流，使家长了解孩子在校的表现，我了解孩子在家中的表现。在与家长的交谈中，获得学生的全面信息和家长的宝贵意见。我还把家长的电话号码都存在了手机里，以便与家长联系起来更方便，也能很快知道这是谁打来的电话，当你叫出某某学生家长的时候他们也很开心，做起工作来也方便不少。我对孩子的一片爱心不仅赢得了孩子对我的爱，也赢得家长的信任、鼓励和支持。只要班上搞什么活动，家长总是全力支持。例如：我们本学期的教学开放周活动大部分家长都积极参加，为班级提出了宝贵的意见，取得了良好的效果。平时我也会向家长介绍一些教育孩子的方法、经验，并对家长提出必要的要求：为孩子在家里创造必要的学习环境，为孩子做好榜样。通过这些工作使很多家长重视了子女的教育，改进了对子女的教育方法，增强了做家长的责任感，收到了较好的效果。

以上几点我认为是我做得比较成功的地方，说出来与大家切磋切磋。当然我的工作也存在不足之处，相信在学习了大家宝贵的经验后一定会有所改善。在以后的工作中，我会再接再厉，争取把工作做得更好。

不可忽视的导语设计

一节课40分钟，导语只需三四分钟。这几分钟能有多大的作用？很多教师在反思教学效果的时候，往往更多的是对正课中问题设置是否合理，问法是否巧妙，重难点是否得到了完成等方面去考虑。在备课的过程中大多数人用以下方法：读课前的导读；直接告知课题；在参考书上找一段语言优美的现成导语"拿来"一用。导语在教学过程中的被"轻视"已经很普遍。

一、导语设计易犯的错误

1. 千篇一律缺乏新颖

缺乏新颖性，老是一套呆板的公式，或切入千篇一律，或情感单调乏味，或表达方式简单划一、缺乏吸引力，久而久之会使学生的兴趣泯灭，甚至滋生逆反情绪，使导语流于八股形式。导语的目的之一就是为了调整学生的学习心理，这就必须充分利用知觉的选择性特点来设计导语。新颖性是知觉的选择性对知觉对象的要求。导语要实现导控目的就必须具有某种新的信息，常给学生耳目一新的感觉，并采用新颖灵活的形式。

2. 指向不明

导语的指向不明确。有的导语虽然设计精美，但没有指向教学的重点或教学目标，这也会给课文教学造成失误。导语要导入课文，就是要导入课堂教学的预定目标，必须指向教学内容的重点，也就是导语的每句话都应该尽量指向本课的教学重点，或者是指向领会课文的意境美，或者是指向学习知识的结构，或者是指向学生学习的方法等等。

3. 与课文脱节

导语与课文内容、情调风格脱节。一方面，为追求浅薄的课堂活跃效果，单纯为了吸引学生，一味地插科打诨，讲笑话，津津乐道于与教学内容关系不大的轶闻趣事，弄得学生哄堂大笑。这样虽然活跃了课堂气氛，但学生往往陶醉于那些笑料之中，思绪纷飞，难以集中到教学内容上，影响了正常的课堂教学。表面上看来活跃异常、气氛良好，实际上是误导、反导，这样的导语何谈导引。另一方面，导语的情调、风格和课文内容脱节。由于文章的情感类型、语言风格有很大差异，所以导语的任务之一就在于造成一种与课文和谐统一的情调、风格气氛，引导学生迅速进入课文。这就要求导语的情调、风格必须与课文保持一致，创设和谐统一的流畅通道。

4. 脱离生活实际

导语设计脱离学生的生活实际和认识水平。一方面是脱离学生的生活实际，如因某种原因学生情绪处于悲哀、忧愁之中时，教师如果不适宜地采用充满激情的欢快型导语，忽视及时调整教学导语，不注意引导学生心理趋向于本课教学,这样势必会造成与学生的情绪格格不入的尴尬局面,势必难以收到预期的效果。另一方面是脱离学生的认识实际,任意拔高或降低导语的知识含量,这样学生不是不解其意就是觉得无味。导语要切合学生的生活实际和认识实际,符合学生的年龄心理和情感心理,符合学生的生活阅历和认识能力,这样学生才易于接受,易于沟通,从而迅速进入预定的教学轨道。很多教师认为导语只是告诉学生要上新课了不需要多费心思。其实,从导语中就能判断出教师对整节课设计的思路是否清晰,也能预料到学生积极的程度。我们往往怕耽搁学生的讨论或直奔主题:请同学们把书翻到××页,我们学习××课或在教参上、网上随意"拿来"一段看似优美的文字,但是我们再面带微笑学生们都显得焦躁、不耐烦或者"被积极"。试问,这样能高效吗?校本研修的理念就是要求我们立足学校实际、学生实际去寻找到适合自己的教学方法。所以,我们应该对华而不"适"的导语说"NO",对无导语说"NO"。让导语为我们的课堂开好头,让我们的课堂从头就生机盎然。纵观众多教育名家,他们无不在导入的设计上精益求精,设计精品更是异彩纷呈,美不胜收。然而,有些教师却忽视导入的设计,甚至有人认为导入环节是可有可无的。于是上课时总是那种千篇一律,枯燥乏味地"请大家把书翻到××页,今天我们来学习课文××"。这种导入固然简洁,但它势必大大减弱教学的效果,同时也失去了一次绝佳的教育时机。

二、导语设计应遵循的原则

导语设计是有法可循的,必须以教学内容为依据。导语的设计应遵循以下几条原则:

1. 针对性

针对教材实际,学生的思想实际和知识实际,因课而异,因人不同。

2. 概括性

导语是引子,是序幕,不是讲授主体。因此不能繁琐冗长,要精炼概括,尽快进入新授课文的轨道。

3. 趣味性

趣味性，也即新颖性，使人愉快，使人感到有意思、有吸引力的特性。导语要能引起学生注意，像磁铁一样地吸引住学生，设计得巧妙有趣些，同时，要经常变换导语形式，不要千篇一律，思想陈旧，要勇于创新。

4. 思想性

自古"文以载道"，教书与育人紧密相连，因此，导语应注意思想性，避免低级趣味。我们不能总是抱怨学生昏昏欲睡、课堂死气沉沉、自己的期望总是落空。只有我们自己首先还课堂以本来面目，重视课堂导语，我们的课才会受学生的喜爱。教师必须有渊博的知识、敏捷的思维能力和良好的语言素养，才能设计出精妙的导语。教师只有不断完善自己、提升自己，通过理论学习和观摩示范课，掌握导入的类型和运用的基本要求，在认真钻研教材的基础上，针对学生的实际和心理特点，精心设计、巧妙构思，充分发挥导入的作用，将教学过程各个环节处理好，使之成为一个紧凑的、有机的统一体，课堂教学才能取得成功。总之，好的导入是优秀的演奏家拨出的第一个音符，散发出神秘的魅力，引诱着听众渐入佳境；好的导入是教师精心打造的一把金钥匙，放射出独特的光芒，带领着学生登堂入室。一堂成功的课，犹如一座有价值的知识宝库。导入应以学生为主，因时而变，因势而改，因文而生，把课堂导入变成展示学生多方面才艺的舞台。这样就能真正体现新课程标准的精神理念：让学生真正成为课堂的主人。

创设情境　激发潜能

教师要为学生提供表现自己才能的机会。学生能想的，让学生自己想；学生能说的，让学生自己说；学生能做的，让学生自己做。充分发挥学生的主体作用，让每个学生都能主动参与到学习的全过程中。在教学中，教师还应该给学生创设一定的问题情景，让学生主动地发现问题，解决问题，从而激发学生的学习兴趣。这就要求我们在备课时从学生知识状况和生活实际出发，更多地考虑如何让学生通过自己的学习来学会有关的知识和技能。这样学生不仅收获了新知，更提高了解决问题的能力。在自己的教学实际中，如何提高学生发现问题、解决问题的能力呢？下面是我个人的一点看法。

一、营和谐氛围鼓励学生提问

学生发现问题、提出问题的前提是学生愿意提、敢提。所以我认为营造一个和谐的氛围是前提。如果教师冷漠生硬，过多指责，课堂气氛必然会趋向紧张、严肃，学生产生的是压抑感，学生的自尊心理必然使他们不敢表达自己的想法，创造性的思维也就无从产生。学生只有在亲密融洽的师生关系中，才能真正表现自己，创造性地发挥潜能。

二、创情境激发学生求知欲

要提高学生发现问题，解决问题的能力，首先要给学生展示的机会，我觉得创设情境最关键，比如：在平行四边形性质的教学中，在探究平行四边形的对边相等、对角相等的过程中，我创设了这样的问题情境：

（1）平行四边形中，AB 与 BC 是一组什么边，AB 与 CD 呢？$\angle A$ 与 $\angle B$ 是一组什么角？$\angle A$ 与 $\angle C$ 呢？（让学生认识对边、对角）

（2）先观察，你认为有哪些相等的线段，相等的角？（先让学生总体感知一下平行四边形的性质）

（3）你能说出它们相等的理由吗？（学生先独立思考，再小组交流）

当学生交流出结果时，我再次创设了新情境：

（4）你能告诉大家你怎么能想到添加辅助线？你的思路是什么？

（5）通过上面的练习，你能得出什么结论？这样学生就得出了本节课的重点：平行四边形的对边相等、对角相等。

总之，我认为在教学中，要适时地给学生创设情境，充分调动学生的积极性，活跃学生的思维，激发学生的潜能，提高他们解决问题的能力。这样学生就会正确运用思维，正确分析问题，容易突破教学中的重难点，提高课堂效率。

促进师生互动　加强课堂调控

众所周知，学生投入的程度影响着一节课质量的好坏，而要让学生都动起来，积极主动地参与到课堂交流活动中去，那就不得不考虑怎么提出有效问题、如何营造课堂气氛、怎样调控对话进度等问题了。本文试从课堂控制入手，探讨如何让学生投入课堂，获得良好的课堂教学效果。

一、提出有效问题，创设问题情境

对教学来说，提问题是件至关重要的大事，选择什么样的话题，在什么情况下抛出该话题，是极有讲究的，它关系到课堂对话交流的成败。怎样才是一个好的、有效的话题呢？一般而言，要求话题要从学生的"最近发展区"出发，找准新旧知识的衔接点，使学生在似懂非懂的状态中形成认知冲突。这样，学生才会因氛围和谐、难易适中而乐于交流对话。此外，找准话题在文中的衔接点，也是十分重要的。结合这两点，我们就能从多个角度和衔接点切入提出较好的话题了，这里不妨以《穷人》为例来探讨这几个切入角度：

1. 利用文章空白之处发问切入话题

文章空白包括语言、句法、意境等方面的空白，这些空白是展开对话的关键之处。《穷人》中有多处空白可供提问。如这篇课文课题是"穷人"，但文中未出现一个"穷"字，字里行间却"穷"意浓浓。文中哪些地方能感受到桑娜一家的"穷"？桑娜一家的生活是那么穷，而且自己已经有了五个孩子，为什么还要主动收养西蒙的孩子呢？类似的问题能触动学生思维的地位，使想象力在瞬间迸发火花。

2. 由文中矛盾之处提问切入话题

具体来说，人物的思想性格、情感品质、功过得失以及人物命运，因人物以及环境的错综复杂，往往是矛盾集中之处。《穷人》中有多处心理情感的矛盾点，可供展开话题。如虽然桑娜本能地把西蒙的两个孩子抱回家中，但她心里却十分清楚自己一家的生活处境，想到出海打鱼仍未归来的丈夫，桑娜的心是多么忐忑不安，她为什么会忐忑不安呢？她会如何面对即将打鱼归来的丈夫，是隐瞒，还是坦诚相告呢？丈夫会责怪她吗？类似这样的问题都可以激发起学生探究问题的兴趣和参与对话交流的热情。这样的问题既磨砺了学生的思维，又从一点切入串起对内容的整体理解。

3. 从内容不凡之处提问切入话题

所谓"不凡"是指文中那些与阅读者主体经验不一样的地方，即"陌生化"。它既打破了阅读者的经验习惯，又能吸引读者，唤醒主体的审美兴趣。而当渔夫听说西蒙死后，他的脸变得严肃、忧虑。他经过一番简短的考虑，最后决定把西蒙的孩子抱来，一家人熬下去。桑娜和渔夫宁可自己吃苦受累，也不会让这七个孩子受一点委屈，虽然他们的生活是贫苦的，但在渔夫和桑娜支持下，将永远是温暖而舒适的。因此对桑娜夫妇虽生活困苦但仍收养孩子的行为的思索，最能揭示主题又最能感染学生的情感，引发学生的思考。因此对造成桑娜一家贫穷的社会原因和他们的善举加以探究，正是课文解读的关键所在。

二、营造课堂气氛，尊重倾听表达

现代学生都有着强烈的自主要求，他们思维活跃，求知旺盛，兴趣广泛，独立求异，注重自我评价。这些都要求教师放下架子，关心学生，主动去指导他们，并想方设法满足他们的需求；要讲诚信、平等，使双方无拘无束，坦诚地袒露襟怀，使课堂成为精神愉悦的、畅快的交流场所。唯如此，才能营造起一种适合学生需要的对话式的教学环境。教师要耐心倾听学生的声音，尊重学生的表达，通过倾听来推动对话；同时也要有能力让学生主动"倾听"，主动表达参与对话。倾听是交流的前提。

三、关注互动交流，进行适度调控

新课程"要求学生与教师在'互动''对话'中对知识进行'创生''改造'"，进而实现"动态生成"。这就要求新课程下的课堂必须成为师生互动的动态场景，让知识在互动对话的交流中不断生成。同时，生成和建构需要在有序的基础上完成。教学互动应该是有序的，任由学生随意发挥，课堂会变得杂乱无章，学生也受益甚少。因此，教师需通过巧妙的点拨适度地控制互动交流的方向。要实现课堂的有序调控，大体需注意以下三个方面：

1. 导

当学生思维迟滞时，教师应适时激活。对于阅读教学而言，学生原有的人生阅历和阅读积淀是实现对话交流的重要基础，而文中往往因时空、知识范畴、思想理念、风俗传统等方面的距离而令学生产生较大的陌生感和隔膜。这时就需要教师或绕道迂回、旁敲侧击，或铺路搭桥、化难为易，或同类启发、触类旁通，或化整为零、各个击破，帮助学生化解掉对文本的陌生感和隔膜。

2. 放

围绕某一问题，学生见解见仁见智时，教师应创造思维的空间，鼓励学生的独创发现。而不要急于用自己的理解去限定学生的思维，更不要用权威专家、教学参考的答案去排除学生的奇思妙想，应尊重学生的自主意识，让他们各陈其由、各抒己见，促进对文本的多元解读。

3. 收

在提倡对话及解读的多元化的同时，也不能漫无目的地放任学生的思维方向。文本凝结了作者特定的生活经历、历史现实、情感判断，一旦成为一个真正的主体，就具有了自身意义的规定。因此，对文本的解读首先应尊重文本自身的价值，一旦发现学生的回答有错误的甚至荒谬的观点，教师应及时指出并予以纠正。紧扣文本的课程资源，使得师生间的对话精彩而有效，避免流于空谈。

综上，课堂教学是教师、学生、教材三者发生关系的意义场，教师必须了解学生、研究教材，在此基础上创设有效问题，营造良好气氛，并对学生进行适时调控，才能使互动对话成为教师、学生、教材之间实现有意义交往的媒介。

合作学习中的新型师生关系

合作学习包括师生合作、生生合作和师师合作，其中师生合作是主要的。合作学习的教育活动中教师与学生的关系，将直接影响着合作学习的效率，因为师生关系是教育主体关系的核心，这不仅表示师生关系是教育主体的主流关系，还表示师生关系的性质在一定的程度上决定着教育的品质。这样，我们就可以说，合作学习中的师生关系是教育发展程度的晴雨表。合作学习，主要是师生关系的合作模式。这种模式依靠师生双方主动积极的配合和协作来调适师生关系。这个模式有两个基本概念，就是"尊重"与"合作"。合作是人的一种主动的积极的自觉的行为方式。显然，只有自己得到别人的尊重，自己的价值得到别人的承认，才能产生出这种行为方式，即所谓的"投桃报李"。学生应当尊重教师，同样教师也应尊重学生，尊重每一位学生，不论他们的家庭背景如何，也不管他们的学习成绩怎样。师生相互尊重，自然就能相互配合，和衷共济，教学相长。应当指出，在相互尊重的问题上，教师是矛盾的主要方面。要求教师学会尊重人、尊重学生人格，是教育过程中的一项关键环节。在开展"合作学习"实验过程中，我深刻地体会到：师生关系是课堂教学的重要因素，直接影响着教学的成败。只有建立新型的、民主、平等的师生关系，才能给人如沐春风之感，对学生才有更多的感召力与亲和力，唤起学生对知识索取的信心。具体我认为应做到以下几点：

一、激发情感体验，唤起师生共鸣

心理学研究成果表明，学生的学习活动应包括两个方面：一是感觉——思维——创造，即认识过程；二是兴趣——情感——意志，即意向活动。在意向活动中，情感是最重要的因素。它具有启动、定向、维持、强化整个意向活动的功能，在学生的学习活动中起着十分重要的作用。情感对人与人之间的行为以及在此基础上所形成的人际关系状态，有着非常重要的影响。学生积极的学习情感会促使学生爱学、好学、乐学，是学生积极参与认知活动的强大动力。这种情感动力的诱发主要来自于教师的爱。教师对学生的爱是一种发自内心的、自然的、真切的喜爱之情。情感是一种无形的力量，爱是情感的"催化剂"。爱因斯坦说过："只有热爱，才是最好的老师。"别林斯基也说过："爱是教育的工具和媒介，对孩子的信任是教育成功的保障。"人人都有被人关心和爱护的渴求。因此，教师在与学生的接触中，应对每一位学生表现出足够的关切和尊重，尽可能地创造一切机会让学生有一个表现自我的机会，让学生感受到他在老师的心中占有一定的位置，感受到老师对他的期望，让他们觉得被了解、被关注、被尊重。学生非常重视这种情感体验，他们会爱上这位老师的课，并努力学好这门学科。对于后进生而言，获得教师更多的关爱能让他们排除心理上巨大的焦虑、自卑、无助。而且，他们会从教师那既严格要求又尊重爱护的耐心帮助中，感受到教师的一片爱心，竭力想回报，认真学习，不辜负老师的期望。"亲其师而信其道"。师生关系密切，才能营造出一个民主、自由的学习氛围，学生才能挣脱束缚，消除心理压力，处在一种无拘无束、自由自在的空间，尽情地"自由参与"与"自由表达"，使师生双方以对话、包容、平等的关系相处，达到和谐一致，情感产生了共鸣。这样，学生沐浴着老师的爱，师生关系更融洽了，更好地引发学生的学习兴趣，学生学习的积极性、主动性得到了更充分的发挥。

二、主动更新观念，转换教师角色

首先，教师是学生学习的伙伴。教师是学生的伙伴，这样二者之间的关系才平等，教师在教学过程中才能真正为学生的学习着想，从学生的角度来考虑教学问题。而且，教师要设身处地，经常把自己放到学生的地位上去分析，获得反馈信息，不断地校正自己对学生的看法、态度与工作方式。这样以生度己，使教学有的放矢。

其次，教师和学生是朋友关系。美国社会学家彼德·布芬认为师生关系应该是一种交换关系，同时也是一种互相敞开和接纳的关系。教师不再是高高在上的"师道尊严者"，而是学生的知心朋友，是可以倾诉任何内心体验的人。教师倾听每一位学生的心声，尊重他们的童心、童趣，包容他们"美丽的错误"，有利于学生发散思维的培养，建立平等的、朋友一般的师生关系。

再次，学生是学习的主体，教师则是指导者、辅导者。教师要充分尊重学生的学习需要，从他们的学习能力、认知水平的实际出发，启发、引导学生学习。在课堂上，教师要尽可能腾出更多的时间让学生自由支配，增加学生的活动空间，让孩子充分施展自己的才华，培养他们独立、自主地学习。在有限的课堂时间里，发挥出良好的教学效益。同时，教师要把握自己作为知识的传授者，教学活动的组织者与领导者的地位，对自己的教学行为进行有效调控，淡化权利，发挥民主，以一个"知识、智慧和教养的化身"出现在学生面前。此外，教师还应当具备一颗真诚、纯洁的童心。思学生所思，想学生所想，设身处地。这也是缩短师生距离，增进沟通所必需的。我校许多老教师都能成为学生的忘年交，知心朋友，其中他们拥有童心，与学生的心理距离小也是原因之一，为他们成功开展教育活动提供了有利条件。

总之，良性的师生关系是素质教育的重要组成部分，它能化为强大的教育力量，激励学生的自我完善，为教师运用各种教育教学手段提供条件！人类面向21世纪需要新型的教育！教育走向21世纪呼唤良性的师生关系！

教师的形象设计

教师特殊的职业性质，决定了教师对自我形象必须有特殊的要求。因为我们的一言一行，一举手一投足无形中影响着孩子，老师通过自己形象的示范，对学生进行美的熏陶。怎样使自己的形象让学生、家长、社会的认可呢？

一、高雅的气质

很难说得清，什么是人的气质，但人们能够感觉到它存在心灵的深处。我觉得气质是人内在的学识、涵养、道德、追求等在我们身上外表的显现。我们不难发现，有些人模样其实并不怎么样，但却给人一种特别舒服的感觉，看上去非常顺眼，这其实就是一种气质。怎样使自己更高雅一些呢？气质需要长时间的知识、文化的积淀，它不是短期能培养出来的。

1. 展现自信的自我

把自信写在脸上，眼睛里装着自信。我们为什么不自信呢，有什么可以不自信的呢。我们认真地对待生活、工作，用积极的态度面对它，我们微笑着面对生活、工作，所以我们走路时目光平视，笑肌微微上扬，即使遇到困难，我们对自己说：风雨过后是彩虹。

2. 走路姿势要正确

走路时我们不说要收腹挺胸，但至少要腰背挺直，脊椎不能弯曲，肩膀不能向前弯曲。我们不说肩膀要向后展，至少要做到拉平。走路时上身尽量保持平稳，这样的走路姿势能给人一种大方、大气的感觉。

3. 穿双高跟鞋

女老师穿上高跟鞋，人的重心抬高，重心向前倾移，人就自然而然挺起来了。挺起来了，自然就高雅起来了。但高跟鞋不宜太高，鞋跟太高不仅对身体没好处，而且穿着太高的鞋，好像木屐似的，又像走在冰面的感觉，甚至整个身子都扭动起来，走起路来不踏实，不自然，就谈不上美感了。鞋跟的高度应以穿起来舒服、走路自如为标准。

二、端庄大方的着装

教师的衣着仪容要美观大方、朴素典雅，不要奇特古怪、艳丽花俏。教师着装应该是：庄重、大方、高雅、明快，层次变化不要太复杂，应该透露出一股朴实的美、整洁和谐的美、情趣高雅的美。但人的爱好不同、个性也有差异，选择服饰上每个人都会有自己的独特的审美要求。但我们不能穿着"土气"，不能太随意，让学生感到我们的教师很邋遢，这样想让学生"信其道"，就难于上青天了。也不能穿着"俗气"。教师耳朵上坠的、脖子上挂的、双手上戴的，过于招摇，会让人感到俗气。首饰、挂件如果能起到锦上添花的效果就比较好了。不能穿得太"时尚"。教师面对的是好奇心、模仿力强，而审美意识不成熟的孩子们，因此教师就不能穿露背装、吊带裙、超短裙等过于时尚服装。也不能做像歌星那样做色彩夸张、造型诡异的发型。否则，会影响孩子们审美意识的形成。选择服饰时，这几点还是应该注意的：

1. 衣着选择要根据自己的年龄特征

在穿着上要注意与年龄相协调。年轻人应穿得鲜艳、活泼、随意一些，这样可以充分体现出青年人的朝气和蓬勃向上的青春之美。而中老年人的着装则要注意庄重、雅致、整洁，体现出成熟和稳重，透出那种年轻人所缺乏的成熟美。总之，无论是青年、中年，还是老年，只要穿着与年龄相协调，都会显出独特的美来。

2. 选衣要据自己的身体条件，学会扬长避短

人的身材有高有矮、体形有胖有瘦、肤色有深有浅，穿着时都应考虑到这些差异。体形的高矮胖瘦或许我们无法选择，但我们可以在了解自身的特点的前提下，把自己最美展现给大家，把身材上的不足掩盖住，达到扬长避短的目的。身材较矮的教师，衣着选择宜以简洁明快，上下色泽一致或上浅下深的色泽为主，以便把身体反衬得高一些。皮肤偏黑的人不宜穿深色衣服。颈部较细长的教师，衣着选择宜以高领、筒领或翻领为主，以便增强颈部的粗壮感。而颈部较粗短的教师则宜选择 V 型领口一类的衣着，以便敞开胸口，增强颈部的加长感。体胖的教师，衣着选择宜以冷灰色、深色为主，以便给人以紧束感。腰很细的老师，穿束腰的连衣裙，把自己最美的亮出来。腿很修长的老师，可以穿各种款式的裤子。怎样避短呢？比如上身长下身短的老师，我们可以选择上衣短，裤子长一些，这样视觉上会给人一种修长的感觉。我们也可以多穿裙子来掩盖这一不足。如果想穿裤子，尽量选择直筒裤，穿上高跟鞋来弥补。在这里特别提一下体形较丰满老师的穿着观念，一般人都会选择穿宽松的衣服想遮盖体形的不足，但我不这样认为，本来体形已经够丰满了，再穿上一件非常宽大的衣服，是不是会产生全身上下一样粗壮，像一个筒一样。我觉得胖人穿衣要力求简洁，中腰略微收一点，同时把腰节抬高，以达到显"瘦"的效果。总之，不管是什么身材，我们都得想办法，依据自己特点穿出自己独特的美来。

3. 不同场合要有不同的

升旗仪式上，这么庄严的场面，站在国旗下，我们就不好意思穿运动服了，挑选一件比较端庄的衣服。课堂上，我们的着装一定得端庄大方，简洁明快。课堂上老师服饰的展示最直接、最明了进入孩子们的内心深处。所以教师的穿着一定得稍做考虑一番。运动场当然可以穿运动装。旅游、双休日尽管可以穿得休闲一些，时尚一些，过把时尚瘾。

三、充沛的精力

要保持饱满的状态。一副病恹恹的模样，再华贵的服饰穿在你身上也都体现不出美感来。跳舞、打球、登山，练瑜伽，做家务，让身体出汗，

加快血液循环，加速新陈代谢，给身体排毒。让自己以充沛的精力投入到生活工作中去，全身充满着一种热情、一种激情，使之感染我们的学生，让他们的每一天都开开心心、快快乐乐的。

教学经验交流发言稿一

尊敬的各位领导、各位老师：

大家好！

金秋时节，处处硕果累累。在这阳光灿烂的日子里。我们聚在一起探讨教学中的得与失，一起分享教育工作带来的苦与乐。在这里我们畅所欲言，博众家之长为我所用。俗话说得好：教无定法，贵在得法。在教学的这条道路上，我们每位教师都有属于自己的一套得力的教法。今天，我把我平时是怎样教，以及如何指导学生学的一点做法写出来与大家一起分享。目的在于"抛砖引玉"引出其他优秀老师们的优秀的做法。工作多年谈不上经验，只是我的一点心得体会，希望大家多提宝贵意见。下面我就从课堂教学和搞好师生关系两个方面谈谈我的一点不成熟看法，仅供大家参考。

一、向课堂 40 分钟要效率

课堂教学是我们的"主阵地"，她经历了无数次的变革，但无论怎么变，向课堂40分钟要效率、要成绩是永远不变的真理。合理利用支配好课上时间，可以收到事半功倍的效果。上好一节课的前提是备好课！这是公认的事实。我备课不仅将课本内容、教参内容和材料有机重组，而且每次备课时都认真阅读课本，仔细确立教学目标，然后根据课本内容搜索各种资料和典型习题来补充课堂教学。除了备好课本知识以外还要备学生，即把我们备的知识以学生认可的方式教给他们。这就要求我们精心组织课堂，我认为课堂教学应该是严格要求与放任自由相结合的。如果一节课一严到底学生会感到很压抑，久而久之便会对你的课堂失去兴趣，从而对这一学科失去学习的信心，甚至还会产生抵触的心理，引发不利于课堂教学的事件发生。兴趣是最好的老师。缺乏兴趣，学生被迫去学，根本谈不上学习效果。如何在课堂上把学生从"要我学"转变为"我要学"，我主要从激发和培养学生学习的兴趣入手。注意教学的生动性和趣味性，使课堂教学生动活泼，充满激情和乐趣。在我的课堂上我经常让学生扮演各种角色，相互对话，讲故事，当小老师，表演短剧节目，讲述西方国家的民风民俗以及学生感兴趣的话题等。这些活动极大地激发了学生的学习热情。时间一久，这些兴趣就会转化为强大的内部学习动机，使学生感觉课堂不再那么枯燥那么漫长，从而期盼下一节课的开始。

二、建立良好的师生关系

良好的师生关系是保证完成教学任务的重要条件。学生亲其师，方能信其道，乐其道，才能积极接受教师传授的知识，提高学习兴趣。我非常喜欢苏霍姆林斯基在其名著《帕夫雷什中学》中说的一段话："一个好教师首先意味着他热爱孩子，感到跟孩子交往是一种乐趣，相信每个孩子都能成为一个好人，善于跟他们交朋友，关心孩子的快乐和悲伤，了解孩子的心灵，时刻都不忘记自己也曾经是个孩子。"其实有时我也很困惑，我是真心对学生好可是有时学生真的不领情。人们常说："忠言逆耳利于行，良药苦口利于病。"为什么学生就不明白呢？后来我读了一篇文章我就彻底明白了，原来是方法不恰当。文章中指出良药并不一定就是苦的，既然利于病何不做成胶囊，把苦味裹在里面。要想和现在的学生搞好关系，真得和他们斗智斗勇。首先，要真正平等对待学生，对学生满怀期待之心。现代教育提出教师是教学这个共同体中的首席，也就是说教师和学生是平等的关系，再不是以前的教师高高在上，而是要能够轻松地调动学生的兴趣，让他们积极主动地运用所学知识参与交流，要像朋友一样平等对待他们。在课堂上教师既是良好的引导者，又是一个热心的、耐心的听众，还应该是一个谈得来的朋友。朋友事实上就意味着一种信任，信任是人的精神生活中必不可少的一部分，是对人格的肯定和评价。学生成绩的好坏有一部分就取决于教师对学生能力的信心。期待也是一种激励的方式，这种激励可以激发学生积极而热烈的情绪，使他们能够克服一切困难，攻克一切难关，从而取得更好的成绩。在我的课堂上我说得最多的一句话就是：你能行。每个人都有被别人所信任的希望，学生一旦得到了这种满足，他们就会感到鼓舞和振奋，就会产生巨大的学习的兴趣和信心。相反，就会失去一切信心，学习成绩就会下降。

其次是尊重、信任学生。尊重、信任学生也是建立良好的师生关系必不可少的重要条件。相容的师生关系直接影响学生的学习情绪，师生心理相容能提高教学效果。这一点我做过尝试。在教学过程中，我每隔一段时间就会和学生交流一次，让学生给我提出建议和意见，然后再把我对他们的要求和希望说一遍。这样很容易达成共识，使教与学不再走弯路，并且教与学很融洽，学生也会自然地喜欢上我的课。有一项对中小学生的调查也表明：很多学生喜欢某一科的直接原因就是喜欢教这个学科的老师。所以教师多与学生进行情感方面的交流，关心学生，爱护学生，尊重学生，理解学生，对调动学生学习的积极性，提高学生学习的兴趣是非常有效的。我常常在想这样一个问题：今天的师生关系，该如何定位？我们和学生的距离应保持多远才会发挥威力？我一直在寻找哪一个点？可是始终没有找到完美的答案。在教学这条道路上我要做的功课还有很多，我会一如既往地去探索，去努力，去思索。

以上是我的一点教学心得，不足之处希望各位领导、同事继续给予帮助、指导，谢谢大家！

2016 年 6 月 20 日

教学经验交流发言稿二

尊敬的各位领导、各位同仁：

大家好！

走上台来，我的脸发红，腿发颤，心发慌。说句心里话，各位老师让我在本次研讨会上发言，我满心是惭愧。虽然我从事教学二十余年了，但由于届届学生情况不同，课程改革不断深化，总觉得实用的教学经验很少。这次大家将我这只"笨鸭子"赶上了"架"，下面我就谈谈我教这届学生的具体做法和心得体会。但我有两个目的，一是抛砖引玉，二是不当之处恳请各位老师批评指正。

我这届学生是自己从初一带上来的，在教学中我做到了"六抓"。

第一章 教学论文及教学经验

一、抓自己

我们都知道"强将手下无弱兵",也晓得"打铁需自己身板硬"。所以,我很注重自身素养的提高。简言之,我要求自己在平时做到两个"别浪费"。

1. 别浪费时间

时间是构成我们生命的材料,单从这一点上来说我们就应该珍惜。我让学习成了自己的一种生活方式和习惯。这样既为我"吃透"教材奠定了基础,也为我的课堂教学引来了源头活水。

2. 别浪费失败

别人看重成功,我则看重失败。因为成功只是暂时的,它只代表过去,不代表将来和现在,但失败却代表着自己的不足,它将影响着自己的现在和将来。所以,我提醒自己"别浪费失败"。每一次失败除了我都能乐观接受外,更多的是有反思之举和弥补之措。坚决把失败培养成成功的亲娘。这一点,相信同仁们比我做得好,我就不在这里赘述了。

二、抓学生

大家都知道这是我们教学上的重头戏,抓住学生也就抓住了教学成绩。大话美言咱这里不谈了,道理谁都懂,具体操作最重要。我想在座的同仁都有自己的招数。我抓学生的经验只有十二个字,就是"关心全体学生,关注几个学生"。"关心全体学生"就是热爱学生喜欢学生。我们知道人心都是肉长的,四两换半斤。但在我们师生之间可以说"四两换斤半"。为此,只要我们关心全体学生,公平公正地对待每一个学生,学生就会喜欢我们。爱屋及乌,自然就会喜欢我们所教的学科。只要喜欢了就有了学习的兴趣与动力,还怕学不好吗?再就是要做到"关注几个学生",我的言外之意就是培养咱们自己学科的领头雁。有了优秀生,也就有了学习的助推器。大家肯定有同感吧!至于具体怎样做到"关心全体,关注个别",方法因人而异,但原则只有一条,就是"刚柔并济"。多年的教学使我体验出了:刚是一种威仪,一种自信,一种力量,一种不可侵犯的气概;柔是一种收敛,一种宽容,一种真爱,一种魅力。多年抓学生经验告诉我,人无刚则不能自强,不能自强则不能成功;人无柔则没有亲和力,没有亲和力则会陷入孤立。所以，在我们的语文教学中该"刚"时则不能心软，该"柔"时则不能心狠，总之，应做到"爱而有度，严而有格"。

三、抓教学

课堂教学，是提高学生知识素养的主阵地。我们学科教学要立足课堂，立足文本，在我的具体教学中做到了"四简"。

1. 简明的教学目标

一节课就40分钟，我们既不能"眉毛胡子一起抓"也不能"西瓜芝麻一起捡"。我每节课都目标简明，师生课堂上集中兵力，打歼灭战，学生就能在反复触摸文本过程中获得丰富的感受。

2. 简约的教学内容

我们知道各种学科具有人文性与工具性的特点。一个知识，需要我们教师确定教学内容，我就从中提取最具价值的部分，并且积极主动地支付自己的教学经验库存，然后形成符合学情的简约的教学设想。

3. 简化的教学过程

我不敢说每节课都是一个思路明晰、重点突出、环节简单的读书思考过程，但每单元我都要求自己精讲。在这个过程中，我为学生触摸、探究文本铺路架桥，指引方向。我的学生在我的引领下始终是处在一种主动思考、积极探究、对话分享的课堂情境中，学习着，享受着。

4. 简便的教学手段

不怕老师们笑话，我自前面的精品课大赛中才刚学会了驾驭多媒体。平时我上课从不用，不是条件不具备，而是觉得用它弊大于利。

四、抓积累

我们都知道"不积跬步，无以至千里"，"不积小流，无以成江河"。我们也都知道教师的重要任务是让学生养成一种勤于积累善于积累的习惯，而且在这个过程中不断地梳理，不断丰富自己的阅历，不断地丰富自己的知识。这个习惯的养成是一个长期的过程，也是一个非常必要的过程。一且形成习惯是非常非常可贵的，这就需要我们老师在引导学生进行积累和梳理方面下功夫，且责无旁贷。我特别重视学生的知识积累，我一开始教他们我就要求每人建立两个仓库。一个是"知识库"，一个是"材料库"。"知识库"储藏课内外的有关知识、常识、中考考点及重点例题分析等等。每次考试前我都拿出两节课来让学生复习巩固一遍。这样不仅为了一次小考，也为中考做好了准备。"材料库"的积累由课内到课外，每到考试那周的复习课学生都带此库来欣赏，让学生在享受中汲取营养丰富自己。"知识库"大多是我在教学中指导学生积累的。而"材料库"则是学生"深挖坑""广积粮"自由积累的。我一月一评"积累冠军"，有的好学生至今已积累了五六个厚本子。"厚积而薄发"，这是我让学生积累的目的，"薄发"的时间可在中考亦可在高考。我劝诫我的学生"只管耕耘，不用去问收获"反正"天道酬勤"。

2016年9月26日

教学经验交流发言稿三

匆匆忙忙，我的教学已经经过二十几个年头。静下心来反思这些年来的教学情况，有苦、有甜，先后从事数学、政治、英语、生物、地理、传统文化、劳技等学科，而更多的是思考。这些年以来学校开展了综合整治，无论是学风还是校风方面都得到了很大的改进。为了更好地适应新时期的教学工作要求，我从各方面严格要求自己，本着教书育人的原则，踏踏实实做好本职工作。现就自身浅薄的教学经验作如下总结：

一、认真备课、上课

备好课是上好课的基础。对于我这样一个教龄长的教师来说，备好课还是需要不断学习的。不仅要学习教学内容，还要在教学理论以及施教能力等方面不断提升自己。在备课时严格按照学校制定的教师教学常规指出的方法进行，结合学生实际情况做到备教材、备教法。同时利用备课组之便，积极吸取他人经验。备课既注重知识的落实，也努力培养学生的兴趣。上课前尽可能地做好充分的准备，每一课都做到"有备而去"。上课过程中重视启发学生思维，让学生多动脑、动手。尤其劳技，一定要让学生多实践，提高教学效果，多学习一些具体教学情境下的应对法则，不断在实践中学习提高是很重要的。

二、落实好每天的作业

适当的作业对学生来说是必要的。但我们不能仅仅为作业而作业，而是通过做作业，使学生巩固所学的知识。所以布置合适的作业是重要的。我所任教的班学生基础相差比较大，所以采用分层次布置作业的方式，做到照顾差异。作业的重点放在巩固所学的，再适当提升。对基础不够好的要让他们从基础入手；对基础好的每天布置一个有助于开拓思维的题目。总之，作业不能一概而论。

三、分层教学，做好课后辅导工作

十根手指还有长短，更别说是来自各个家庭的性格迥异的学生了，他们在学习能力、方法、态度上都是不同的，有自觉的、有懒惰的，有聪明的也有比较愚笨的。这学期的教学中我特别注重分层教学。在课后，为不同层次的学生进行相应的辅导，以满足不同层次的学生的需求，避免了一刀切的弊端，同时加大了后进生的辅导力度。对后进生的辅导，并不限于知识性的辅导，更重要的是学习思想的辅导。要提高后进生的成绩，首先要解决他们心结，让他们意识到学习的重要性和必要性，使之对学习萌发兴趣。要通过各种途径激发他们的求知欲和上进心，让他们意识到学习并不是一项任务，也不是代替老师、家长学的，是为自己学的。在此基础上，再教给他们学习的方法，提高他们的技能，并认真细致地做好查漏、补缺工作。后进生通常基础差，存在很多知识断层，要特别注意给他们补课，把他们以前学习的知识断层补充完整。这样，他们就会学得轻松，进步也快，兴趣和求知欲也会随之增加。还有一些是因为一直以来学习习惯差，加上家长由于工作等各种原因对孩子缺少必要的监督和指导，使孩子长期以来自由懒散惯了，形成了不良的习惯。作业写得非常马虎，更严重的是经常少写、不写作业。于是我就经常去这些懒、马虎的孩子家去家访，让家长协助教育孩子。

四、狠抓班风学风

有为数不少的学生，因为怕老师责备，学习上存在的问题不敢问老师，作业也因为怕不对而找别人的来抄，这样就严重影响了成绩的提高。对此，我狠抓学风，在班级里提倡一种认真、求实的学风，严厉批评抄袭作业的行为。这样学生在学习中有难题知道主动来问老师了。后进生基础太差，考试成绩都很差，有些同学是经常不及格。我找差生了解原因，有些是不感兴趣，我就跟他们讲学习数学的重要性，跟他们讲一些有趣的数学故事，提高他们的兴趣；有些是没有努力去学，我提出批评以后再加以鼓励，并为他们定下学习目标，时时督促和帮助他们。一些学生基础太差，抱着破罐子破摔的态度，或过分自卑，考试怯场等，我就帮助他们找出适合自己的学习方法，分析原因，鼓励他们不要害怕失败，要给自己信心，并且要在平时多问几个为什么。同时，一有进步，即使很小，我也及时地表扬他们。经过一个学期，绝大部分的同学都有进步，但是还有反复，我就不断地进行教育和疏导，要允许学生在行为上有反复。

五、坚持听课

注意学习教研组里其他老师的教学经验，努力探索适合自己的教学模式。本学年我平均每周听课二到三节，对自己的教学促进很大。我还积极地参加了学校开展的评课活动及教研活动，定期地听不同科目的优秀教师的课。这些活动不仅拓宽了我们的教学思路，同时还为我们提供了大量的驾驭课堂的方法和经验。

六、不断总结、反思

不断总结、反思是提高自身素质的保障。注重"教学的反思"——从"教"的角度研究教学。把教学作为活动，让学生学会数学思考，还要注意对"数学的反思"——师生之间在数学知识、数学活动经验、爱好兴趣等方面存在的差异。同时教师也必须进行"教数学的反思"——反思教学行为是否合乎意愿，是否针对学生的知识水平和经验来够建知识等。现在我教劳技，需要让学生学会劳动的技能，让学生养成热爱劳动，积极上进的优良品质。总之，就以我目前的教学经验、水平而言，还有很多的地方需要改进、提高。在今后的日子里我会继续努力，加强学习，不断总结、反思，努力使自己成为一名优秀的教师。

2017 年 8 月 26 日

《爱的教育》读后感

读一本书，就是和许多高尚的人谈话，一本好书可以改变一个人的想法，甚至可以改变人的一生。而如今与书为友，享受这种温馨的感受是难得的。读书，收获安静的富足。读《爱的教育》，我感到爱是心的呼唤，是人间的春风，师爱更是一种无私的奉献，爱得越深，奉献得越多。正如一首歌所唱"有爱的世界生命之花处处开放，只要人人献出一点爱，世界将变成美好的人间"。教师献给学生的是自己的知识、智慧、时间、精力，我们所期盼的只是学生早日成长、成才，这种爱是高尚的、纯正的。读完《爱的教育》，我的第一感触就是——爱。这本书以一个小男孩——安利柯的日记来透视日常生活中的学校和家庭关系、老师和学生的关系以及父母、兄弟姐妹间的天伦之爱。小说主人公是三年级学生安利柯，但我认为与其说是安利柯，不如说是在他周围的用全身心的爱倾注于他以及像他一样的孩子们身上的师长们。他们的言行中洋溢着爱的氛围。所以，孩子们也变得可爱，纯洁起来。如：安利柯的母亲是个富于同情心的妇女。她会带着孩子们送布给报上记载的穷妇人。而且她十分体贴他人，善解人意。当安利柯发现这户穷人正是同学克洛西的家时，她又不时地强调："不要作声"，以免伤害到男孩的自尊。当克洛西看到他们，她又暗示儿子去与同学打招呼，使克洛西十分感动。她还很会借机教育孩子。在告诉安利柯"万圣节"的意义时，她也会告诉他要用感恩的心去纪念许多英雄。安利柯的父亲似乎是从来都不对孩子"火"的，他总是会用很温和的语气来"训人"。当安利柯抱怨"先生的态度不好"时，他给儿子分析先生是事出有因，并非有意，并且告诉他要谅解别人的一时无礼，还应敬爱辛苦的先生。学期结束，他会提醒儿子去向朋友们告别，以及去向曾对不起的人谢罪请求饶恕。他也很关心其他所认识的人的情况，生活里充满欢笑。安利柯的先生当然也不能不提。他对每一个学生都是那么关心，一点点的小病都逃不过他的眼睛。他对犯错之后又认错的孩子从不多加指责，只是说一句：下次不要再做这种事了。他把每一个孩子都当作自己的家人，并告诉孩子们，这个集体是他们的又一个家。他对自己的行为从来都负责，自己犯了错，即使是芝麻点儿大的事，他也不会忘记道歉说："对不起。"还有许多的人他们都用自己的言行，教育孩子们如何去关爱他人。整个世界充满了一种叫作"爱"的空气，轻轻飘荡着，萦绕在每一个地方。这种有意无意有形无形中，孩子们以及每一个人学会——爱。"爱"是我们每个人经常挂在嘴边的一个字，可是有时候，我们也常会忽略周围的爱：如父母对子女无微不至的爱、老师对学生循循善诱、朋友间互相安慰……这些往往都被我们视为理所当然，而没有细细地加以体会。而如果你加以体会，你会感觉到，人生——这是一个多么美好的东西啊！让我们带着一颗圣洁的爱心，投入到全世界中，你就会发现只要人人都献出一点爱，世界将变成美好的明天。为人师的同行们，让我们带着一颗圣洁的爱心，投入到教育事业中，让我们教育着并爱着学生们！

2017 年 8 月 6 日

《陶行知教育法》读后感

陶行知是一位为世人敬仰、怀念的人民教育家。他以毕生的精力批判旧教育，探索新教育，致力于教育改革并付诸实践。他以蕴含丰富的教育思想宝库，为我们提供了教育的理论和方法，给我们以启示和教益。"教学做合一"是陶行知生活教育理论的方法论，也是他的教学论。其含义极其丰富，主要体现在两个方面。首先，"它是生活的说明"。陶行知说："教学做是一件事，不是三件事。我们要在做上教，在做上学。""从先生对学生的关系说，做便是教；从学生对先生的关系说，做便是学。学生拿做来教，乃是真理；学生拿做来学，方是实学。""从广义的教育观点看，先生和学生并没有严格的区别。……会的教人，不会的跟人学，是我们不知不觉中天天有的现象。因此，教学做是合一的。"其次，它又是方法的说明的。事情怎样做便怎样学，怎样学便怎样教，在做上教的是先生，在做上学的是学生。因此，教学做是以做为中心的。"教学做合一"，是理论联系实际在教学上的具体运用和发展。它改变了教师只管教，学生只管学的分割状况；改变了学生从属于书本，是读书的现象；改变了学习与实践的学用脱节现象，充分调动了学生的积极性，体现了教师主导作用与学生主体性的紧密结合。以生活为中心进行教学，为了解决生活中提出的问题而去学，教学的目的是为了创造新的生活。陶先生这种以生活为中心，实行教学做高度统一的思想，在教育的目的上，保证了促进人才的全面发展，有利于培养手脑并用，体力劳动与脑力劳动相结合的新一代人才。他的教育思想和方法值得我们深刻体会和认真学习。

2017年8月16日

《给教师的一百条建议》读后感

《给教师的一百条建议》是苏霍姆林斯基专为中小学教师而写的，再根据我国的国情和需要，译者选择了《给教师的一百条建议》的精华部分，另外从苏霍姆林斯基的其他著作里，选择了有益于教师开阔眼界，提高水平的精彩条目作为补充，全书有一百条，统称《给教师的一百条建议》。书中每一条谈一个问题，有生动的实际事例，也有精辟的理论分析，很多都是苏霍姆林斯基教育教学中的实例，娓娓道来。书中众多理论对我影响深远，它让我明白了原来学生这样教会存在哪些不足，那样教会出现什么样的问题。读后我思绪万千，久久不能平静，我为大师给我指引教学方向心中激动万分，同时，为自己过去的想法而惭愧。

第一个感受：爱学生。我曾经为自己选择了教师行业迷茫过，也为我第一次当班主任泄气过，还为丢了学生想放弃教师这一职业。面对几十个有着不同思想的孩子时，烦心的事就接踵而至。今儿张三和李四打架，明儿王五不写作业，后天家长说某某学生打了他的孩子，日复一日，一年又一年，没有一天消停过。渐渐地刚毕业时的雄心壮志渐渐隐退，我甚至也怀疑自己是否能胜任教师这个岗位。当我阅读了《给教师的一百条建议》后有豁然开朗的感觉。霍姆林斯基针对教师的困惑和不解，好像与教师面对面地交流一样。他的文章使我懂得了：教师的职业就是要研究人，长期不断地深入人的精神世界。世界上没有不可救药的儿童、少年。我们教师就是要做到使这个幼小的人的身上所具有的美好的、善良的人性的东西不受到压抑、伤害和扼杀。因此，每一个决心献身于教育的人，应当容忍儿童的弱点、缺点，甚至不良的嗜好。如果对这些弱点仔细地观察和思索，不仅用脑子，而且心灵去认识它们，那就会发现这些弱点是无关紧要的，是每个孩子年龄阶段所表现出应有的特征，你会为自己生气、愤怒和加以惩罚的行为感到可笑。我们要理解儿童的行为，懂得儿童是一个经常在变化着的人。教师的心胸要宽广，做到把自己的心分给每一学生，在自己的心中应当有每个学生的欢乐和苦恼，参与学生的活动，让学生感觉老师是他们学习生活中不可缺少的一分子。懂得这些对我有很大的启发，我带着这种对孩子的热忱投入到工作中去，前途不再迷茫，师生关系会比以前更融洽。

　　第二感受：尊重每位学生的特异性。在书中，苏霍姆林斯基高瞻远瞩，很明智地提出：教育者的使命就是让孩子各方面得到和谐发展，这种和谐发展的前提又是对每一个学生个性的尊重。"和谐的教育——这就是发现深藏在每一个学生内心的财富。教育的明智，就在于使每一个人在他的天赋所及的一切领域中最充分地表现自己。"正如文中提到的语文老师尼娜彼特罗芙娜的学生米哈伊尔一样，尽管米哈伊尔在平时上课中让尼娜彼特罗芙娜气得脸色发白、双手颤抖，但当这个"两分生"米哈伊尔很潇洒地为她修理好电视机后，尼娜彼特罗芙娜感到非常地难受，甚至是久久地坐着，哭着。尼娜彼特罗芙娜深深地感到自责：我们做教师的人，怎么会没有发觉，在我们认为无可救药的懒汉和毫无希望的"两分生"身上，在他们的心灵和双手里，还蕴藏着天才呢。这一事例不禁促发我深思：既然是在学校的"两分生"，还能很快成为一个技术很高的电视机修理工，我们在今后的教育对学生的评价中是否应该多一把衡量的尺子。其实，在我们教师日常的教育教学活动中，总会遇到这样的学生。如我班的一位同学，在学习上我用尽各种办法，都是"瞎子点灯，白费蜡"。但是那次的运动会，我差点丢了她，却让我的感受发生了改变。我觉得她不是那么讨厌，相反，我每天看见她有一种亲切感。不是她有何变化。而是我要尊重孩子的差异，同时也发现她的优点，她是我班最会扫地的学生。学习上她没有什么造就，但她将来准会是个优秀的保洁员。还有 3 班的一位同学，就因刚转到我们学校时成绩太差，本该读八年级，给她留在七年级，在这后来的三年学习中，她成绩没有多大改观。同家长交谈，家长说：一个读数题我亲自教了十遍，让她重读，她还是不会，没办法。但是，她在家很会做家务事，不要小看，她可是家里的能手。苏霍姆林斯基在本文中也旗帜鲜明地指出：如果教师和学校舆论唯一地根据分数来给一个人做出好的或者坏的结论，那他就不会努力去当一个好人。因为上课、掌握知识、分数只是人的精神生活的一个局部，只是许多领域的一个领域。人的心理和智能结构的发展水平，事实上无法单纯用纸笔工具准确地测量出来。传统的考试，主要是对学生认知水平的单项测量，由于忽视了学生的个性差异，不能以此对学生做出或优或劣的判定。考试的效力是有限的，考试分数也并不能代表学生全部综合素质的发展水平。教育必须尊重学生的差异性，日常的教育活动中，应当尽可能地设计不同的评价标准和方法。"多一把衡量的尺子，就会多出一批好学生"，这应该成为所有教育工作者的共识。

  第三点：多读书。我经常对家人说，当老师很忙，我没有时间干家务活。对朋友说，当老师很累，没有意思。确实没有老师不抱怨自己的时间不够用的，天天是上课、改作业、备课辅导、谈话开会、理论学习等等，连一分钟空闲的时间都没有。这里面除了没有很好地安排自己的时间而觉得时间不够用外，恐怕问题还是出在疲于应付上，整天是事情在后面追着自己。简单地说："头痛医头，脚痛医脚"，而没有主动去做。教师的任务比较繁重，时间总会在不知不觉中流淌，就看自己能不能把握得住了。谈到如何解决时间这个问题，苏霍姆林斯基举了一个例子。一位有三十年教龄的历史老师上了一届公开课，区培训班的学员和区教育局的指导员都来听课。课上得非常出色，听课的老师和指导员本来打算记一些记录，可是他们听得入了迷，竟然连记录都忘记了，就像自己也变成了学生一样。这是多么令人惊叹啊！课后有一位教师问他："你花了多少时间来备这节课？不止一个小时吧？"这位历史老师说："对这节课，我准备了一辈子。而且总的来说，对这个课题的直接准备，或者说现场准备，我只用了大约15分钟。"一辈子都在备课，这是一件多么不容易的事啊。教师的时间从哪里来？一昼夜只有24小时。确实，做教师的每天必须备课、上课、改作业、课外辅导，现在还要抽出时间来读书搞科研。怎样进行呢，书中给了我们一个很好的建议：这就是读书，每天不间断地读书，跟书籍结下终生的友谊。潺潺小溪，每日不断，注入思想的大河。苏霍姆林斯基说：一些优秀教师的教育技巧的提高，正是由于他们持之以恒地读书，不断地补充他们的知识的大海。如果一个教师在他刚参加教育工作的头几年里所具备的知识，与他要教给儿童的最低限度知识的比例为10∶1，那么到他有了15年至20年教龄的时候，这个比例就变为20∶1，30∶1，50∶1。这一切都归功于读书。我想：这也就是许许多多优秀教师之所以优秀的根源。在今后的日子里我要加大阅读量，多读书，读好书，读书不是为了应付明天的课，而是出自内心的需要和对知识的渴求。如果你想有更多的空闲时间，不至于把备课变成单调乏味的死抠教科书，那你就要读学术著作。是啊！我们应当在自己所教的那门学科里，使学校教科书里包含的那点科学基础知识，只不过是入门的常识，在科学知识的大海里，我们所教给学生的教科书里那点基础知识，应当只是沧海之一粟。读了这些，我茅塞顿开，教师的时间问题是与教育过程的一系列因素和方面密切相关的。教师进行劳动和创造的时间好比一条大河，要靠许多小的溪流来滋养它。怎样使这些小溪永远保持活力，有潺潺不断的流水，这是我们安排时间时应该首先考虑清楚的！这本书给我的感受很多，就是与现实的紧密联系、问题意识、忧患意识流淌于字里行间，而一个个社会现实中实际生动的事例，则支撑起了这种问题意识，使全书鲜活，充实，激起你对现实的关注，激起你对现实的思考，并在这种关注思考中，令你得以专注地读下去。同行们，读书吧，书中自有黄金屋。

2017年8月26日

浅谈"三主五步"课堂教学模式

在全国课改的热潮中，以"生本"为理念的"三主五步"课堂教学模式正成为我区全面推行和实施的一种新的教学模式。我们中学在校长的重视和带领下，老师们积极地投入到课改的热潮中，经过三年的努力，战胜了课改中的重重困难。现在，我校已全面实施了这种新的教学模式。作为林芝县中学的一名数学教师，我在经历学习"三主五步"课堂教学模式和实施"三主五步"课堂教学模式的过程中感受颇多。下面我就"三主五步"课堂教学模式在数学学科教学实施中谈一些个人的感受和体会。

一、对"三主五步"课堂教学模式的理解

"三主五步"课堂教学模式是以促进学生的全面发展为宗旨，让学生在自主学习、和谐互助和探究合作中，不断增进知识，不断提升能力，不断陶冶情操，促使学生好学、乐学、善学的一种教学模式。它的核心是三主，关键是五步。三主即以学生为主体，以教师为主导，以训练为主线；五步即定向自学，小组讨论，全班交流，总结归纳，巩固提升。

二、"五步"的具体实施

1. 定向自学要做好两点

（1）提出明确的自学要求（可依据课本和导学案），即自学什么内容，用多长时间。

（2）在学生自学时，教师一方面督促学生按照老师的指导自学，确保完成好自学任务，可及时表扬速度快，效果好的学生，可给后进生说几句悄悄话，帮助其端正学习态度；另一方面通过巡视，个别询问，最大限度地了解学生自学中的疑难问题。学生自学的过程更是一种创新的过程，自学能力的培养是提高教学质量的关键。自学不单纯看书，有时还需动手操作，动眼观察，使学生能亲身感悟知识产生和发展的过程。经历自学过程，得到对知识的自我感悟。

2. 小组讨论

小组讨论最大限度地调动学生学习的积极性和主动性，给了一个鼓励学生发展才能的环境。精心营造的合作性学习能让学生在认知上、生理上、感情上和心理上主动地投入到学习中去，并且这也是改变课堂中的被动性学习现状的重要步骤。但在教学中要注意这样的现象：一是老师抛出一个问题，或者问题来自学生，老师让学生以小组为单位开始讨论，教室里立

刻响起一片嗡嗡声，感觉小组内每个人都在发言，老师仍然在讲台上做自己的事，一两分钟后，老师喊停，请小组代表（往往是固定的）站起来发言，学生一张口就是：我觉得，我认为，学生对问题的认识仅停留在问题的表层，并没有作深入的探究。二是学生在参与合作学习时老师仍然站在讲台上等待，或者做自己的事；在小组讨论时教师应是整个课堂的组织者和参与者。

3. 全班交流

（1）交流的内容应该是学生自学和小组讨论后还不能掌握的地方，即自学中暴露出来的主要倾向性的疑难问题。

（2）交流的要求，不仅仅讲题，只找出答案，而要寻找规律，真正让学生知其所以然。还要引导学生预防运用时可能出现的毛病。

（3）交流的方式即让已掌握的学生（学习小组）先讲，如学生讲对了，教师肯定，不必重复；讲得不完整，达不到深度的，教师要补充；讲错了的，教师则要更正。这样，教师讲的时间就少了，只要通过补充、更正的方式达到解决疑难问题的目的。

4. 总结归纳

学生把学习数学过程中遇到的问题、困难以及探究的过程用数学语言写在导学案中，并用自己的数学语言畅谈学习的收获和感受，新课程强调发展学生数学交流的能力，而写"学后反思"无疑给学生提供了一个用数学语言或自己的语言表达思想方法和情感的机会。写出了自己的情感态度。在小组交流、全班交流中，"学后反思"对学生数学学习自信心的树立、师生关系及生生关系的和谐、数学合作与交流能力的发展无疑起着推动的作用。

5. 巩固提升

（1）基础达标题题目要体现重点并要简单，使90%的学生都能过，增强学生的自信，自信是解题的关键。

（2）基础达标题必须在课堂内完成，训练时间不低于10分钟，训练的内容重在应用刚学到的知识解决实际问题，创造性的"做"，不搞死记硬背；训练的形式像竞赛、像考试那样让学生完全独立地、快节奏地完成，老师不作辅导，学生不得抄袭。这样才能够检测课堂的教学的效果。

（3）提升题应给学生足够的思考和讨论的时间，可留在课外完成，让学生在思考和讨论的过程中提升数学解题能力。

总之，在实施"三主五步"课堂教学模式教学后，"问题学生"少了，而在学习上肯问问题的学生多了。学生的学习兴趣高了，教师的工作热情高了。正如德国教育家斯普朗格说过的："教育的最终目的不是传授已有的东西，而是要把人的创造力量诱导出来，将生命感、价值感唤醒。"教育人已经开始了宝贵的探索和尝试。为推行素质教育，"三主五步"课堂教学模式的种子已撒向林芝巴宜区中学的每个角落，林芝巴宜区中学的老师们正在辛勤劳作，埋头耕耘。我们坚信收获的季节不会远了。

让情感成为教师工作的主线

良好的师生感情是决定教师工作成功与否的关键。怎样才能使学生"亲其师，信其道"呢？我的做法是"爱而不溺，严而有度"，只要教师在工作中注重情感投资，坚持爱严相济，就一定能够创设良好的教育氛围，形成融洽的师生关系，从而为教师教学工作打下坚实的基础。

一、用爱心架起师生交流的桥梁

"有爱才有教育。""爱能融化世界的寒冰，爱可以把青春照亮，把热血点燃。"我相信有爱的付出，就有爱的回报。从进教室的第一天起，我就坚信学生都一样可爱，要依靠我们从不同的角度去欣赏他们，去发现他们身上的闪光点。一个班级由几十名学生组成，每一个学生的性格脾气各不相同。但大部分学生都喜欢表扬，针对这种心理需求，我在班会上会从不同侧面针对学生的优点大力表扬学生，特别注重进步快的学生。对于那些违纪好动，不守纪律，学习不认真的学生则采取个别谈话的形式进行教育并提出学生能够做到的要求，留出时间让他们改过。在点滴进步中让学生体会到成长的快乐，树立起学习的自信心。

二、用沟通让师生心与心零距离

听到学生想说的话，支持学生想做的事，让师生的心与心零距离。学生在默契中领悟，在默契中行动，在默契中奋发图强不仅是教师工作的最高境界,更是学生向往的班级生活。教师对学生的管理是全方位的,不仅仅表现在学习上,就连老师对学生的称呼,在学生的教育中都起到意想不到的效果。礼貌得体和谐的称呼,可以激发控制学生的情绪,融洽师生关系,创设良好的教育氛围。因此,在日常教学工作中我特别注重讲究沟通的方式,创造交流的方法,真正做到"爱而不溺,严而不厉"。最成功的做法就是让他们写周记,通过周记来了解他们的真情实感。如一些学生对自己与父母、同学间的矛盾,对时事和周围一些现象的评述,观点偏激、执拗,在周记中时有体现,写评语时我总写上鼓励性文字,对于显露思想问题的周记,多是对话与劝勉。对于学生的困惑和郁闷一时不能解决的我还充分利用网上交流这种特殊媒介,在闲侃中达成共识,引导他们正确认识问题和解决问题,化解成长中的烦恼。

三、让欣赏成为学生成长的动力

许多人大概不会陌生心理学家罗森塔尔和雅各布森共同做过的一个"预测未来发展的实验"。1968年,两位心理学家合作,到一所学校对1—6年级学生做过这样一个暗示实验。在他人完全不知情的情况下,随机抽取了五分之一的学生,然后将这些学生的基本情况登记造册,随后郑重其事地告诉学生以及学生的老师:他们有很大的"学习冲刺潜力",是"未来的花朵"。八个月后,再对全部学生进行全面了解,结果发现这些"未来的花朵""学习冲刺力"强的优秀学生真得在努力程度上明显优于别人,智力水平有了更大提高,"求知欲更强""自信心更强""更加优秀与有魅力"。这就是教育心理学上的"皮革马立翁效应",又称"期望效应"。"皮革马立翁效应"在社会管理、教育教学中有着广泛的应用。我们提倡和应用的"多表扬、少批评"就是"皮革马立翁效应"具体应用的一个方面。但是在实际的教育教学中我们教育工作者,特别是班主任教师往往将"皮革马立翁效应"应用走向了片面。那就是,表扬、暗示和肯定成为优生的专利,问题生很少得到这种心理上的认同。时间长了,学生对教师失去了信任,教师对学生失去了信心。优秀的学生确实是优秀了,可是有缺点的学生也就越来越落后了,最终成为教师家长心目中的差生。仔细分析其原因,主要是由以下几方面造成的。教师偏爱形成思维定式。同样的错误,发生在教师眼中的优秀生身上那是"瑕不掩玉",教师的批评"点到为止";出现在顽皮生身上那就是"屡教不改",教师的教育雷霆千钧,绝不宽恕。以至于使这些顽皮生不知所措,或者心生怨恨,更加破罐子破摔。教育工作者教育方法简单粗暴忽略个性差异。一把钥匙开一把锁,这是再简单不过的道理。但是,在实际的教育工作中有些教师往往就事论事,表扬批评泾渭分明,缺少对学生的多方面多层次的透视和了解,忽略学生的个性差异,达不到理想的教育效果。评价机制偏差,注重考试成绩,忽视学生特长发展。从大的方面讲,是一个社会问题,但最主要的还是学校、教师个人方面的问题——急功近利,注重应试教育,忽视学生身心健康和学生特长发展,把学生优劣的尺度定格在考试的分数上,人为培养出了差生。家长的"谦虚",教师的"实事求是",严重挫伤了学生的自尊心和自信心。当着学生的面,亲朋好友关心孩子的成绩和成长状况,家长很少在学生真实成绩的基础上稍加肯定(这种氛围、这种环境下的评议,把握好了是鼓励孩子、肯定孩子的最佳时机之一)。往往为了表现自己的谦虚要么将学生的真实情况隐瞒采用中庸之道"也行吧",要么干脆来个痛快解恨的"这孩子不中用,笨死了"或者是"脑子笨又不学"。教师则是实事求是,甚至是当成告状警示的最佳良机。家长的本意或许是谦虚,教师的用心也是好的,然而"谦虚"和"良好用心"的结果是让孩子丧失了自尊,失掉了信心。针对上述分析和出现的问题,我在教育问题学生(暂时这样认为吧)时充分运用了"皮革马立翁效应",发挥学生的潜能,激发学生的上进心和求胜欲望,积极展现自己发展成功的一面。我的基本策略是:选择好教育学生的对象,多方面了解学生的基本情况。能够全面客观的评价认识学生的优缺点,包括学生的爱好特长、家庭教育状况、学生拥有的知心朋友、学生是非评价观点。做到在评议学生时有的放矢,夸赞肯定之实存在而非子虚乌有,拔高而不失真。教有定法,教无定法。同样,教师工作讲究艺术却没有什么固定的模式,但爱的情感永远是教师工作的主线!

用小组活动提高班级教学效率

通过以前在成都北京师范大学附属中学等学校的参观学习,我感受颇

第一章 教学论文及教学经验

多，结合自己在教学工作中的情况，我越发认识到在教学中发挥学生的主动性对提高学习效率是十分重要的。自己在工作中很少让学生参与课堂，学生学习缺乏主动性。再结合夸美纽斯在《大教学论·教学法解析》一书中的关于教与学的简明性和快速性诸原则一章内容，我领悟出了如何才能提高教育教学质量，那就是充分调动学生积极地参与。一名教师面对多名学生，如何才能做到一举多得呢？夸美纽斯认为那就是分小组。这与我们提倡的小组合作很相像。

随着教育教学的改革我们面对多个学生，最有效的就是小组合作。其中杜朗口中学成功的经验就是很好地利用"兵教兵"的策略。夸美纽斯提出教师在同时教所有的学生，不应当走近某一个学生或允许一个学生单独走进他，而应当待在他的位置上，在那里他可以看到、听到所有的学生。这是我们没有想到的。一位教师面对很多的学生，检查学生的作业比较麻烦。同样的夸美纽斯在这一问题上提出的方法是就是组长的帮助，每个组长可以检查本组的学生，当然包括教师检查的背诵和默写的任务。教师检查学生的背诵应当先叫一个学生，然后叫另一个，一个站在全班前面，一个站在全班的后面，而其余全体同学则专心听他们背书。由此可以确保每个学生做好准备，因为全体谁也不能肯定他会被检查。这让我想起了平时听课过程中教师提问采用的开火车的方式。通过听课我感觉这种方式不可取。因为在听课时，我发现这种方式使学生特别忙。记得一次听课我坐在教室倒数第二排的一位学生旁边，教师采用这样的方法矫正选择题答案时，正好叫了我旁边学生的一排。我观察到这位学生从前往后数着题目，找到按开火车的顺序自己将要回答的题目开始进行思考，这时的这位学生根本不去认真听其他同学的答案，只顾思考自己即将回答的问题。同时在横排的同学可能也意识到同样的方法下去会轮到他回答问题，可能为了解决自己即将回答的问题而不得不去打搅其他的同学。学生这样的表现不能说错，因为学生表现出了"回答问题要正确"的愿望，我们应该加以鼓励和表扬，但是因为回答问题而失去其他问题的解决机会不可取。夸氏很掌握学生的心理。一个教师面对很多学生，如何才能用同样的教科书教全体学生呢？在以往的教学中我们教师讲得很累，但是学生的学习却收效甚微，特别是对于学习能力差自觉性差的学生而言。实际在教师辛苦地讲的过程中，很多对象是分散注意力的。如果让学生都参与到学习中则会出现相反的结果。夸美纽斯说："教师读了文章，并做出讲解，指出它的应用，我们认为是自己完成了任务，但是听众并不关心这些。在学习中我们应该采用对话法、谈话法等激发和保持学生的注意力，使问和答轮换、不同的表达方式，可能引入的引起兴趣的话语，甚至戏剧角色以不同的形式更好，都可以化解学生对学科的厌恶情绪，甚至还可以催生对更多知识的热切欲求。"仔细分析我们现在使用的教学方法，在大教学论中都有所涉及，我有感于夸氏的用心和努力。

谈实施素质教育对教师素质的要求

素质教育是一种全新的教育模式，党和国家反复强调提高民族素质的重要性，并且把经济建设和社会发展的战略重点转移到依靠科技进步和国民素质的轨道上来。因此，提高国民素质就必须全面地推行素质教育，实施素质教育，不仅是当前深化教育改革和促进教育事业发展的必然趋势，也是涉及国家富强、人民富裕的根本大计。

全面实施素质教育，首先是教育思想观念上的变革。要求教师破除旧的教育思想观念，树立起科学的教育思想，必须树立面向全体学生的教育思想，树立起以培育学生基本素质为标准的质量观，树立起人才是多层次、多规格的人才观，树立起民主、平等的新型师生观，破除封闭式教学思想，树立起开放式的教学思想。其次，在实施素质教育的过程中，对师德提出了更高的要求。教师的素质由"师德"与"师能"构成。师德，即教师的职业道德，这是教师素质的灵魂。教师应具有献身教育的崇高精神，应充分认识到自己所肩负的这一历史重任，应具有热爱学生的高尚品德。热爱学生要求了解学生，及时掌握他们各个方面的情况。要尊重学生的人格，尊重他们的兴趣、爱好和特长的选择，重视激发学生的进取心，严格要求学生，做到"严而有度"，"严中有爱"，那么，对学生的培养就一定会取得不可估计的成效。

第一章 教学论文及教学经验

素质教育的实施，对教师的文化素质提出了更高的要求。首先要具有扎实的专业知识，对所教学科的全部内容和基础理论要深入的了解，对学科理论体系的脉络有明晰的认识，对所授概念、原则有准确的阐述。教师应具有广博的知识结构，做到一专多能，多才多艺。如果一个教师没有较为丰富的文化知识，不仅对他的自身素质的提高产生不利的影响，而且也不可能胜任"教书育人"的任务。

素质教育对教师的教学艺术素质提出了更高的要求。要注重学生实践活动能力的培养，强调学生主观能动性的发挥及兴趣的培养。在教学中，教师要从"学"出发，把必要的讲授、示范、引导、点拨与学生的阅读、观察、讨论等有机结合起来，为发挥学生的主动性创造条件。教师还应注意语言艺术和板书艺术。为提高教学艺术水平，教师要努力学习教育教学方面的理论，并在实践中大胆探索，改革教学方法，不断总结教学经验。教师的良好形象是其基本素质的综合反映。教师只有不断努力提高自身的素质，才能塑造出使学生难以忘怀的可亲可近的育人者形象。

众所周知，教师职业是伟大的，是"太阳底下最光辉的职业"，是关系到国家命运前途的一种职业。培养人才的工程是浩繁而艰巨的，俗话说"十年树木，百年树人"。"奉献"，是师德最集中的体现，"春蚕"与"蜡烛"的精神就是"奉献"的最佳写照，抓师德要以"奉献"为核心。教师要树立为学生服务，为家长服务。为社会服务的思想，只有树立了服务的思想，增强了服务意识，才能真正体现出高尚的师德。教师的人格力量往往是很大的。苏联著名教育家苏霍姆林斯基指出："学校好比一种精致的乐器"，它奏出一种人的和谐旋律，必须把乐器的音调准，而这种乐器是靠教师，教育者的人格来调音的。因此，就提出最重要的一点：学生是怎样来看教师的，他们在教师身上看见和发现了什么，每一个教育者和整个教师集体在学生面前表现了的品质的哪个方面。能够迫使每一个学生去检点自己，思考自己的行为和管住自己的那种力量，首先就是教育者的人格，教师的人格，就是把社会道德规范人格化，通过教师的个性和教师的群体风貌来体现这种道德规范。这种人格的教育对青少年终身都会产生不可磨灭的影响，这就是教育的最高境界。

第二节　班主任经验

迎接新学期，创造新人生

新学期开学第一次讲话同时也是班主任留下良好印象的讲话，促进相互了解，为建立良好形象和师生关系打基础的契机。其实，开学讲话只是教师为了更好地带班育人所采用的一种形式。它有很强的个性特点，没有一定的规则。有演讲才能的班主任，通过激情洋溢的讲话鼓舞士气；逻辑思维严密的教师，通过解读办班理念或班级建设计划，使之深入人心；擅长形象思维情感丰富的教师，通过一个个动人故事，传递寓意深刻的做人哲理；风趣诙谐的教师，以其特有的智慧，营造宽松愉快的班级氛围；善于组织活动的班主任则通过丰富有趣的活动凝聚人心，调动大家当家做主的积极性。除了用语言进行启发调动之外，我主要是利用目标制定的方法：

一、抓住时机，激励动机

新学年一开学是确定目标的最好时机。对于学生来说，无论曾经是成功还是失败，都已经成为过去，一个新的未来在等待着他们，因而每个学生都充满着新的信心与希望。班主任要迎合学生内心的期待和需要，要求每一个人对新学年确定自己的目标，每个目标都是一份激励的强化物，促使学生产生新学年有新表现的行为动机。

二、不失时机，鼓劲加油

目标虽然是学生自己定的，满腔热情确立的目标，对于这些处于尚未成熟的学生来说，实现并非易事。况且有的目标涉及改变自己长期已经养成的习惯，甚至已经形成的性格特征。它要求学生有很强的自控力，包括抗干扰力、抗诱惑力和耐力等。因此不是每个学生都能始终如一朝着自己确定的方向迈步。个别学生出现了背离自己目标的行为，有的则淡忘了自己的原有目标。对于这些学生，班主任要求他们回忆对照自己的目标，促使他们在愧疚中自行调整偏离的方向，重新开始。

三、迎接机遇，总结反思

我在班上进行一周一评比的方法，使学生了解自己的目标是否达到，自己的行为是否与目标偏离。尤其在学期末是目标取得阶段性成果的季节。班主任通过竞选全优生的方式，让大家反思对照自己的目标。有的学生达到了预期的目标，进步了；有的则在自责，由于自己的不坚持而沮丧。班主任则一方面在考虑如何赏识成功者，如何激励失败者，同时在反思中筹划着下一步如何引导学生更加科学地、有效地制定目标具有激励、导向、调控行为的功能，更具有促进学生发展的功能。无论是目标的制定还是实施，班主任都要发挥主导作用。班主任除了要修订学生的目标，监督、提醒学生实施目标，更要指导学生学会制定科学的、有效的、个性化的目标。通过对案例的深入探讨，我对此获得了许多激励和帮助。我的目标确定步骤是：

1. 帮助学生恰当确定目标

（1）个人和班级目标相结合。班主任和全班同学共同设定班级的目标，然后围绕班级目标，要求每个人设定个人目标，这样把班级发展与个体发展紧密联系在一起，有利于发挥集体与个体的双方互动作用，既可促进班级目标的实现，又为学生个体目标的达成营造积极的环境条件。比如，我班级学期目标是：学期末到达良好班级。那么，学生在制定自己的目标时，必须在学习、纪律、卫生等等方面都要做具体的计划。

（2）阶段化目标与长远性目标相结合。仅仅有个长远的大目标，而没有构成大目标必须达成的阶段性目标，大目标容易落空。而仅仅有小目标，行为容易盲目，也难于持续。因此要引导学生不仅要设有一个较大的努力方向，同时又要脚踏实地地去实践每一个阶段小目标，完善自己的每一个细节，使每一个小小的努力都在为大目标的实现添砖加瓦。由于阶段小目标难度降低，容易实现。学生可以一步一个台阶，循序渐进，步步感受成功的快乐，天天体验成就的喜悦，从而可避免由于大目标难就，屡遭失败，认为反正达不到而放弃的结局。比如，我们班的一位同学经常迟到，我提议他在制定目标时，把不迟到作为自己的目标之一。

（3）具体目标与全面成长的目标相结合。每个学生都应当有全面发展的成长目标，但它与学生的现状有着一定的距离。在确定个体的具体目标时，要引导学生把它与自己的全面发展目标联系起来。我们班的同学在制定目标时，自己的每一个小的目标，一定要跟自己的总体目标结合起来。

2. 帮助学生从自身实际出发确定目标

（1）根据自身发展的现有水平确定目标：如果目标轻而易举可以达到，就没有激励作用；而那种即使努力也达不到的目标，同样会导致失望而放弃。其中的原因可能是目标太高太难，一时达不到，于是放弃了事。对于优秀生他的目标应该高一些，但是对于差生，他的目标可以是：不迟到，不旷课，也可以是某些科目成绩一些提高等等。因此，把握学生的实际水平，帮助学生确定经过自己努力就能到达的目标是非常必要的。

（2）制定多种的个人目标。学生们都容易把全优生作为自己的目标。从学校限定的有限的名额就可以预料真正能够达标获奖的人寥寥无几。因此要求每个人制定有特色的，符合自己特点的，利于发挥自己潜能的强项，或利于克服自己缺点或弱项的多种目标。班主任的奖项也相应地要多种，不仅只有一个全优生奖。我的奖项有：纪律标兵，劳动积极分子，学习尖子，品德模范，好人好事先进个人等等。这样我们班的每一位学生都有被表扬的机会，从而有利于提高学生的积极性，促进学生弱项的进步。

3. 帮助学生把目标细化为行为目标

目标确立之后，班主任可以要求学生提出达到目标的具体措施，确定解决问题的办法。学生在确立目标时曾经发誓想改变自己。然而当他面对具体情境时，忘了自己立下的誓言，没有控制好自己。因此，特定情境中如何控制自己，是需要有具体措施的。比如，当自己的目标有可能达不到时，可以通过自我暗示，或者拿出自己的目标书，或者想想后果，或者对照其他同学等等。如果仅仅定下目标，没有确定如何解决问题的具体办法目标也可能落空。

班会中的主要演员

在班会课上，班主任围绕着特定的主题对学生进行思想、品德、心理教育，与在其他场合、其他形式的德育相比，它更能促进正确的班集体舆论形成，推进学生自我教育、自我管理；在学生中实现更广泛的思想交流，增强自信，使学生的能力得到锻炼。班会课中主要演员到底是谁呢？现浅谈自己的一点看法。

当前的新课程改革强调以人为本和发挥学生的主体作用。但一些课程往往仅限于教学课堂，很少想到班会课更应该强调以人为本，突出学生的主体地位。在现实中我们看到，有些班主任把班会课看作简单的课，随意掌控。他们在班会课上谈班级建设计划、传达学校通知；或者把一周来所发生的班级问题一一罗列出来，以警示学生。一堂课下来，几乎是老师在唱独角戏，学生听得兴趣索然，甚至产生反感。更有甚者，个别班主任根本不把班会课当作是课，随意地把班会课改作他用，或索性让学生自习。像这样的班会课，老师说得再多，对学生而言也是毫无意义的，教育效果差。因此，在确定主题后，班会的设计，内容的安排，组织、筹备等工作都应让学生开动脑筋，放手去做。要注意整个主题班会过程中的民主与平等，要给学生参与的时间与空间，要激励每一位学生投入到班会活动中。形式的生动、活泼、且多样化，有利于增强教育的可接受性。根据学生不同的生活兴趣和心理特点，要因人因时而异。因此我把每个班会都交给1—2位学生负责，然后由他们牵头，广泛地争取班级同学的意见。强调学生参与，并不是把主题班会的组织简单地全部推给学生。这是因为中学生自主意识还不成熟，知识水平还有限，观察分析事物还不够深刻，看待问题往往有所偏颇。所以，无论是班会主题的选择、活动组织，还是班会行进过程的具体操作，班主任都要发挥指导作用。如关于学法探索系列主题班会，若仅仅是学生之间的经验交流，其效用相当有限。班主任看准关键点，高屋建瓴，深入浅出地讲座则显得非常必要。

班会课只有通过不拘一格的形式，充分调动学生积极性，促使学生最大限度地关注世界、观照自我，进而发挥自己的才能，获得真实的情感体验和心灵触动，才能达到最佳的德育效果。对班会课进行变革，要确保学生主体地位在三个方面的回归。

一、还知情权给学生，培养学生思辨力

班会课是学校德育工作主渠道之一，学校往往在开学初就安排好了一个学期的班会课主题，但由于种种原因，并不是所有主题班会都能完成。班主任应把学校班会主题安排的"知情权"还给学生，让学生知道学校安排了哪些班会主题，有哪些现象值得自己关注和思考，有哪些问题需要自己解决，有哪些品质需要培养。对于初中阶段的学生而言，这一点较为重要。因为初中生基本具备了一定的思考、辨别能力，他们会主动思考这些班会主题，我们的德育工作就能收到一定的效果。这比让学生盲目接受主题班会教育要强得多。

我在每学期初，都会把学校安排的本学期班会主题张贴在教室的宣传角，组织一次简单的宣传和学习，让学生对这些主题有所了解，并进行思考，为今后的主题班会做了较好的前期准备。

二、尊重学生选择权，解决学生适应力

我认为，应该按照班级实际情况、班级个性开展班会活动。班会课的主要内容是实施德育。德育是庞大而复杂的工程，要把这项工程做好，不是靠一节班会课、一个主题就能完成的。只要所选择的主题具有时代性、必要性、实效性，又不影响学校德育工作的大局，能让学生感兴趣、有收获，班主任就应该大胆尝试，尽可放心地把班会主题的选择权还给学生，让学生自主选择属于他们自己的主题，有针对性地开展主题班会活动。需要强调的一点是，教师把班会主题的选择权还给学生决不等于撒手不管，不闻不问。教师要关注本班的主题活动是否会影响学校和年级工作的大局，也要对学生的选题情况心中有数，并给予及时而科学的指导，如此才能避免班会活动与德育工作目标南辕北辙或流于形式。

三、赋予学生组织权，提高学生组织力

有些年轻的班主任责任心强，工作热情高，花了不少时间和精力与学生一起组织班会课，并且，为了精益求精，往往在班会课的设计方面提出了不少自己的主张。学生出于对班主任的尊重，大多是接受和服从老师的

安排。这样精心设计的班会课，尽管班主任付出了很多，却未必是学生喜欢的。我们的班会课不仅要对学生进行思想教育，同时也应该成为学生大胆展示自我、提高能力、陶冶情操的舞台和阵地。班主任应把主题班会的组织权交给学生，让学生自主地策划、组织、搜集信息，分析并解决问题，这样不仅能够提高学生的综合素质，还可以让学生发自内心地喜欢班会课。有一次，学校安排的班会主题是"创建无烟学校"，学生也觉得这一主题非常有意义。和学生交流之后，我把这次班会的组织权完全交给了他们。那次班会课，学生果真给了我一个惊喜，他们采用辩论会的形式，把全班学生分为正方和反方，一方代表说明抽烟有害，另一方说明抽烟有益，双方选派代表参加辩论，其他学生为己方代表提供辩论材料并加油助威。虽然辩论会的形式比较朴素，学生的辩论技巧略显稚嫩，但全班人人参与，热情高涨，总体上还是比较成功的。更重要的是学生对于抽烟有害有了更清醒、更深刻的认识，思考问题的能力、辩论的能力也得到了培养，获益匪浅。看似简单的班会课，却是德育工作的重要载体，也是促进班级建设的一种有效形式。德育工作、班级建设的主体，无疑都是学生，学生的主体地位得以突出，才能在班会课中充分发挥其创造性思维与主体作用，班会课才能取得良好成效，我们的育人工作才能进入一种良性循环，取得实效。因此，在新课程改革指导下，班主任在班会上的角色仅仅是指导者，参谋者、引导者，而不是唱独角戏的演员。总之，主题班会是一门学问，需要我们不断地去探索和研究，更需要我们不断地去实践。只要班主任有高度的热心和强烈的责任心，发挥自己的聪明才智，认真精心地准备，就一定能开好班会，使班会课真正达到教育学生的目的。让班会课的影响扎根到学生心中，引导学生向健康的轨道发展，让班会课真正成为吸引学生、充满魅力的课型之一。

班主任的"五个一"

担任班主任多年了，我一直在琢磨着怎样才能创建一个班风正、学风浓、纪律好、成绩优、能力强的班集体，思考着怎样当一个快乐而深受学生欢迎的班主任。回顾已走过的历程，借鉴优秀班主任的成功经验，我也有了一点自己的心得,稍作整理,公诸同行,欢迎指正。

一、一身正气

一身正气是指廉洁从教。一位优秀班主任曾撰文指出,她每教一级学生在第一次家长会上就会郑重其事地告诉家长"拒收任何礼物,拒赴任何形式的宴请",真正做到一身正气,两袖清风。《中小学教师职业道德规范》第七条明确规定:廉洁从教。坚守高尚情操,发扬奉献精神,自觉抵制社会不良风气的影响。不利用职责之便牟取私利。班主任理应严格要求自己,教书育人,自觉遵守教师职业道德规范。现在校园已不是一片净土,社会上的各种不良现象大有侵袭校园的趋势,这有损人民教师的光辉形象,更给管理工作带来了很大的问题。

实事求是地讲,很多班主任可能没有勇气明确宣告"拒收任何礼物,拒赴任何形式的宴请"。不少班主任也可能接受过家长送的礼物,参加过家长的宴请。不过班主任必须认同廉洁从教的重要意义,努力使自己向廉洁从教的目标靠拢。只有自身清正廉洁,在家长会上腰板才挺得直,说话才理直气壮,在学生面前也才可以堂堂正正,底气十足。试想,一个不能廉洁从教的班主任怎么能够在家长会上大谈特谈如何教育学生?又怎么能够在学生面前讲要做一个正直的人呢?不要把"不吃白不吃,不要白不要"当作"幌子"。"吃"了"拿"了,不仅在人格上付出代价,而且给管理学生带来消极影响。

二、一腔热情

一腔热情包含三个方面的内容:一是热爱教育教学和班主任工作;二是热爱学生;三是热爱生活。

热爱人民的教育事业,忠诚于人民的教育事业,把自己毕生的精力奉献给人民的教育事业,这是教师职业道德的最高原则。于漪、斯霞、欧阳黛娜等全国著名的优秀教师都能从艰苦的教育教学工作中体验到快乐与自豪,在这片沃土上辛勤耕耘,执着追求,不断进取。班主任要热爱班级管理工作。著名教育家林崇德教授说:"如果不做班主任,就尝不到当教师的真正滋味。"特级教师魏书生说:"我属于愿意当班主任的那类教师。我总觉得，做教师而不当班主任，那真是失去了增长能力的机会，吃了大亏。"许多班主任正是怀着对班级管理工作的满腔热情，无私奉献，书写了人生辉煌的篇章。

班主任面对的是学生，要由衷地热爱他们。斯霞老师把她教育工作成功的真谛归结为"童心母爱"。有人曾经对120名优秀中小学教师和模范班主任的教育活动进行调查和分析，得出如下结论：百分之百的优秀教师和班主任"对学生有浓厚的感情"。班主任的爱是一种强大的力量，不仅能提高教育教学成绩，也会促进学生成人和成才。班主任应该用生命呵护学生，把整个心灵献给学生，从学习上、思想上、生活上无微不至地关爱他们。班主任工作重，压力大，生活中会有这样或那样的不顺心，心理上难免产生不平衡感，但是在学生面前始终要做一个充满阳光的老师，再大的困难也能克服，再大的坎也能迈过。坚强、乐观，对生活、工作和学习充满信心，让微笑始终挂在脸上，要用这种积极乐观的心态来感染学生。在这方面，我有切身体会。学校每天都要组织学生跑步到操场做课间操，我也跟着跑步，跟着做操，非常快乐地投入其中。在我的影响下，学生很少请假不做课间操，而是充分享受体育锻炼所带来的快乐。

三、一视同仁

一视同仁是指班主任要平等、公正地对待每一个学生，热爱每一个学生。应该说，几乎所有的班主任都是爱学生的。但是做到爱所有的学生，对所有的学生都一视同仁，就不那么容易了。爱成绩好的学生容易，爱成绩差的学生就难；爱遵守纪律的学生容易，爱顽劣调皮的学生就难；爱尊敬老师的学生容易，爱目无师长的学生就难；爱循规蹈矩的学生容易，爱惹是生非的学生就难。然而，学生最不"可爱"的时候，正是他们最需要"爱"的时候。教育的实践一再证明，爱一个学生等于培养一个学生；讨厌一个学生，也就意味着毁掉一个学生。林崇德教授说："教师应该把整个心灵献给学生并坚持一视同仁，将神圣的师爱均匀地洒向每一个学生，以感染他们、改变他们、教育他们、造就他们。"

在班级管理过程中，班主任只要转变观念，努力挖掘每个学生身上的闪光点，就有可能收获更多的快乐和幸福。一个成绩不理想的学生却在运动场上奋力拼搏，为班级增光；一个经常迟到的学生却弯腰捡起他人掉在地上的课本；一个家境贫困的学生却在"献爱心"活动中"慷慨解囊"；一个刚刚受了班主任严厉批评的学生却在遇见班主任时热情主动地喊一声"老师好"……所有这些都让我们感动，都让我们重新审视应该怎样看待每一个学生。班主任要有一双慧眼，要一视同仁，要因材施教。"是泥土，可以烧成砖瓦；是铁矿，可以百炼成钢；是金子，就应当放出光彩。"

四、一马当先

一马当先是指凡事都走在学生的前面，努力做学生的表率和榜样。用"一马当先"是为了概括上的方便，确切地讲，应是"以身作则"。孔子说："其身正，不令而行；其身不正，虽令不行。"可见，榜样的作用是巨大的。《中小学职业道德规范》要求教师"模范遵守社会公德，衣着整洁得体，语言规范健康，举止文明礼貌，严于律己，作风正派，以身作则，注重身教"。每天与学生打交道的班主任更应如此。优秀的班主任，无不注重身教，以身作则，给学生树立了光辉的榜样。班主任要充分认识到，一马当先、以身作则、为人师表对于树立自己威信，完成教书育人任务，培养德才兼备人才的重要意义，做到严格要求自己，率先垂范，言行一致，用实际行动教育学生。凡是学校交代的任务、工作，班主任要不折不扣、高质量按时完成；凡是要求学生做到的，班主任一定要做到；凡是可以与学生一同做的，班主任都要身先士卒，用实际行动向学生表明班主任是严谨勤奋的，是言行一致的，是追求卓越的。学生会把班主任的一言一行看在眼里，记在心里，受到潜移默化的影响。

五、一手绝活

一手绝活是指班主任要有较高的管理班级的能力和教学水平。二者如车之双轮，鸟之双翼，不可缺少，不可偏废，珠联璧合，相得益彰。班主任应是学生人生道路上的导师，当学生碰到学习障碍时，能够条分缕析，使学生豁然开朗；当学生遇到情感困惑时，能够春风化雨，解开心中千千结；当学生徘徊在歧路迷途时，能够醍醐灌顶，指明人生航向。班主任还必须治班有方，思维敏锐，敢于创新，大胆实践，讲究方法，妙招频出，使班级各项事务井井有条，令学生人人心服口服。而一名任课教师又要视野开阔，底蕴丰厚，语言生动幽默，讲解深入浅出，教学效果明显，使学生学习兴趣高涨，爱学乐学好学。或许并不是每个班主任都能在这方面表现出优势来，有一些班主任在这方面也许"先天不足"，存在着"软肋"和"短板"，但要相信勤能补拙，相信一分耕耘一分收获。要善于向书本学习，向身边的同行学习，用理论指导实践，用实践丰富理论，力求做到理论水平和实践水平同步提高。学无止境，艺无止境。班主任是一名教师，又是一名"在教育战线上永不毕业的学生"，让学习成为工作，让学习成为生活，不断提升教育教学和管理班级的水平。

"五个一"是一种境界，或许是一种难以达到的境界，但班主任应该"咬定青山不放松"，肩扛管理班级、教书育人的神圣职责，做到"衣带渐宽终不悔，为伊消得人憔悴"，"待到山花烂漫时，她在丛中笑"。

班主任的基本素质需求

众所周知，学校是培养人、教育人，实施教育活动的基地。学校要办出成效，就是使受教育者成为有理想、有道德、有文化、有纪律的社会主义事业建设者和接班人。其全部工作及其核心就是教育和管理学生，而最直接地进行教育和管理学生的工作任务就落在班主任老师身上。班主任老师是一个班级集体的领导者、教育者和组织管理者。他们是与班内学生联系最多接触最多的教师，也是学生心中最有权威的教师，他们对学生的影响也最大。其素质水平直接影响学生的教育和管理工作的效果，关系到学校是否办出成效，因此班主任的素质要求要更高。我的实践体会到班主任老师起码应具备以下几方面素质：

一、良好的思想道德品质

人们常说："榜样的力量是无穷的。""师者，人之模范。""无德无以为师。"教师——育人之师，这个职业对人的品行、风范要求不同其他职业，因为教师的劳动对象是活生生的人，而不是土地，也不是机器。教师的品行、道德素质，尤其是班主任老师的思想品质将对学生产生潜移默化的影响。而班主任的良好思想品质能使学生产生敬爱情感。它可以吸引学生，并促使学生模仿教师。班主任老师的道德品质思想在教育和管理学生中会渗透于全部过程。因此，班主任老师必须有高尚的道德品质，树立科学的世界观、人生观和价值观，必须处处以身作则，身教重于言教，用自己的好思想好品质好作风为学生树立榜样。德高为范，反之，师德修养不高，不仅会制约学生的全面发展，给学生的身心健康带来负面影响，而且使学生从心理上疏远班主任老师，那么"教师是人类灵魂的工程师"就会在学生心目中"贬值"了。

二、具备博学多才多艺的业务素质

博学多才意思是：具有高学历、知识才学渊博，还需要有多方面的业务素质或有一技之长。知识才学是老师最宝贵的财富，也是一种力量，它能使学生产生敬佩感、信任感。班主任在课堂上提出要求或指示，可以使学生言听计从，从而更好地把学生的教育和管理工作做好。因此对班主任老师的学问、业务技能的要求就更高了。班主任应具备多方面多层次的文化知识和业务技能，既要有比较扎实的专业知识，又能了解相关学科的一般知识，掌握学科的教学方法和教育学、心理学等基本理论，并将其创造性地运用到教育实践中去。同时班主任老师还需要不断地更新知识、加强进修学习，不断接受继续教育学习，提高自己的业务能力。最好有一技之长，以便能更好地开展第二课活动，带好一个兴趣小组，使学生能被你的才干吸引，心悦诚服地跟着学，自觉地愉快地接受你的教育。

三、具有热爱学生的心理素质

新的教育观念——师生的关系要像朋友一样，要有平等地位。教育的老前辈曾有言："教育的全部技巧在于如何爱学生。"热爱学生，关怀学生的情感是班主任老师必备的心理素质。这就是要求对学生尊重、理解、信任，与他们建立平等、民主、和谐、亲切的师生关系。班主任老师在与学生交谈中要用自己的爱去创造爱的氛围，在爱的氛围中教书育人。当学生在认识上或行为上出现问题时，我们应该采取"晓之以理，动之以情"的方式进行说理教育，万万不能体罚或变相体罚。人非草木，只要有情，必能动心。使学生感到教育过程中有亲切感，学生就会有改过之心。教育家丁有款老师的转变差生的经验就是"偏爱差生"，结果使其任教的班合格率大大提高。因此班主任老师只要具备热爱学生的心理素质，必定育出高素质人才。

四、具备良好的仪表形象和健康的审美素质

班主任老师仪表形象，一举一动都会对学生产生一定的影响。班主任对学生来说是一切美好形象的化身和可以仿效的榜样。班主任要从一切教育和管理学生着眼，不能忽视自己的仪表形象或风度衣着，我认为要有良好的审美观念，要整洁、大方、得体，举止文明、稳重、端庄，要自我塑造一个美好的教师形象，让学生从自己身上获得真、善、美，学会创造人生。还要注意自己的审美观点，以更好地吸引学生产生敬爱之情，进而收到良好的教育效果。

学生的整体素质提高，就标志着学校出成效。我们要全面贯彻党的教育方针政策，为此提出优良校风"敬业、严谨、爱生、善导"。全体教师特别是班主任老师必须具有以上四方面的素质，努力钻研业务，为人师表，必将成为一名受学生欢迎、爱戴的好教师，学校必定成为一所名校。

班主任的教育艺术

在教学过程中教师尤其是班主任经常遇到棘手的问题，对棘手问题，必须从专业化的高度来认识，进而解决。具体来讲，就是在工作实践中用艺术的方法巧妙地解决。以此为契机，提高自身的专业素养。

一、增强实践智慧艺术

教育艺术就是变单向灌输为双向交流，变围追堵截为巧妙疏导，变一

暴十寒为细水长流，变简单粗暴为精雕细刻，变急风暴雨为和风细雨，变操之过急为循序渐进，变耳提面命为拨动心弦，变生硬呆板为循循善诱，以言外之意弦外之音代替逆耳的训斥。我们经常讲教育要抓住契机，契机就是教育的最佳时机，如兴趣点、兴奋点、情感点、求异点、变化点、荣辱点、利益点、低潮点、矛盾点、敏感点、闪光点、共鸣点……

二、统一实施智慧艺术

强化和淡化辩证统一的观点突出了德育工作的特点。强化，即指强化德育意识，又指强化德育内容。政治方向教育、社会主义道德和行为规范教育都要强化。要下大力气突出抓好政治思想教育工作中的大是大非问题，使广大青少年明辨是非、识别美丑，有清醒的政治头脑，坚定正确的政治方向，并树立建设中国特色社会主义的共同理想和正确的世界观、人生观、价值观。为此，就要持之以恒、大张旗鼓地对他们进行爱国主义、集体主义和社会主义教育，民主法制教育，开展中华民族优良道德传统和革命传统教育，树立民族自尊、自信、自强、自立的精神，培养自力更生艰苦奋斗的精神和坚韧不拔的意志品质……这些关系到青少年成长的工作，必须加强。必须下大力气，用大功夫，加大力度。淡化就是在教育青少年时，为了使其入耳、入脑，就须淡化教育痕迹。要善于运用教育机智，把握教育契机，创造德育情境，坚持巧妙疏导，开展生动活泼的为当代青少年所喜闻乐见的活动。在进行教育时，克服成人化、口号化、报告式、运动式，努力做到潜移默化，还要淡化教育者的形象，给受教育者以更多的尊重、信任、平等与期待，要像受教育者那样地感知、体验和思索，要采用以情感人、以理服人、循循善诱的教育方法，真正地和受教育者缩短距离，沟通思想感情，切实抛弃以教育者自居的教育意识与教育心态。

三、导航学生生命艺术

教育青少年树立远大理想是班主任重要的任务，这其中重要的一项就是要疏导学生的崇拜误区，为他们的生命航船导航。在这个实践中遇到的焦点难点问题上更要讲求智慧。我们一定要用青少年喜闻乐见的最新信息、新颖方法，进行与时代同拍的理想教育。比尔·盖茨 20 岁创立了微软，31 岁成为有史以来最年轻的亿万富翁，37 岁成为美国首富，39 岁成为世界首富。比尔·盖茨不仅是富翁，更是绅士，是精神贵族。他建立了世界上最大的慈善基金会；他为印度捐款 1 亿美元，帮助印度预防和治疗艾滋病；迄今为止，他为国际健康事业捐款 250 亿美元。2008 年 7 月 1 日他正式退休，退休前，他决定把全部财产 580 亿美元捐献给慈善事业，不给子女留一分钱的遗产。如果我们帮助学生树立了远大理想，他们日后成为亿万富翁，像比尔·盖茨一样。关心弱势群体，心系西部贫困地区的人民，我们的教育就是成功的。利用从诺贝尔奖的衍生历史到诺贝尔奖颁奖情况这些具体而翔实的材料，利用微软及其有关的资料，激发青年学生为我中华民族重展科技大国雄姿，为我中华民族实现诺贝尔奖零的突破而发奋学习。这样的教育是坚实的，它与当今时代脉搏相吻合，这样的教育也是新鲜的。坚实而又新鲜的德育，一定具有巨大的魅力，一定会有无穷的生命力。

四、实践要借助艺术力

能不能利用艺术，是否在班主任工作中讲求艺术，是能否提高班主任专业化的试金石。建议班主任朋友们，在工作中增强运用艺术的意识，凡事不是一做了之，而是想方设法高质量地完成。可以在某项班主任活动方面集中精力研究利用艺术提高实效。例如，如何做好开学工作？如何艺术地处理早恋问题？如何巧妙地应对突发事件……在实践中品尝教育艺术的魅力和甜蜜。

总之，无论是班主任实践工作的性质，还是当今教育对象青少年的特点，抑或是当今时代对教育者的要求，我们都必须讲求智慧和艺术。如此，就可以事半功倍，可以迎难而上，可以"化腐朽为神奇"，可以走出教育的低谷，可以开辟教育的新天地。

班主任职业幸福的实践追寻

如今，一部分班主任在承受着巨大的工作和精神双重压力时，内心的厌倦感逐渐取代了幸福感。如果一个班主任不能从日常工作中体验到幸福，必然会带来工作的"机械重复""疲于应付""死气沉沉",从而形成恶性循环,严重影响班集体的建设和学生的发展。

那么,班主任职业幸福的源头在哪里呢?又该如何找寻幸福呢?相信,只要满怀爱心,正视挑战,在现代教育科学理念的指导下大胆创新,就能真切享受到班主任工作的独特幸福!于是,我精神振奋地开始了班主任职业幸福的实践追寻。

一、师生平等对话,走进学生心灵

当前,我们面对的是在网络时代下成长起来的学生,他们眼界开阔,个性鲜明,他们不喜欢声色俱厉的威严和喋喋不休的说教。因此,在班务工作中,我们要努力搭建对话的平台,让师生在民主、平等的对话中产生思想的碰撞,分享彼此的情感与观念,达到情交融、心贴心的境界。

上学期,我发现"电子宠物"在班上流行起来,这是一种虚拟游戏,里面有一种小动物,领养它的主人要及时照顾它吃饭、睡觉、活动,而这些都是通过三个小按钮完成的。有的学生上课时忍不住偷偷摸出来玩"电子宠物",看到这一现象,我没有下令禁止,而是让玩过这种玩具的学生们谈谈玩的收获。他们大多说这种游戏除了新奇、好玩外,对学习没有任何帮助。这时有一个不同的声音传来:"我觉得养'电子宠物'能培养我的责任心。因为要按时给这个小宠物喂食,不然它会哭;它也会不听话,我们要想方设法教育它。这样,我们就能体验当家长的滋味,为将来当爸爸做准备。"这段话引得同学们哄堂大笑,我也忍俊不禁。笑过之后,我肯定了这个同学不人云亦云的个性,转身在黑板上写下两个大字——"责任"。我问:"什么叫责任?就是按时按这几个按钮吗?平时你们的一日三餐,家人是如何准备的?是不是也按一下按钮,就自动送上?"一听此话,同学们又不由得大笑。随后孩子们列出了很多责任:走在大街上,看到地上的纸片,随手捡起,这是每个市民的责任;每天认真完成作业,不要有丝毫马虎,这是每个学生的责任;帮着摆放碗筷,收拾房间,这是每个家庭成员的责任……望着孩子们一张张若有所思的面庞,我意味深长地说:"是的,就在这一个个细小的实际行动中,我们一天天培养着自己的责任心。别忘了,珍惜父母的每一分血汗钱,也是我们的责任!"透过这一案例,我们可以更深切地体会到，师生、生生之间展开平等的对话，就会让教育走进学生心灵，收到"天街小雨润如酥"的特殊效果，我在与孩子们的平等对话中体会到了走进学生心灵的幸福感。

二、培养学生自律，解放自我身心

我发现，不少班主任从早读、做操、打扫到课间纪律、排队，几乎一整天都在盯着学生，自己疲惫不堪，学生却总是伺机而动。师生关系就如警察与小偷、猫与老鼠。依此情况，我便寻思改进策略。

苏霍姆林斯基说过这样一段话："你是明天的教师，请记住：每一个儿童都是带着想好好学习的愿望来上学的，这种愿望像一颗耀眼的火星，照亮着儿童所关注的情感世界。他以无比信任的心情把这颗火星交给我们做教师的人。这颗火星很容易被尖刻的、粗暴的、冷淡的、不信任的态度所熄灭。如果做教师的人，在心里也像儿童对待我们那样，把无限的信任相应地给予他们就好了！那将是一种富有人情的相互尊重的美妙之和谐啊！"是啊，我们为什么不能相信学生能自己当家做主人？于是，我决定让自己从"监工"的岗位上"下岗"。

当我宣布这一决定时，同学们都诧异地望着我。我转身挂起一块小黑板，上面是我事先写好的五句话："铃声一响就静息，上课专心又积极，排队做操静快齐，作业及时且认真，读书投入而自觉。"我望着台下四十三张充满疑惑的脸，解释道："以前，我与你们形影不离，你们的一言一行都在我的监控之下，是不是不少同学觉得不自在？"看到不少学生在点头。我又指着黑板说："从现在起，我要让你们自己管自己，重点做到以上五个方面。每天晚上，各人反思一下一天的言行，给自己打打分。"话音刚落，教室里沸腾了，每个孩子的脸上都泛着兴奋的光芒。就在此时，做操的音乐响起来了，我满怀期待地说："现在就考验谁能做到'排队做操静快齐'了，相信到时候，体育委员能自豪地说今天大家特别棒！"嗬，还别说，整队的速度比往常快多了，几乎没一人说话。他们进场了，我忐忑不安地等待着。一下子失去约束，学生会不会放肆？终于做完操回来了，体育委员汇报说："只有三个人小声说了话，其他人表现都很好。"我高兴地说："第一次没有我的看管，做得真好！掌声送给你们！"那三名学生满脸羞愧。于是，我的

"下岗计划"就这样拉开了序幕。可想而知，这样的放手也让我从繁重的事务性劳动中解放出来，可以有充裕的时间观察、了解学生，可以有充沛的精力思考、探索教育改革，从而努力实现由体力型勤杂工向科研型教育者的转变，这难道不也是一种职业幸福么？

三、引导学生读书，促进心智成长

苏霍姆林斯基说过："要天天看书，终身以书籍为友，这是经久不断的潺潺小溪，是满溢思想的河流。"因此，我在享受书香的同时，也不忘"把每一个学生都领进书籍的世界，培养他们对书的酷爱，使书籍成为智力生活中的指路明灯"。

我总是绞尽脑汁地根据学生的年龄特点，用多样的阅读方式去激发他们读书的欲望，引导他们用好的读书方法。当我读到冰波那纯真典雅的《窗下的树皮小屋》，读到朱军的《时刻准备着》中感人至深的"30年前的小馒头"，读到凡尔纳的扣人心弦的《十五岁的船长》时，我会迫不及待地拿进课堂，滔滔不绝地给学生讲述，让彼此的心在书海中相通。我常常会随机地拿起学生身边的课外书，声情并茂地朗读其中一些段落给孩子们听，表情、动作、语调极其夸张，学生听完后，都会急不可耐地询问是什么书，或者迫不及待地要跟其他同学换书看，阅读的火种就这样在不经意间埋藏。我会剪一个个笑脸，哪位学生读完一本书，便奖其一张笑脸，比比谁得的笑脸多，通过这一个个"诱饵"，全班形成了积极向上的阅读风。我曾宣布："现在老师给你们读一篇小说，你们仔细听，认真看，如果我读错一个字，那就罚我再读一篇。"一双双小眼睛紧盯着书本，屏息凝神，有效地促进了学生的心灵阅读。回忆近几年我和学生的读书生活，我真切地感受到优秀作品中所表现出来的善良的光辉、正义的锋芒、哲理的火花对学生起到了心智的感染和引领作用，远远超过了各种"说教"，在孩子们的琅琅读书声中我也体会到了一种职业幸福。

四、关注经历体验，彰显管理个性

专家指出："儿童品德的形成源于他们对生活的体验、认识和感悟。"

因此，我们班主任必须在尊重学生主体地位的前提下，以自我感知为基础，以自我感悟为主线，以自我导行为目标，创设各种教育情景，让学生经历真切体验，从而有效地激发学生的思想情感，触动学生的思想"热点"，帮助他们养成良好的行为习惯。

上学期，我班学生喜欢上课讲小话，常常影响老师的教学。一天放晚学时，又是一番吵闹的喧哗。我强压住心中的不快，静静地，一言不发地注视着他们。等全班静下来后，我告诉他们："刚才我等了 198 秒钟。"不少学生嘴巴张大了，显然，他们被"198"这个数字惊住了。但我知道，他们对"198 秒"并没有深刻的体会。

于是，我便带领他们开始了认识"198 秒"的活动。我让他们看着教室前面的挂钟走 198 下，请他们统计在 198 秒时间里能写多少字、读多少字，随后再让他们说说真实体会，他们由衷地说出了要珍惜时间的感悟。我相信，在今后的日子里，我会伴着这群孩子在秒针的滴答声中，幸福而充实地行走在学习之路上！

五、充满阳光操作，增强师生信任

新教育时代，告别了独裁与专制，走向了民主和对话。当今社会都在提倡"阳光工程""阳光政府"，在班级的管理中也应进行"阳光操作"，平等待生，从而强化学生的民主、公正意识。一位老师要借我班学生上一节科学课，但由于设备的限制，只能容纳 30 人。这可让我有些束手无策，全班 64 双亮晶晶的眼睛，无一不在诉说着心中的渴求。选谁呢？对选不上的同学怎么交代？真有些棘手。最后，我只好根据近期表现，尤其是课堂活跃程度确定了人选。30 个被选中的学生像中了奖似的，兴高采烈地去电脑室试坐了。留下的呢？一双双有疑惑，有委屈，有不平，有嫉妒的眼神，我知道一定还暗藏着些许愤怒。怎样化这种种不满情绪为前进的动力呢？我思考着。不一会儿，试坐的同学神气活现地回来了，有的甚至表现得趾高气扬。这更让留下的同学心潮难平。我组织他们安静下来后，一场特别的"资格审查会"就开始了。我平静地说："老师一直坦然地说，我会平等地对待每一位学生。今天看来有些同学不服。现在，我们就进行一次'突击审查'。请刚才被选中的女生站到前面来。"同学们有些丈二和尚摸不着头脑。我手指着一溜儿排开的十多位女生，宣布："请没有入选的女生仔细看看，她们当中，谁课堂发言积极程度不如你，你就可以指出，如果情况属实，你就可以替换她。"此话一出，教室里更静了，台上的开始紧张，台下的则双目如雷达一样扫过每一张脸庞，可随之便掩饰不住自己的失望了。女生毫无异议。

该男生了，这回意见可不一致。结巴的央宗首先发出挑战："我觉得扎西不及我。"话音刚落，底下就有几人附和。我微笑着，请扎西站到了队伍前面。随后，又有三人被质疑，我也一一请出他们。瞧，四个不被肯定的男生脸都涨得通红，好不尴尬。而底下的男生则毫不掩饰自己的想法：老师，我们的眼睛可是雪亮的，看你怎么解释？我的目光从每张脸孔上扫过，开始了澄清："我选扎西，是因为这学期他进步很快。以前，他作业不理想，非常拖拉。现在呢？每次都按时完成！像这样不断进步的同学，我能不给他机会吗？"不少同学心悦诚服地点头。我又拉过次仁："虽然在课堂上他发言的次数不多，但我却常常看到他高高举起的手，这说明他在积极动脑，所以我这次也毫不犹豫地给了他机会。"接下来，我又分别介绍了知错就改的罗布和勇夺满分的嘎玛次仁。最后，我郑重地说："机会属于有准备的人，机会掌握在自己手中。相信，在今后的日子里，大家要学会用汗水和智慧为自己赢得一次又一次的机会！"我体味到孩子们向我投来信任的目光，并感悟到身为老师的幸福。

六、经常反思总结，提升教育智慧

"成长=经验+反思"，这是著名的美国教育心理学家波斯纳提出的一个教师成长公式。作为班主任，我们既要把自己当作研究对象，揣摩、品味自己的教育实践，也要关注、审视别人的教育思想，从而提升自己的教育智慧。一年前，我设计了两种"喜报"，一种是"班级明星"，奖给在各方面表现突出的学生；一种是"快跑能手"，奖给在某一方面有进步的学生。每周班会课上，我都组织学生互评、自评，然后举行隆重的颁奖仪式，请获奖者发表获奖感言，并拍照留念。这一做法不仅掀起了"比学赶超"的浪潮，提升了学生的自信心，也让家长如沐春风，对自己的孩子满怀期待。我坚信，真诚的赞赏必将换来学生的快乐。但随之我发现，部分学生滋长了虚荣心，产生了嫉妒心，甚至有些盲目自信。于是我清醒地认识到：不能一味地赏识，"没有惩罚的教育是不完整的教育"。我开始在日常班务工作中尝试"绿色惩罚"：读书不专注的同学站到教室前面，看其他同学专心致志读书的样子，从中找一个最投入的，用一段话描述其读书的神态，然后把这段话交给那位同学，并当面赞扬；我让随便扔废纸的学生到校园内找废纸，并张贴寻主人启事；而面对那个学习懒散马虎的男生，我则先充分发挥集体言论的作用，让同学们给他写信，进行劝说、批评、鼓励，再罚他每天给妈妈写一两句话，并折成千纸鹤……这一个个案例让我进一步明白：只有摆平赏识与惩罚这杆秤，才能让教育走得更"稳"。

总之，班主任工作是一门艺术，我们在日复一日平凡的工作中，倾注着自己火热的爱心、灵动的慧心和足够的耐心，同时品尝着幸福的甘甜！这值得我们一生珍存并追寻！

2008 年 11 月 25 日

对差生群体跟踪教育责任制的实践探究

在当前的考试体制下，应试教育这个痼疾仍在影响着我们学校的教育。为了提高考试成绩和升学率，有些义务教育阶段的学校置上级三申五令"不能分快慢班"于不顾，把在校学生按考试分数分成诸多个层次班级进行教学，美其名为"一校两制"或"一校多制"。由于学校把学生分成"快慢班"是背着上级做的，因而对"慢班"的教育教学并不重视，很少（甚至没有）对"慢班"的教育教学问题开展研究探讨，最终导至"慢班"同学的学习和纪律大滑坡，其结果是很多同学辍学。我曾对部分辍学的同学及家长做过调查了解，多数都是学校分快慢班后才辍学的。而辍学的主要原因是：受到老师和同学的歧视，自尊心受到了伤害；课堂纪律太差，不能正常上课，在校不如回家；学习成绩不升反降，失去了希望。可以说，应试教育是当前学生辍学的主要原因之一，而"慢班"则是学生辍学的"灾区"。作为一名人民教师，我每当看见本该在校学习的学生缀学流向社会，心情很不好受，很想尽自己绵薄之力，对差生群体的教育教学问题开展实践探究，以期对提高他们的思想道德水准和学习积极性、减少辍学现象有所帮助，尽自己的一份职责。因此，我利用自己作为课任老师的有利时机，进行实践探究。在实践探究中，我认为比较好的是由我倡导的、得到学校认可的"跟踪教育责任制"。大体做法是：

一、动员任课教师，提高思想认识

以往，对学生的思想教育，不少教师认为，这是班主任的工作职责，与自己无关，自己只负责教学，不负责教育。一旦遇到学生违反纪律，自觉的老师就管一下，不负责任的当作没看见而不理。而在"慢班"，由于"问题生"比较集中，因而违反纪律的现象也比较多，且问题比较突出。对这些学生的思想教育工作，单靠班主任，力量有限，效果不佳。因此，必须动员全体任课教师，共同担负起对学生的管理与教育的职责。我虽是任课教师，但也是校办干事，我首先力促班主任召开班导会。会上，我先让班主任就当前本班学生的思想、学习、纪律方面的问题进行认真分析。通过分析，大家也感到班主任的确已很尽力，但效果并不理想。针对班主任反映的问题，我强调了加强对"慢班"同学教育的重要性和必要性，并提出了实行"跟踪教育责任制"，把对学生的思想教育责任落实给科任教师，科任教师跟踪教育。起初，有的老师认为，把思想教育责任落实给科任教师，班主任往哪里摆？有的认为此举会加重科任教师的负担，会影响教学。面对部分老师的质疑，我给大家说理分析：教书育人，本来就是教师的职责，"跟踪教育责任制"，是配合班主任加强对学生的教育，对班级有利，对学生有利，对科任教师提高课堂效果也有利。我还谈具体的做法和要求，最后，大家终于接受了我的提议。

二、确定帮教对象，落实教育任务

在班级中，重点帮助教育的对象主要是纪律散漫、无心向学的同学。这部分同学的名单和人数，由班主任确定，班主任把帮教学生名单及相关内容填入表格，印发给科任教师，组成帮教小组，以便开展帮教活动。当然，各人的任务，不能一刀切，功课多的应少一些，功课少的应多一些，班主任应多一些。任务确定后，再由责任老师组织相关同学，开展帮教活动。

三、成立帮教小组，开展帮教活动

首次活动，由班主任通知相关同学跟有关老师到指定地点进行，时间上统一，但地点不同。这样既能收到整体同步教育的效应，又有利于不同的老师因人而异对学生而因材施教。帮教活动时，教师先向学生讲明开展帮教活动的原因、目的、要求及其意义，并使他们明白，开展帮教活动，最终是为了他们的进步与提高。活动要民主、平等、和谐，使学生放下思想包袱，敢于发表自己的见解，说出自己存在的问题，提出自己的愿望和要求。每次活动后，让学生填写《同学思想教育交流情况记录表》，以后交流活动如无特殊情况，每周一次，一般定在周五第八节，并上交上次发下的表格，领回新的表格，结合自己实际填写。

四、确立具体目标，进行跟踪教育

每个责任教师，对自己的帮教对象，目标要达到：思想有提高，纪律有好转，学习较认真，不良行为明显减少，养成良好的行为习惯，不辍学。要达到这些目标，并非容易事，教师必须持之以恒地教育，要求做到：

（1）课堂教学跟踪。自己上课，在认真上课、管好纪律的同时，做好课堂记录，课后把课堂上的信息及时反馈给相关的责任教师，责任教师也应自觉了解每节课自己帮教成员的表现。

（2）课外活动信息反馈。自己的帮教对象在课外活动中表现如何，要注意收集各方面反馈的信息，以便掌握情况。

（3）了解校外表现。主要是了解是否进入网吧，是否有偷窃、抢劫他人财物、赌博等违法行为和其他违反社会公德等不良行为，了解在家里是否孝敬父母，尊敬长辈等。

责任教师根据获取的各种信息，及时对相关学生进行教育。如某同学上课时违反课堂纪律，且不听上课老师劝阻，下课后，上课教师马上把这一情况向该生的责任教师反映，责任老师及时利用下课时间对该生进行思想教育，不拖延。当然，学生取得进步或有其他好的表现，也要及时给予表扬和肯定。教师获取信息，要注意方式方法，切忌跟踪监视，自觉保护学生个人的隐私，维护学生的人格尊严。教育方法要恰当，对获取的信息后，教育前，要先调查分析，了解真相，掌握事实后再进行教育，不能先入为主，以免伤害学生。老师对学生态度要和蔼，语言亲切诚恳，不能采取简单粗暴的工作方式。教师对学生的教育要有耐心，有恒心，一次不成功，进行多次。精诚所至，金石为开。

五、互相帮助督促，达到共同提高

每周帮教小组的活动，采取多种形式，对学生进行教育，以提高教育效果。

（1）小组同学谈谈一周来自己思想、学习、纪律情况。有哪些进步？还存在什么问题？原因是什么？打算怎样克服？通过谈话交流，比一比谁的进步大，激发学生积极向上，也使一些坏毛病仍未能克服的同学，从进步的同学中得到启发和帮助，受到教育。

（2）组与组之间进行交流互动。周末的小组活动，进步明显的小组与无多大进步的小组联合交流互动，让做得好的同学讲讲自己取得进步的好方法，使之成为学习榜样。而其他同学也谈自己怎样学习先进，争取成为一个进步的同学。

（3）结对子，互相督促。有的同学坦言，自己不是不想改正毛病，而是养成了坏习惯难改。比如上课时，自己也曾表示要认真听课，不再乱说话。但一旦听见别的同学说话或听到别的响声，也就情不自禁地说起了话来。他们诚恳地要求老师给予帮助。针对他们的要求，老师安排能给他们予以帮助的同学与他们结对子，做他们的同桌同学或同宿舍同学，要求这些同学无论课堂上还是课外，经常督促和提醒他们，帮助他们克服缺点，改正错误，达到共同提高的目的。

六、管理责任教师，及时交流沟通

对学生教育，既要分工，又要合作。"慢班"是成绩较差学生集中的班级，对其的综合管理教育仍是班主任的主要责任，因此，责任教师在帮教活动中，要经常向班主任汇报帮教对象的情况，使班主任能及时了解各位同学的表现。当自己在帮教中遇到难以解决的问题时，更应及时向班主任汇报，以便班主任再教育或进行家访，必要的话，责任教师陪班主任一起家访。班主任也要经常了解各位老师的教育工作情况，如遇到难度较大或比较棘手的问题，自己则亲自处理。如果发现个别科任教师工作不负责任，还要给予帮助或请挂点领导督促。各位责任教师，还利用各种场合，互通教育情况。在每月一次的班导会上，除了对教学工作进行总结外，还要对前段时间的教育工作互相交流，然后提出下阶段的工作目标和措施。

以上对"差生群体"跟踪教育责任制的教育活动，实践证明，有以下几方面好处：① 教育任务细化到每个老师身上，比较好地解决了"班主任只管教育，科任教师只管教学"的教育与教学的脱节问题，每个老师既有教学任务，也有育人目标，使老师真正负起教书育人的责任。② 克服了以往班主任对学生的教育由于量多面广，工作量大而不够细致的弊端，使教师对学生的教育更加直接，更加具体，更加有针对性，更具实效性，提高了教育的效果。③ 改善了师生关系。④ 学生的纪律和思想有了明显的转变。⑤ 厌学现象减少，学习成绩提高。⑥ 没有辍学现象。

尽管如此，有些问题还是值得反思：① 实行以上的教育措施，所有的责任教师必须互相协作，互相沟通，共同努力，坚持到底。② 要常抓不懈，不能"见好就放"。③ 切忌采取简单粗暴的教育方法。

关注学生个体差异，促进学生全面发展

"世界上没有两片相同的树叶"，"一林竹子有深浅"。这些自然现象都深刻地揭示了大千世界中的万物具有多样性。当孩子们从四面八方来到学校，汇聚到我们这个班集体的时候，我们看到的不仅仅是形貌各异的男女学生，更应该认识到他们是有着种种差异的学生。每个学生来自不同的家庭，有着不同的兴趣、爱好和个性。差异是客观存在的，是不以人们的意志而转移的，这也是客观规律。因此，教师更应关注学生，与学生建立一种和谐的、自由的、发展的、愉快的、"以人为本"的平等关系，充满教师对学生的人文性关怀，使每个学生都有终身学习的愿望，求得每位学生的发展。中国古代的教育家孔子所强调的"因材施教"就是承认差异、运用差异进行教育的先范。那我们就究竟应该怎样做呢？我觉得只有尊重学生的个体差异，才能建立平等的师生观，树立真正的主体观，实现民主的教

学观，才能促进学生的全面发展。

一、设置课前探查，发现学生差异

课堂教学并不是一个简单的知识传递过程，而是学生在已有知识经验的基础上不断建构知识的过程。学生所处的家庭背景、社会环境及之前所受的教育各不相同，致使其所具有的社会经验和已有知识基础也各不相同。因此，教师在进行教学之前，必须了解所有学生的智力差异、学习风格差异及所具有的基础知识的差异。探查学生是否具备了自主学习的能力，才能更好地依托原有知识经验，促进学生的知识得到很好的迁移，思维能力得到很好的提高。也能很顺利地激发其他学生的学习兴趣，让所有学生均在课堂中找到自己的位置。例如，在学习《白杨》一课之前，我设置一组问题，引导学生进行交流：你都见过哪些杨树？这些杨树各有什么特点？你喜欢哪一种，为什么？你知道白杨有什么品质？一组问题抛出，学生的个体差异得到很好的展现，我也能迅速地掌握学生的个性，教师在以后的教学之中则能很好地有的放矢。有了前面对学生差异的关注，在以后的教学中就能懂得，什么问题提问什么样的学生，如何掌控课堂，让所有学生均参与到课堂中来，让各个层面的学生在课堂中都享受到成功的体验，同时学生之间通过交流，也能得到共同提高。

二、实施分层辅导，发展学生差异

课堂教学尤其是大班化的课堂教学中，虽然我们实施分层教学，但是由于学生基础的差异、接受新知识能力的差异及学习兴趣和积极性的差异，仍然不可避免地出现学生对新知掌握的差异。为促进学生的差异发展，课上课下实施分层辅导是非常必要的。例如，在进行一次"读读写写"内容的教学过程中，我发现班级学生就明显出现了差异，部分学生能够较熟练地进行背诵、默写；而部分学生由于记忆力较差，不能很准确快速地记下词语。这时，我针对不同情况实施分层辅导，大大提高了教学效率。分层辅导还体现在对化学学科比较热爱的学生的辅导上，对于这部分学生的辅导主要不是从知识层面进行，而应将重点放在对其学法的指导上，让他们学会学习化学的基本方法，进一步提高化学学习能力。

三、尊重学生的个性差异，帮助他们建立自信

有人说，如果孩子生活在批评中，他便学会谴责；如果孩子生活在恐惧中，他便会忧心忡忡；如果孩子生活在安全中，他便学会相信自己和周围的人们；如果孩子生活在鼓励中，他便学会自信，自信是成功的第一秘诀。在学生成长的过程中，个性发展是促进和制约发展的关键因素。在个性发展中，自信又是起着重要作用的要素。许多学生因为缺少自信，不能获得成功的幸福，延缓了发展的步伐。我们帮助学生建立自信心，就等于给学生注入了动力和勇气，这是学生十分需要的"及时雨"。教师应在教学中，关注每一个学生的发展。帮助树立学生的自信，就等于在学生的心里建立一个发展的支点，支撑起意志的大厦，点燃心灵之光。

四、尊重学生的潜能，促使他们快速进步

美国发展心理学家加德纳提出："智力是一种生物潜能，在一个充满教育性的环境下智力是可以被提升的，而且每一种智力都有其神经生理学基础和对应的符号系统，因此只要能得到适当的刺激，几乎所有智力在任何年龄段都是可以发展的。"这就告诉我们，"适当的刺激"是发展智力的必要条件。教师的基本任务就是寻找、制造、运用"适当的刺激"，创造促进智力发展的条件，达到开发学生智力的目的。实际有效的学习方式都是个性化的，对某个学生是有效的方式，对他人未必如此。不同的学生在学习同一个内容时，实际具备的认知基础和情感准备及学习能力倾向是不同的，因此，他们需要不同的帮助。基于这种认识，具有个性化的教育形式就是一种"适当的刺激"。

五、尊重学生的发展，为他们拓宽空间

每个学生都是发展中的个体，是逐渐走向成熟的个体，都具有发展的可能性，蕴藏着巨大的发展潜能。如何帮助学生尽快地发展，是摆在我们面前的一个新课题。学生之间的差异是客观存在的，我们不可能消除学生

之间的差异。我们的目的是使学生在原来的基础上，都获得最好的发展。从实质上看，教师的每一件工作都是为了尊重学生的发展和促进学生的发展，使学生达到最优化的发展。学生得到全面和谐的发展，是教师的任务与责任。

以前接了七年级新班后，我试着不再把眼前的学生看作是不懂事的孩子，而看作是可以信任依靠的人，尽可能地为他们开创一片展示自己、发展自己的自由天地。他们年龄虽然小，可教室的钥匙由几人自荐掌管，板报同老师一起布置，桌椅同老师一起修理。班里的早读专人组织，值日分工尽职，作业学生收发；教室里挂着小毛巾，脏了学生轮流带回家，洗净及时带回。开班会大家分工，有绘画长项的同学设计黑板，有主持爱好的学生担当主持，能歌善舞的同学排练歌舞。常摆弄小电器的学生负责配乐，俏皮的学生自告奋勇说段相声，演个小品。一旦有学生病了，由同桌向老师通报病情，回到家中打慰问电话，告知作业，有时还要帮助他们补课，复述老师的讲课过程。班里的事不再因学生年龄小全部由老师包办，而是人人抢着参与，有多大能力使多大劲。这样，学生人人有机会经受锻炼，在不辞辛苦为大家服务展示自我的过程中，培养了热心、责任心，并在老师、同学们的欣赏与尊重中，提高了自己的自尊心、自信心，对老师对同学产生了积极的情感，为日后的学习奠定了坚实的基础。我们应关注学生的差异，承认学生是实实在在的人，是有差异的人，是不断发展的人。他们都有自己的优势智力领域和发展领域。因此，应尊重他们的个性，尊重他们的潜能，尊重他们的发展，为他们创造发展的空间。这样就能看准一个，唤醒一个，使他们正确地认识自我，鼓足勇气超越自我，最终完善自我。这样我们的教育就会达到理想的效果。

"人无完人，金无足赤"。德国教育家赫尔巴特也说过："许多学生所犯的错误也许是他个性天才的表现。"对于学生，我们要多一些信任，少一些责难，多一点关爱，少一些怨恨，多一把尺子就会多一些关注，就会多一批好学生。用我们的真心爱心去拆除师生间的墙，在师生间架起一座宽容、赏识、关爱的心桥。总之，新课程定位在人的发展上，具体说就是为了每位学生的发展。教育要求面向全体学生，促进学生生动、活泼、主动发展，其目的不是消灭差别，而是在承认个体差异基础上鼓励学生发展个性。面对有差异的学生，实施有差异的教育，这样就能促进学生全面发展。

农牧区班主任工作的基本策略

我们学校原处在农村，现在虽然处在城镇，但是学生大部分是农村生。在多年的农村班主任工作经历中，我基本掌握了一些农村学生班级管理的方法，现将一些农村班主任工作策略简单总结如下，请同行批评指正。

一、深入了解学生动态，掌握学生反馈信息

了解学生是班主任做好班级工作的前提。了解学生就是获取学生学习、生活、道德、政治、情感、意志、信念等状况，因此，班主任在工作中要能深入到学生中去，经常到学生中走一走，看一看，谈一谈，以高度的责任感和至诚的心去接近、关心、体贴学生。从中掌握、了解学生的思想动态和学生需要解决的问题。平时要仔细观察，注意调查研究，善于体察学生的情绪，接受学生反馈的各种信息，做到教有对象，教育有目标。

二、批评时贯穿"爱"，教育时体现"情"

班主任在日常班级管理中表扬往往少于批评，在批评中一定要出言谨慎，要把"恨"铁不成钢转化为"爱"铁能成钢。贯穿"爱"字，要准确把握学生的心理，在批评教育后希望老师也肯定他们的优点，不要挫伤他们的自尊心。教育引导时重视体现"情"字，用"晓之以理、动之以情、导之以行、持之以恒、明之以纪"的科学方法，保护好学生的信心，使学生得到最真切的教育。

三、教育面向全体学生，杜绝偏"爱"现象

有一位著名的教育学家曾说过："漂亮的孩子人人都爱，爱不漂亮的孩子才是教师真正的爱。"做老师的就应该公平地对待每一个学生，让学生享受到平等的权利。每个班级中都存在着不同程度的学生，表现突出的是"优

秀生"和"低差生",班主任都把"优秀生"看成掌中之宝,而对待"低差生"的教育不够耐心甚至放弃。要充分认识到转化一名"低差生"和培养一名优秀生是同等重要的。

  同一班级的学生,各方面的差异是明显的,这种差异是一种客观存在,它是班主任有针对性进行思想教育工作的出发点,但决不是班主任对学生采取不同"标准"和"政策"的依据。不能因为学生的家庭经济条件不一样,社会背景不一样,学业成绩不一样,而采取不平等待遇。否则会极大地伤害了学生的自尊心和自信心。同时也降低了班主任在同学们心目中的威信。实际上,不管处在哪个层面的学生,他们都有一个共同的心理需求:希望受到他人的尊重,希望班主任在交往中一视同仁地对待他们。

四、用良好的形象感染学生

  班主任老师是学生的榜样,我们都知道"身教重于言教",因此我们时刻注意自身对学生的影响,处处做到以身作则。平时我在班级经常强调:"要讲卫生,不能随便乱扔垃圾。"有一天,我看见教室的地面上有垃圾,就随手捡起扔到垃圾桶里。我的动作被学生看见了,他们也都开始检查自己的周围是否有垃圾,并有同学在周记中写道:"老师都能弯下腰去捡一片小小的垃圾,我们更应该按照她的要求去做。"事后,班级卫生明显有了好转。又有一日,我正在教育学生要有礼貌,见到老师或长辈要主动问好,班上忽然有一个学生问我:我们向老师问好,可是有些老师他却不回应我们,老师都没礼貌,凭什么要求我们讲礼貌?这个学生的话听起来有些刺耳,但却提醒了我们为人师者一个道理:老师的一言一行都会潜移默化地对学生产生影响。

五、制定一份可行的计划

  做任何工作都应有计划,以明确目的,避免盲目性,使工作有条不紊。班主任工作也不例外。班主任工作计划有长期计划和短期计划两类。长期计划是指该班学生从进校到毕业,完成整个学段学业的全期工作设想;短期计划则包括学期工作计划和短期工作安排。

六、开好三类会议

1. 班干部会

经过学生民主选举或选拔出来的班干部是班集体的骨干，是班主任的得力助手，是班级活动的核心力量，班主任应该对他们倍加爱护和着力培养。除了平时的个别指导外，开好班干部会是加强班级干部队伍建设的有效途径。班干部会的主要内容通常是三个：① 组织干部学习，提高他们的理论水平。② 总结前段工作。对前段成绩，班主任要借机对班干部进行鼓励；对前段出现的问题，班主任要主动承担责任，引导干部认识。③ 商讨下段工作。这里要突出班主任的指导性作用。干部会的召开还必须注意：一是要定期，二是要及时。

2. 主题班会

班会是一个班的全体会议，它不同于思想品德课和团队活动，它是侧重解决班级学生思想实际、学习实际和生活实际中存在的各类问题，主题班会是其中的一种形式。班会每天一次，主题班会每周召开一次。开好主题班会应该注意：① 主题班会是针对班级中比较重大的事件，或意义比较深刻的问题而举办的，它必须有"主题"。② 主题班会要去掉"清帐会"的老一套，应不断创新，形式多样，如讨论式、畅谈式、讲座式、演讲式、竞赛式等等，开出自己的特色。③ 防止教师"一言堂"，要体现学生是主人的特色，议题应由班委提出决定，尽量让班长主持。④ 主题班会要富有时代感。

3. 学生家长会

定期召开学生家长会，是实施教书育人、全面提高学生素质的重要举措。如何开好家长会，是家长会的召集人和主持人班主任应认真考虑的问题。我认为家长会要摆脱事务性的俗套，把它开成具有一定质量的研讨会。这就要求：① 会议要有明确具体的目的。② 会议参加者要有广泛的代表性。③ 会前要有充分的准备。④ 会中要有集思广益的民主气氛。⑤ 会后要有畅通的信息交流渠道。最后，我以魏书生的一段话作为结束语："世界也许很小很小，心的领域却很大很大。班主任是在广阔的心灵世界中播种、耕耘的职业，这一职业是神圣的，愿我们以神圣的态度，在这神圣的岗位上，把属于我们的那片园地管理得天清日朗，以便我们无愧于自己的学生，以使我们的学生无愧于生命长河中的这段历史。"

浅谈班主任的人格魅力

鲁迅先生在《藤野先生》一文中谈到，藤野先生以纯真的品质、博大的胸怀给身处异国他乡的鲁迅以极大的温暖，使得鲁迅在回国20多年以后，还深深地怀念着老师。鲁迅在晚年，每天写作极度疲倦时，抬头看见藤野先生的照片，便激起无穷的力量，点一支香烟继续奋笔疾书，藤野先生成了鲁迅鞭策自己的力量源泉。这正是教师人格的特殊魅力。完善的人格是个性得以全面发展的标志，具有极强的榜样作用。一个优秀班集体的形成，往往与班主任自身的人格魅力息息相关。因此，班主任应该着力塑造自身的人格魅力。

一、做优秀的任课教师，善于搞好课堂教学

搞好课堂教学是教育好学生的基本功。班主任作为一名教师，应该有精湛的教学艺术和技巧，使学生切实地掌握课程标准所规定的学科文化知识内容、要求，领会教材的精神实质。"压住台，叫住座"，才有利于树立班主任的较高威信。作为班主任，我们必须要使自己多才多艺，而首先在自己的课堂上具有较高的造诣，因为班主任的威望很大程度上取决于其渊博的专业水平和高超的教学艺术。

二、拥有广博知识储备，具备各种教学艺术

教育是"一切艺术中最渊博、最复杂、最高的和最充分的艺术"。有的学者认为"教师既要有理论家的分析综合、雄辩之才，又要有艺术家的想象概括、表现之才，既要有科学家的观察、试验、推理之才，又要有语言家的凝练、形象、表达之才"。所以，班主任必须勤奋学习，不断拓宽自己的知识视野，上至天文，下至地理，社会科学、自然科学、古今中外的知识都要懂一点，既发挥自己专业的优势，又要补上自己的短缺，做到文理

相通，一专多能，既是专家又是杂家，最好成为"大家"。

三、包容百川豁达虚怀，充满热爱尊生爱生

班主任的胸怀应像包容百川的大海，对待学生永远充满爱和宽容，即使学生犯了错误，即使学生冒犯了你，你都应大度海涵，毕竟那是你的学生，需要你的教诲和引导。在你的人格力量感召下，学生也会宽以待人，学会和别人和睦相处，甚至在你不计前嫌、一如既往的关爱影响下，学生将成为奋发向上，对社会有贡献的人。班主任还要学会尊重学生的个体差异和不同需要，真诚热忱地关爱各种类型的学生，不要因学生学习、行为或品德上的问题不合自己的心意，而对学生存有偏见。班主任对待学生要像对待自己的孩子一样，兼严父、慈母于一身，既要无微不至地关怀学生，真诚地爱护学生，又要严格要求学生，对他们的缺点和错误应认真对待，因势利导，春风化雨，切不可处理问题简单粗暴。如果学生真切感受到班主任对他们的深情与期望，那么他们将更亲近班主任，并乐于接受教育，从而使班主任工作获得更大成效，因为学生亲其师，才能信其道。同时，我们要讲究爱的艺术、爱的方式和方法。学习上，教师赞许的点头、希望的目光、会心的微笑、亲切的抚摸都表现出对学生的爱。这种师爱是一种积极的不可替代的教育力量和手段，它在方方面面影响着学生，它可以使学生心境愉快，使学生感受老师的爱，从而受到激励和鼓舞，获得主动发展。班主任要经常和学生交流，要做到事事从尊重学生出发，与学生以心交心，平等相处，用充满理性的爱来正确对待每一位学生，用真诚去点燃学生求知的火花，给他们插上探索知识的翅膀，培养他们的学习能力。

四、拥有良好外部形象，丰富自身气质内涵

做老师的，特别是当班主任的，不仅要有内在的潜质，而且也要有外在的高雅气质。注重外在形象的美，不仅是个人的需要，也是工作的需要、职业的需要。要塑造良好的个人形象，并不是要求班主任有多帅气或多妩媚，而是要求班主任应衣着整洁得体，举止得当，使学生看到老师的时候有一种愉悦感。同时，班主任还要具有丰富的气质内涵。这着重指班主任

的内在涵养、文化底蕴、思想容量。涵养深厚者，观之可亲，观之可敬，虽少言或不言，皆可为身教楷模；思想容量丰富者，积累厚实，人品厚重，富有洞察力，能给人更多教益。

五、时刻保持幽默微笑，努力成为语言大师

教师的幽默，能够给学生留下深刻的印象，能够活跃课堂气氛，冰释各种误解。微笑是和蔼的体现，是亲切的象征，是师生交流的和谐方式，是教师教学基本功内涵的自然流露，作为一种现代科学艺术潜入课堂。笑容的力量是不可估量的，一名优秀的教师应当会"笑"，会制造"笑"，应当以自己良好的心态，愉快的情绪感染学生，让课堂充满欢笑，使自己的教学妙趣横生。"微笑着面对学生，他们就拥有无限的力量。"作为一名教师，一定要用微笑来沟通情感，给学生以鼓励，给学生以自信，使学生的学习和生活充满阳光。每天用微笑迎接每一位学生进入教室，课堂上微笑着面对学生上课；每当学生犯了错误，亲切地耐心教导，还不忘给孩子一个鼓励的微笑；当学生遇到困难时，微笑着耐心给予帮助，为他们增添力量；当学生改正了缺点时，微笑着点头赞扬，使他们充满自信。只有这样，学生才能感受到希望，感受到生活在一个和谐和温馨的集体里，才拥有无限的自信与无穷的力量。

让班级管理走向生本

在十几年的班主任管理工作中，我深知班主任的管理水平、管理理念对一个班级、一个班级孩子的重要。我不断地学习、思考、摸索，总结，一直想寻求一种能让老师轻松、学生快乐、家长满意的班级管理模式。两年前我们学校组织了第一批老师到广州学习生本教育。自此在校领导的高度重视下，学校开展了有声有色的生本实验，我也加入其中，感觉生本教育理念就像一阵春风吹进了我们中学的课堂，我听到了孩子们精彩的发言、看到了孩子们灿烂的笑容，自己也从喋喋不休的讲解者变成了欣赏者、引导者，我尝到了生本课堂的甜头，慢慢地尝试着运用这种理念管理班集体。在班级管理中，我坚持把所有能依靠学生做的事情都交给学生，放手让他

们去做，去管理。实践证明学生的潜能库一旦被打开，其潜能就会像滔滔江水一样涌出，生命的神奇也不断展现，让人叹为观止。下面就我在班级管理中尝试运用生本理念的一些做法做粗略的介绍，以期对生本教育下班级管理进行初步探索。

一、我的目标，我明确

一个优秀的班集体，需要全体学生集思广益，制定一个共同的奋斗目标，班集体才有凝聚力、战斗力，才能求同存异，更有利于学生的健康成长。刚接七（一）班，我便发动学生，深入讨论，广泛征集，将"自信、拼搏、民主、和谐"作为班级的奋斗目标，班级口号是"自信创造奇迹，拼搏成就梦想"。为了让班级口号变成学生的一种内在理念和自觉行为，我让学生坚持在每周一次的班会课之前和大型文体活动中呼喊，让这些口号入脑入心，让学生十分明确共同的奋斗目标，逐步养成积极向上的生活态度。同时，围绕奋斗目标和班级口号，我们还确定了班风：团结友爱、尊师守纪、勤奋学习、拼搏进取；学风：自觉勤奋、务实认真、善思好问、开拓创新；班级宗旨：家长尽其责，老师尽其心，学生尽其力；年级奋斗目标：根据每次大考我班在年级名次随时变更。张贴在教室后面，让学生经常"温故而知新"，对规范学生行为，形成良好的学风、班风起到了潜移默化的作用。随着目标、口号教育的不断深入，班上学生刚到一个新的学习环境，显得不适应，好动、焦虑、不主动，甚至不服管的现象逐步消失了，他们将新的集体当成自己的家，在学习和集体活动中变得更加积极、主动和上心。

二、我的班规，我制定

传统教育下学校、班级硬性制定校纪、班规，其结果是仅停在嘴上，贴在墙上，而在生本教育理念下，人人都是受管者，生生都是管理者。学校根据《中学生守则》《中学生日常行为规范》及相关法律法规要求班级制定《班级规章制度》，我班《班级规章制度》的内容及条款完全由学生根据学校的要求结合本班实际情况，经过个人提议，小组讨论，班委会梳理、总结，报班主任，再经全班同学集体表决认可后确定，然后张贴在班级醒目地方。由于制度公约是学生自主制定的，完成了由他律到自律的转变，而学生主体一旦有了内驱力，管理的效果显著增强了。这样针对性强，也便于学生互相监督，班主任管理起来方便轻松多，可达到"无为而治"了。

三、我的班级，我管理

班级日常事务管理是班主任最繁琐、最头痛、最易与学生产生隔阂的工作。在生本的理念下，管理的基点，就是要充分尊重学生的立场、想法，就是要把他本身的需要还给他，倡导学生自主管理，真正做到"我的成长我做主"。为此，我主要采取以下做法：

1. 施行三制管理：即量化打分制、值周班长制和组长负责制

入学初我和学生一起制定的《班级规章制度》包括考勤、学习、纪律、安全、卫生、言行等方面，而这些方面都进行量化打分，有奖有惩。为了很好落实这一制度，设有值周班长，负责管每天课外纪律，并对学生言行做好记载，周五统计所有学生一周表现分，做周总结，一周得分最高的在下周班会上做经验交流，表现最差的或退步的，写份说明书，下周一当面交给我，做口头阐述，并贴于反思角。所有量化打分作为学生评优表模、入团、一个月调位的依据。为了调动每组的积极性，实行组长负责制，组长相当于这个组的班主任，对本组学生的各个方面全权负责，对本组表现差的学生进行帮助、教育，有权对本组同学位置进行调整，家长会上负责向家长汇报本组成员所有表现。

2. 注重对班干部的培养

第一步是选拔，通过竞争演说、同学投票、我观察，决定班干部。每三个月左右改选一部分不合格的干部。第二步是明确职责，对他们工作进行监管，工作情况也纳入量化打分。第三步是放手让班干部处理班级事务。我的观点是班干部能做的事，我不代做。同学们能做的事，班干部不代做。现在，我班到学校领各种书由学习委员负责；完成学校布置的临时任务、上交表册、处理班内小的矛盾、班会的主持由班长负责；包括班级前面班务框内所有值日表，课表以及各种表册的制定、执行都有人负责。很多事

我只需布置就行,他们办事能力有时真是出乎我们想象。

3. 注重对值周班长培养

在每个孩子当值周班长时,我亲自或叫班长或叫前面当得好的值周班长教她,值周班长工作也纳入量化打分。

4. 设置其他岗位

为了让每个孩子成为班集体的主人,力求做到人尽其才,做到人人有事做,事事有人做,还设有公物管理员,如有负责抹布清洁的、开水瓶管理的、粉笔监管的,只要是班上的一桌一凳,都有人看管。我带的班公物基本上没有丢失现象。设有言行监督员,老师小助手,财务管理员等等,可以说我不用到教室,班上所有事情都有人安排,都有人做。

为了让每个学生干的起劲,调动所有学生参加班级管理的积极性,我讲究民主,将所有事情的决策权交给学生。比如:班干部的选举,怎么调位、各类学生的评选,给不同表现的人打分等,小到是学生自己在家带水喝还是全班凑钱买开水瓶在校打水喝,都由学生举手表决。班干部要做一项决定,也叫学生举手表决。通过锻炼,每个班干部每位学生都能独当一面,办好每一件事。这种生本式的管理,让老师从繁重琐碎的日常事务中解脱出来,也让学生摆脱了无休止的"说教"和"唠叨",师生之间的关系变得更加健康、和谐与亲密。

四、我的教室,我美化

生本教育在强调课堂为核心的前提下,不忽略文化建设,要不然生本课堂就会疲惫与干枯从而失去生机与活力。可以说生本文化是生本教育的润滑剂、加油站。它让那些在课堂上没能展示的同学英雄有了用武之地,更重要的它是学生综合素质的具体体现。

首先是在生本理念下让学生自己绘制些画图拟定标语牌,自编班报,甚至学生们集思广益,都为本组取了富有个性的名称和制作了形状各异的小组标志。我班学习小组名称有网络热词型如给力青春队、神马浮云队,有文学素养型的如碎语研文队、幻空队、梦之翼队、火焰队,卡通型的如灰太狼队、海豹突击队,还有励志型的如征服队、星耀队,组标形状各种各样有马形、花朵形、火焰形、灰太狼形、鸟翼形等。其次是班级文化阵地建设。"蓬生麻中,不扶自直。"我喜欢把我带班级布置得漂漂亮亮,我一般把教室分三个板块,一是黑板,在黑板左右两边设有值周班长,今日课表,教室值日,清洁区值日、今日格言。二是教室左边墙,设有班务框、光荣榜、反思角,"光荣榜"栏张贴每周的好人好事、表现突出的个人和行为,"反思角"栏,由值周班长牵头征求全班同学们的意见,对本周的不良现象作出反思评语,这样左右呼应,不仅让同学们在反差阅读中,形成正确的是非观念,而且增强了他们判断是非的能力。三是教室后墙黑板报。主题形式多样,如:新学期打算、我的行为我自纠,学习方法介绍,才艺展示,创作园地等。设有自己的微型图书室,创作展示角,就这样通过多种方式来营造生本氛围。再次我更喜欢组织学生积极参加学校举办的各类活动。让学生在活动中得到锻炼,在竞争中体会成功的快乐,不仅增强了同学们的集体荣誉感,还激发了他们争取先进的凝聚力和战斗力。

郭思乐教授说:"作为教育工作者,我们心中要有一棵树,并且要明白,树木是自己生长的,我们能做的,只是选一个地方,帮助它生根,而不是钻进树木中干预和代替它的生长。"这话形象地解说了生本理念下的教育本质,高度尊重学生,充分相信学生。教育不是控制生命,而是要激扬生命。当我们的头脑里有了这根弦,我们的管理之曲就能奏出和谐动人的旋律。当然班级管理是系统工程,是永无休止符的音乐。要想让生本教育下班级管理得到超越并走向卓越,还需要我们教育工作者孜孜不倦地努力和探索。

新时期班主任工作策略

教育家夏丏尊先生说过"没有爱就没有教育",揭示了教育的本质和真谛。人们把"人类灵魂的工程师""太阳下最光辉的职业"等等美誉送给老师,不就是对广大优秀教育工作者无私奉献、默默付出、辛勤耕耘、甘为人梯等等高尚行为的充分肯定吗?一个人选择了教师这一职业,就应该做好无私奉献,不计较个人得失的思想准备,否则会让人怀疑他是否能尽到一名教师的职责,更不用说成为一名合格的班主任老师了。新时期的班主任只有从心里真正热爱学生,热爱教育事业,才是做好老师,尤其是好班主任的前提。现将本人多年来做班主任工作的几点体会与大家分享。

一、提素质，增修养

班主任在学生成长之路上对学生潜移默化的影响是不可替代的。班主任知识渊博、能力超群、品格高尚、仪态端庄，就会在学生心目中树立起声望，它是做好班主任工作的重要前提。如果班主任能够通过他的智慧和才干在学生心目中树立起这种声誉和威望，那么他在工作中就能起到"不令而行"的效果。具体说来主要有班主任可从以下几点来提高自己的修养。

1. 提修养，做表率

班主任是学校各项工作任务的具体执行者，他的一言一行都对学生起潜移默化的作用，都会在学生心目中留下深刻的印记。班主任要注意自身的修养，努力通过自己的言行举止，为人处事给学生以示范，做学生的榜样。苏联教育家申比廖夫曾说："没有教师对学生直接的人格影响，就不可能有真正的教育工作。"因此，提高思想道德水平，加强自身修养是对班主任的基本要求。

2. 炼自己，备群艺

班主任要比普通教师具备更多的能力，如观察、分析和判断能力，组织协调能力，与学生个别谈话和谈心的能力，口头和书面表达能力，发现、培养和使用人才的能力，总结工作的能力等等。一名班主任首先必须能洞察学生的思想、情感、需求，捕捉学生的思想信息，应有启迪学生心灵的能力，应有教育和管理相结合的能力，应有较强的演讲和沟通能力。这些能力，只有在工作中不断地锻炼提高，才能不断提升自己的工作能力和管理水平。

3. 善学习，做先锋

在知识更新加快，传播渠道多样化的今天，终身学习观念应该是每位教师努力践行的。教师已不再是学生获取知识的唯一途径，学生是因为你确实有知识才敬重和信任你。班主任如果没有真才实学是很难在学生中树立威信的。因此，班主任必须要不断用新知识充实武装自己，涉猎面要尽可能广，努力使自己成为一名知识广博的"通才"，想学生所想，学学生所学，与学生没有隔阂和距离，与学生有共同语言，教育才容易沟通。

二、握机会，讲原则

班主任工作有诸多基本原则，在教育学、心理学中多有阐述。班级管理工作必须要求班主任老师根据本班的实际情况来开展工作。但是，从我自身的体验和其他老师们成功的经验来看，班级管理工作中还是有应该遵行的一些基本原则的，这是班主任工作中的共性。主要有以下三点：

1. 理解与宽容

当今学生的生活已经不仅仅局限于校园本身，他们必然会碰到更多成长中的困惑，如早恋、网瘾。对于成年人，这些问题也许是幼稚可笑的，但是对于学生来说，却是他们单凭一己之力所无法面对和解决的。班主任就要以同龄人的心态理解他们，帮助他们解决成长过程中碰到的各种困难。处理问题时要注意尊重学生的人格，关心学生学习和生活上的细微变化和点滴进步，及时地加以引导、表扬、鼓励，使学生逐渐对班主任产生一种亲切感、信任感。班主任信任学生，尊重学生，就能唤起他们的自尊心、自强心，激励他们奋发向上，战胜困难，这是学生积极向上的强大的内在动力。因此，尊重学生的人格在建立师生融洽关系中显得尤为重要。

2. 民主与公正

班主任也是一名普通人，在工作中不可能样样事情都了解得清清楚楚，处理问题时也会带上一些自己的主观感情色彩，如果事实并非如班主任了解的那样而轻易就下结论，那么不仅仅容易使学生受委屈，而且班主任也将会面临信任危机。民主、公正不仅容易赢得学生的心，使他们乐于与你交流，而且可以培养学生的民主意识、公正意识。而武断的做法只会导致民心大失，表面看来，你最威风，你永远正确，学生都怕你，但在学生心里却永远与你隔着一层。压服不等于心服，其带来的结果当然会相差得很远。

3. 尊重与赏识

因为每个人都希望得到别人的赞扬和肯定，学生也一样。班主任何不带着赏识的眼光去看他们呢？尤其是对那些所谓的"差生"更要多给一些关爱、赏识，一个信赖的眼神，一个鼓励的微笑，都可能带来巨大的效应。我们应当时时提醒自己，不要嘲讽讥笑学生，尊重学生的任何一点成功，这也是对他的一种无形的鞭策，我们在工作中应及时地发现学生的闪光点予以赏识、鼓励，相信水滴石穿，功到自然成，让表扬和鼓励成为学生走向成功的催化剂。

三、用科学，讲艺术

好的方法，往往会有事半而功倍的效果，班主任工作也不例外。班级管理工作上的有效的方式和方法当然很多，我以为主要的有两点：

1. 重视树立良好班风

班级是一个整体，学生要在这个集体里学习、生活、成长，因此这个集体需要有一种蓬勃向上的集体主义精神，争先创优，爱班好学的敬业精神。这种精神从何而来？它来源于班主任坚持不懈的思想教育工作。重视思想工作是班主任做好其他各项工作的基础，是搞好班级管理的重要法宝。班主任除了要求学生在学校集体性活动中注意班级的形象外，还需经常对学生进行"班兴我荣、班差我耻，班级兴衰，人人有责"的集体荣誉感教育，以此来增强班级的向心力、凝聚力，形成战斗力。

2. 培养优秀的班干部

要做好班级各项工作，单凭班主任一己之力是不够的。每一个优秀的班主任都懂得班干部在班级中的核心骨干作用，班级的兴衰与他们的工作密不可分。班干部队伍组成后，班主任要加强对他们的培养和教育，使他们真正成为班级建设的榜样和模范。当班干部有了一定的工作经验后，要大胆地使用他们，让他们充分探索搞好班级工作的新路子，对工作中的不足要及时指出，对工作中的困难要及时予以帮助，对工作中的失误班主任要主动承担领导责任，对工作中的成绩要及时给予表扬和奖励。有了一支得力的班干部队伍，班主任的工作压力就会大大减轻，班级管理就会轻松愉快。我们潜心看看魏书生、任小艾、李镇西等优秀班主任老师的事迹，我们会发现做班主任工作也可以做到游刃有余，乐在其中。这说明只有我们热爱学生，把握工作原则，讲究工作技巧，班主任工作也可以做到其乐融融，其乐无穷！

主题班会中班主任的作用

班会课是德育的主阵地之一，是班主任针对班级情况对学生进行思想教育的一种有效方式。在班会课上，班主任围绕着特定的主题对学生进行思想、品德、心理教育，与在其他场合、其他形式的德育相比，它更能促进正确的班集体舆论形成，推进学生自我教育、自我管理；在学生中实现更广泛的思想交流，增强自信，使学生的能力得到锻炼。那么班主任应在班会课中到底起到什么样的作用呢，现浅谈自己的一点看法。

一、班会主题的确定

顾名思义，主题班会首先要有主题。主题要有明确的针对性，要从当前的社会生活实际及年段思想教育要求出发，应当体现学校和班级思想教育工作的主旋律。选题要抓住时机，即要善于发现并把握有利的因素，使主题班会内容更切合学生当时心理。如在考试前宜选择关于学法探讨的主题，考试后则宜选择关于常规纪律教育和挫折教育方面的主题。为使主题班会有针对性，班主任务必调查研究，掌握班情，清楚学生近期关注的热点是什么，了解学生普遍对什么感兴趣，知道学生动机、需要、情感等心理特征。其次，主题要有系统性。一个学期，一个学年，班级要举行多少次主题班会，主要内容是什么，应有全盘计划。

二、主题班会形式的设计

确定主题后，班会的设计，内容的安排，组织、筹备等工作都应让学生开动脑筋，放手去做。要注意整个主题班会过程中的民主与平等，要给学生参与的时间与空间，要激励每一位学生投入到班会活动中。形式的生动、活泼，且多样化，有利于增强教育的可接受性。根据学生不同的生活兴趣和心理特点，要因人因时而异。因此我把每个班会都交给1—2位学生负责，然后由他们牵头，广泛地争取班级同学的意见。

三、主题班会主持人的确定

主题班会的召开,是集中进行思想教育的高潮,主持人的组织引导是班会成败的关键,所以在根据内容、形式确定主持人后,要着手使主持人了解主题,掌握步骤。不仅要普通话标准,而且要有一定的应变能力,充满信心,落落大方。如果条件允许,有必要进行排练。实践证明,一个较为成熟的主持人往往也就是班级的一名得力小干部。

四、主题班会过程的设计

主题班会的内容、形式确定以后,还应考虑内容的设计,过程要求紧凑合理、突出主题。我的体会是,主题班会的过程一般可以分为三大环节:点明主题——展示主题——深化主题。主题的点出要简洁明快,让学生一下就进入角色,乐于参与活动。主题的展示要充实有力,可以多角度、多层次地予以论证,这是主题班会的主体。结束时要深化提炼主题,让学生在脑海中留下鲜明的"痕迹",以后久久难忘。

五、调动学生积极参与,发挥教师的指导作用

让个体学生参与主题班会的全过程,不仅满足了他们自我表现的需要,更主要的是营造了心态开放的环境,使他们通过师生之间的思想交流、撞击、对接,产生深刻体验和情感的共鸣,从而很自然地把德育要求内化为自己的信念。

强调学生参与,并不是把主题班会的组织简单地全部推给学生。这是因为中学生自主意识还不成熟,知识水平还有限,观察分析事物还不够深刻,看待问题往往有所偏颇。所以,无论是班会主题的选择、活动组织,还是班会行进过程的具体操作,班主任都要发挥指导作用。如关于学法探索系列主题班会,若仅仅是学生之间的经验交流,其效用相当有限。班主任看准关键点,高屋建瓴,深入浅出地讲座则显得非常必要。

六、其他

(1) 要注意结果的反馈。主题班会结束后,班主任要及时研究反馈信

息，总结成功经验，吸取失败教训，为下次班会提供经验。同时，也要了解班会的作用与效果，看是否达到了预期的目的。

（2）进一步强调，深化班会主题，班会活动之后，还要注意巩固主题班会活动成果。对活动后出现的成绩要肯定，对模糊的认识要及时澄清和纠正，将活动内容贯穿于整个教学，通过班会能使学生真正学有所得。

（3）认真总结，虚心听取意见。每个活动结束，无论是成功还是失败，都要虚心听取其他老师的意见和改进建议，更重要的是走到学生中去听取意见，争取下次更完美，更有实效。

（4）每次班会结束以后，我都让学生详细记下班会的整个过程，记下学生成长的每一步。如今看着学生们记录的厚厚的记载本，收获好大。

总之，主题班会的设计是一门学问，需要我们不断地去探索和研究，更需要我们不断地去实践。只要班主任有高度的热心和强烈的责任心，发挥自己的聪明才智，认真精心地准备，就一定能开好班会，使班会课真正达到教育学生的目的。让班会课的影响扎根到学生心中，引导学生向健康的轨道发展，让班会课真正成为吸引学生、充满魅力的课型之一。

第三节　数学教学经验

化归思想在方程教学中的应用

在数学教学过程中，应用数学思想进行数学中的方程教学，非常有利于方程知识的传授，其中，划归思想是应用最广泛的一种数学思想。

一、用化归思想正确引导解题思路

数学是探求、认识和刻画自然规律的重要工具。在学习数学的各个环节中，解题的训练占有十分重要的地位。它既是掌握所学数学知识的必要手段，也是培养和提高数学能力的重要途径。解题的实质就是把数学的一般原理运用于习题的条件或条件的推论而进行的一系列推理，直到求出习题解答为止的过程。这一过程是一种复杂的思维活动的过程。解决问题的过程，实际是转化的过程，即对问题进行变形、转化，直至把它化归为某些已经解决的问题，或容易解决的问题。如抽象转化为具体，未知转化为已知，立体转化为平面，高次转化为低次，多元转化为一元，超越运算转化为代数运算等等。这就是在数学方法论中我们学习到的一种新的思维方法——化归。这种方法与我们常见的分析和综合、抽象和概括、归纳和演绎、比较和类比等思想方法不同，"化归"方法在中学数学教材中是普遍存在，与中学数学教学密切相关。初中数学教学广泛应用了化归思想进行数学教学，其中，在一元一次方程和二元一次方程的教学中化归思想的应用是非常明显的。人教版七年级上册在引导学生利用等式的性质解方程时，必须要有以下的分析过程：要使方程 $x+6=26$ 转化为 $x=a$（常数）的形式，要去掉方程左边的 6，必须两边要减 6，这实际上是以最简方程 $x=a$ 作为解一元一次方程的化归目标。在讲解过程中，必须让学生明确解一元一次方程的最终目标是将一元一次方程化为 $x=a$（常数）的形式，有了这种化归思想方法的指引，学生在解方程的过程中就会寻找所给方程与目标方程的差异，想办法消除差异，达到化归目标，从而简化方程。学生在这种化归思想的指导下得到方程的解法，就会明确解一元一次方程的本质，从而达到思维的迁移，使所学知识游刃有余。

二、巧用化归思想简化解题过程

"化归"方法很多，有分割法，映射法，恒等变形法，换元变形法，参数法，数形结合法等等，但有一个原则是和原来的问题相比，"化归"后所得出的问题，应是已经解决或是较为容易解决的问题。因此"化归"的方向应是由未知到已知，由难到易，由繁到简，由一般到特殊。而"化归"的思想实质就在于不应以静止的眼光，而应以运动、变化、发展以及事物间的相互联系和制约的观点去看待问题。即应当善于对所要解决的问题进行变形和转化，这实际上也是在数学教学中辩证唯物主义观点的生动体现。转化与化归思想方法是数学中最基本的思想方法。数学中一切问题的解决都离不开转化与化归，数形结合思想方法体现了数与形的相互转化；函数与方程思想体现了函数方程、不等式间的相互转化；分类讨论思想体现了局部与整体的相互转化等等。转化与化归是数学思想方法的灵魂。目标简单化、和谐统一性、目标具体化、标准形式化和低层次化都是化归的原则；各映射法、分割法和变形法都是转化的策略；一般化与特殊化的转化、正与反的转化、实际问题数学化、常量与变量的转化等都是化归的基本策略。正如前面所给出的，实现化归的方法是多种多样的。因此，与前面所举的具体方法相比，更重要的就是应掌握化归的中心思想。这就是说，我们不应以静止的眼光而应以可变的观点去看待问题，应善于对所要解决的问题进行变形，即应用巧妙的化归思想简化数学问题。化归的基本思想是化未知为已知，化复杂为简单，化陌生为熟悉，化困难为容易。在初中阶段，解方程（组）使用的方法"消元""降次""有理数""整式"等，都是为了将方程（组）化为一元一次方程，这就是人们在化归思想的指导下创设这些方法的。由化归思想作为指导解方程（组），将问题由复杂变简单的过程，即在教学时，将二元一次方程（组）作为化归对象，一元一次方程作为化归目标，在这种化归思想的指导下，学生在解方程组就会想到"消元"，教师在教学过程中通过创设恰当的问题情境，使代入消元法和加减消元法呼之欲出，使学生的实效思维得到恰当的迁移，将问题由复杂变简单。

三、以化归思想为主多种思想为辅

在应用化归思想解决方程问题的过程中，还会应用到其他许多的数学思想。例如：等量代换，数形结合，分类，归纳，转换，配方法，换元法，分解与组合，变量与不变量等等多种数学思想。解决数学问题时，需要用到许多必要的数学基础知识和基本的数学方法，但更重要的是如何把这一具体的数学问题与已学过的数学基础知识、数学基本方法有机地联系起来。因此，化归思想就成为解决数学问题的最重要的数学思想方法，它将要研究的新问题，想方设法转化为已知的问题来处理。这种由新到旧的转化，其手段是多种多样的。例如：有些方程问题又可以借助量与量之间的变化来实现。这就是在化归思想指导下，借助了等量代换等思想。因此，在应用化归思想解决数学问题的同时，渗透了许多的其他数学思想，从而将复杂的问题简单化，将陌生的问题熟悉化，达到解决问题的目的。

当前对化归定义、化归方法、化归原则的研究都有一定的理论深度，但是对化归思想方法教学的研究相对比较薄弱，还没有形成较为成熟的研究模式或理论体系，与此有关的研究大多是结合具体内容进行化归原则或是化归方法的罗列。另外还想补充一下内容：化归思想方法的教学原则包含：化隐为显原则、螺旋上升原则、系统教学原则、启发诱导原则。这些原则在方程的教学中得到广泛应用。当然，本人只是将划归思想在方程教学中的应用做了一点肤浅的见解，其实，划归思想在数学的某一个知识上都有广泛的应用，望我们这些工作在一线的教师们能够科学地、广泛地应用它。

教师主导为本　提高数教为重

教学是"教"与"学"的辩证统一过程，师生共同劳动的过程。在整个教学过程中，教师起主导作用，如何发挥这个角色作用是学校教学质量提高的关键之一。

在数学教学中，教师要认识自己的"角色"，发挥主导作用。我们可以把教师的这种角色比作"导演"，你必须从学生实际出发，从教学内容出发，编排好"戏"。编好台词，引导学生尽快进入角色并顺利地完成整场"戏"，即教师必须了解本节所讲数学内容的教学目的、重点、难点及关键，本节内容与所学知识之间的联系，用自己的自来水来赋予学生一滴水。也许讲课时只有短短的几句话，你必须让学生以你为中心，通过听课、游戏、讨论、观察、探索了解和掌握所授课程的内容、主体及趣味性。下面从五个方面略述自己的浅见。

一、激发学习动机，组织课堂教学

为使每个学生都进入角色，使所有的学生都能积极、主动地学习，教师的首要任务就是组织教学，这是课堂教学得以顺利进行的最根本保证。教师组织教学，要以激发学生的学习动机，调动学生学习的积极性为前提，以学生学习的规律为基础，以创设一个和谐、愉快的学习情景为目的。学习动机是直接推动学生的内部动因，学生只有对学习的材料感兴趣，才愿意去学；只有明确了意图，才会努力去学；只有产生了信念才会自觉主动采取各种措施，实现学习目标。因此，数学教学中教师要始终抓住这一规律，激发和培养学生的学习动机。学习兴趣是学习动机中最活跃、最核心的成分，因而动机教育中最根本的一条就是引起学生对学习的兴趣。学生常对新颖的东西感兴趣，对相互矛盾的东西感兴趣，对美的东西感兴趣，对实验操作感兴趣。因此，教师要针对学生的这样一些兴趣特点，根据具体的教学内容，采取恰当的方式方法，集中学生的注意力，让学生在课堂上始终处于积极的思维状态之中。例如在教二元一次方程组的概念时，教师先给出一个具体的二元一次方程组然后提问：哪位同学知道像这样把两个二元一次方程合起来得到的是什么？你能否将其中的 x 和 y 解出来？如果能应该如何解？这一连串问题的提出，使学生的认知产生了矛盾。因学生在以前的学习中接触过二元一次方程的概念，从而对二元一次方程组中的每个二元一次方程的形式都很熟悉，但对将两个二元一次方程用大括号的左侧合起来的形势却十分陌生。对教师提出的每个问题都无力解答。为使这些矛盾冲突达到平衡，学生产生了想了解这些问题答案的好奇心和自己努力探求问题如何才得以解决的强烈愿望。这就是在上述教学组织下所达到的预期目的。

二、提供学习材料，引导学生学习

在数学教学中，教师解决的核心问题是学生学习什么？因此，教师要在教材的基础上，精心设计教学过程，向学生呈现学习材料，从而使学生学会。数学教师在教学中提供的材料，相对于学生来说，主要有两种类型。首先是起"先行组织者"作用的引导性材料。为了引入新课题，让学生更有效地学习新内容，充分考虑到学生认知结构的特点，教师常常要先于新学习内容本身前呈现给学生一些过渡性材料。它的作用就在于为学习新内容做好准备，提高学生认知结构中适当观念的可利用性。例如：在《四边形》的有关四边形概念的教学中，先将前面所学三角形的有关概念加以复习回顾，从而使学生对四边形的边、角、顶点、表示方法等大概有所了解。其次是为了完成新学习任务的正式材料。

为了使学生掌握新内容，教师要创设学习情景，提供一定的学习材料。它的作用在于实现学习目标，促进学生新认知结构的形成，巩固和发展。教师所提供的材料，是否合理，是否适当，直接关系着教学的成败，影响着教学目标的实现。合理适当的学习材料，一般考虑以下几个标准：

① 针对性。无论是引导性材料，还是正式材料，都要有几个明确的目的，总是为了完成某项学习任务而设计提供的。② 启发性。学习材料要求能达到激发学生思维，启发学生思维为目的。③ 程序性。学习材料是根据认知规律，教学思维过程而组织设计的一整套具有科学性的"程序"，而不是一些"叙述"或"问题"的零乱的简单堆积。学生接收到一些"程序"后，便知怎样学和学什么，以达到引导学生学习的目的。

三、指导学生学习，使学生会学会用

学生怎样学习？这是教学过程中，教师必须帮助学生解决的重要问题。教师要根据学生学习的规律性及其特点，有目的，计划地指导学生如何学习，从而教会学生会学，会用。教会学生会学，会用，是现代数学教学的着眼点。教会学生会学，既教给学生科学的学习方法，使学生会独立地获得知识，去创造性地探索新知识；会用，就是会数学地提出问题、思考问题、解决问题。

四、评价学生的学习，树立正确数学态度

学生学得怎样？这需要教师判断和评价。评价具体说：有上课学生学习态度，接受快慢和回答问题时的肯定与否定，作业情况的批阅，考试的得分等。学生要根据评价结果，及时调整自己的学习，教师也要根据评价结果，及时调整自己的教学。教师对学生的评价，其内容包括多个方面。概括说，既要对学生的学习过程进行评价，又要评价学生的学习方法、学习结果。一方面要评价学生知识掌握情况，另一方面又要对学生的数学才能、解决问题的能力和态度进行评价。学生根据教师评价学习的反馈信息，除了及时了解自己的学习情况外，最重要的一条是形成一个对数学的整体认识。

利用信息技术优化数学课堂教学

信息技术的飞速发展并进入到数学课堂教学中，使人们对数学本身及其数学教学方法的认识有了根本的转变。现代数学课堂教学提倡创设问题

情境，而信息技术能很好创设问题情景，帮助学生形象思维，提高学习的积极性。利用信息技术手段，提供多样性的外部刺激，激发学生主动参与课堂，在知识形成中发挥重要作用。信息技术为数学课堂教学提供丰富的资源，培养学生的创新精神和探究式学习。但信息技术不能滥用，只能巧用，才能收到事半功倍的效果。

信息技术数学课堂教学应用的好与坏，正如孔子曰："知之者不如好之者，好之者不如乐之者。"兴趣是学生学习的动力之一。如何激发学生的学习兴趣，唤起学生的主观能动性，这是素质教育的一个重要问题。数学教学中有效运用信息技术有利于培养学生运用信息技术解决问题或学习新的知识，能突破教材的重点、难点，更能激发学生的学习兴趣，使课堂充满生机与活力，调动学生的积极性和主体意识。同时，多媒体教学集声、光、动画为一体，又为学生提供了生动逼真的学习情境，促使学生眼、耳、手、脑等多种器官同时接受激发，有利于增强学生的参与意识和思维的发展，更有利于学生素质的全面提高。

一、现代数学课堂教学提倡巧设问题情境，而信息技术能很好创设问题情景，提高学习的积极性

学生在初中学习之前就已经有了生活的经验，他不是空着脑袋走进课堂的。所以在数学探究学习之始，我们应善于创设问题情境，最大限度地唤起学生原有的生活经验和数学潜力。现代教育技术的使用在一定程度上帮了数学教师一个大忙，它寓教育教学于一定的形象思维和创设的情景当中，能够综合利用视、听觉，使学生感受到语言和音像的不断冲击，有意注意、无意注意和有意后注意交替进行，从而在大脑皮层产生较强的反射，留下较深的印象。在教学中，我们可以充分利用音视频的直观特点，创设情境，激发学生兴趣，如教学"直线、射线和角"的情境引入时，我们可以先利用多媒体课件，出示一个房子，然后播放"画外音"：静悄悄的深夜，被一阵争吵声打破了，"我的作用大"，直线伸着常常的脖子说，"我的作用大"，线段说，"所有的图形都是我组成的，你们行吗？""看把你能的，生活中我的用处多大呀！"射线冷嘲热讽地说。原来是直线，线段和射线三个在争论谁的作用大呢。亲爱的同学们，你们说呢？这样根据现代信息技术

的特点在课堂中让学生通过图片和符合儿童心理特点的语言来理解故事内容，达到课堂引入的目的。增强了学生学习的兴趣，激发学生的探究欲望，增强学习数学的情感体验。信息技术在数学课堂教学中以其奇特的视角、逼真的效果既强化了学生的感知，极好地渲染了教学情境，又帮助学生理解和掌握了所学的知识，优化了教学过程，又增强了学生的学习兴趣，激发了学生的求知欲望。关于现代教育技术的使用，我们只是才刚刚开始，就已经显示出了它的极大的与众不同的优越性。随着它的深入和加强，它的更大更优越的作用必将得到更淋漓尽致的开发。这对于素质教育的推行，学生及教师负担过重问题的解决，谁说不是一项有着重要意义的大事呢？

二、利用多媒体课件辅助教学，突出重点、化解难点，提高课堂教学效率

在教学中，有些重点往往不易突破，主要原因是少年儿童的生活经验不丰富，观察事物不容易全面具体。因此教师要采用比较容易使学生接受的教学过程，达到知识迁移的目的。多媒体正是具有形声、动画兼备的优点，在创设情境，营造氛围方面比其他媒体来得更直接、更有效。例如：教学《三角形全等》这一章时，首先让学生按已知两边和一夹角画一个三角形，然后剪下，看是否能重合。而后用电脑出示一些形象的 Flash 游戏，例如输入三角形的夹角和两边，电脑便会自动生成三角形，输入两次数据后，便得到两个三角形，拖动鼠标，看这两个三角形能否重叠。成功后会得到电脑的夸奖"真聪明"，同时观察到物体的表面变成了另一种颜色。而没有成功的学生会听到电脑的提示："不要着急，再来一次。"多媒体的这种设置不仅使做对的学生得到成功的喜悦也会使做错的学生不气馁，从而产生积极寻求正确答案的意识。由于已经创设了激发学生兴趣的情境，在电脑演示之后，教师提出问题一步一步引导学生回答出三角形全等的含义，学生会兴趣盎然地讨论、总结，然后归纳。从而使枯燥的概念化为具体的形象，学生不断会顺理成章的接受而且很容易就记住了这个概念。这样即调动了学生的学习兴趣又激发了学生的强烈的参与意识，同时也达到了教师的教学目标。使用 PowerPoint 软件制作授课课件，可以通过动画设计使文字和图片按不同要求出现，使讲授技巧化，激发学生的听课积极性。 此

外，在课堂上，对于板书量大的内容，如平面几何中的一些几何图形、一些简单但数量较多的小问答、文字量较多应用题，复习课中章节内容的总结，填空题、选择题的训练等等都可以借助于投影仪来完成。对于比较抽象，学生难于理解的内容，如三角形内角和定理 3 的证明、三角形全等的判定、角平分线的性质、对称图形的概念和性质等，把这些知识编成电脑课件，借助电脑来生动形象地展示所教内容，从而使抽象的问题直观化，即调动了学生学习的积极性，又培养了学生分析问题的方法，达到了化难为易的目的，从而提高教学效率。

三、巧用信息技术（多媒体软件）手段，提供多样性的外部刺激激发学生主动参与课堂，在知识形成中发挥重要作用

数学是集严密性、逻辑性、精确性、创造性与想象力于一身的科学，数学教学则要求学生在教师设计的教学活动或提供的环境中通过积极的思维不断了解、理解和掌握这门科学，于是揭示思维过程、促进学生思考就成为数学教育的特殊要求。而信息技术提供的外部刺激是多种感官的综合刺激，它既能看得见，听得着，还能用手操作，这种多样性的刺激，对知识的形成很重要。同时信息技术的丰富性、交互性、形象性、生动性、可控性、参入性大大强化这种感官刺激，激发学生主动参与课堂，非常有利于知识的形成。如教学"三角形内角和"我就巧用自制课件为学生提供了一个做"数学实验"的机会，让学生主动发现、自主探索三角形内角和的计算公式。我在教学中利用几何画板能够动态地表现几何关系、交互性的特点，用动态的操作过程，给学生进行比较和抽象创造了一种活动的空间和条件。然后引导学生主动探索、观察、发现、讨论、交流研究三角形内角和计算公式，大胆推导三角形内角和计算公式。最后可以让学生利用几何画板对计算公式进行验证，从而实现对知识意义的构建。再如"频率分布"，在传统的教学中，教师引着学生在"80 名女学生身高"数据中，找最大值，最小值；再分组；一个一个地数出每组中数据的个数；计算频率；绘频率分布表，画频率分布直方图，既繁琐又费时。我巧用计算机辅助教学，简洁明了，把 80 个数据输入 Excel 排序，最大值和最小值，各组中的

频数，一目了然。用 Excel 还能方便地绘出柱状图，类似频率分布直方图。若教师重点讲透步骤、方法和道理，把非智力过程交给计算机处理，这样才能提高课堂效率。培养学生运用信息技术的能力，是信息社会对基础教育的需要，也是教育面向现代化的需要。

四、充分挖掘信息技术丰富的资源，巧学巧用，培养学生的创新精神和探究式学习

数学教学过程，事实上就是学生在教师的引导下，对数学问题的解决方法进行研究，探索的过程，继而对其进行拓展、创新的过程。信息技术的丰富资源，能为数学教学提供并展示各种所需的资料，包括文字，声音，图片，视频等，能创设、模拟各种与教学内容相适应的情境，为所有学生提供探索复杂问题、多角度理解数学思想的机会，开阔学生数学探索的下载文档到电脑，查找使用更方便。

浅谈初中数学教学中对学生的评价方式

《基础教育课程改革实施纲要》中将"课改"的最终目的定位于"为了每位学生的发展""为了中华民族的复兴"。要达到这个目的，就必须构建一套理性的评价体系，这是新课改能否顺利实施之关键。《数学课程标准》中指出："评价的目的是全面了解学生的学习历程，激励学生的学习热情，促进学生的全面发展。评价也是教师反思和改进教学的有力手段。对数学学习的评价要关注学生学习的结果，更要关注他们的学习过程、水平、情感和态度，帮助学生认识自我，建立信心。"这就要求我们不得不改变传统的观念以适应改革需要，既在课堂教学上跟上时代的步伐，同时也要改变传统的以单一考试测验来评定学生的学业成绩的评价办法。下面，我就初中数学教学中对学生评价的方法浅谈一下自己的看法。

一、关注学生个人，重内差异评价

由相对评价发展到个人内差异评价，相对评价是通过个体的成绩与同一团体的平均成绩相比较，从而确定其成绩的适当等级的表示方法，这是

我们最常用的评价方法。这种评价缺乏对于个人努力状况和进步程度的适当评价，不利于肯定学生个体的成绩。个人内差异评价是对学生个体同一学科内的不同方面或不同时间段成绩与能力差异的横向比较和评价，这种评价可以为教师全面了解学生提供准确和动态的依据，也可以使学生更清晰地掌握自己的实际情况，利于激发他们学习的动力、挖掘学习潜能、改进学习策略等。比如，我在评价一个学生的数学学习情况时，不仅将他每次的考试成绩和同班或同年级的学生成绩进行对比，而且将他的成绩和他这学期甚至上学期的测验成绩进行对比，看他在哪些方面还存在问题，看他在整个学习过程中成绩是进步了还是倒退了。如果和自己以前相比有进步，就对他进行肯定和表扬，鼓励其再接再厉；如果倒退了，就帮助他找到退步和失败的原因，鼓励其不要气馁，努力学习，争取下次考好。

二、引导学生自评互评，发挥教师评价作用

评价的本质是一种价值判断。长期以来，在以教师讲授为主的教学模式中，对学生学习的评价主要是由教师作出的，往往单凭考试成绩衡量学生的学习水平，学习与教学分离，学生和教师都将评价与考试等同起来，误认为评价只是老师的事。在这种自上而下的单向评价中，学生没有评价的权利，学生只是被评价者，只能被动、消极地接受教师的评判，这样不能全面、综合地反映学生的发展程度，不利于学生自我评价能力的发展，也不利于学生主体性的培养和发展。因此，教师在数学教学过程中要把自我评价、小组评价和教师评价有机结合起来，进行双向或多向评价。比如，我在教学中将全班学生划分为八个学习小组，每个学习小组由六名学生组成，按照学生的学习成绩情况的好中差比例为 2：2：2 搭配均匀，以优秀生带动中等生，让中等生帮助学困生。每个学习小组任命正副两个小组长，专门负责小组成员的学习和纪律及卫生的管理；每个小组的成员共同为所在小组起了自己喜欢的名字。在学习过程中，先由学生对自己本周的表现进行自我评价，再由小组成员对本组每位同学在各个学习环节作出客观的评价。最后，教师可结合学生的自评与小组的评价，再根据自己的观察对学生做出客观公正的评价。对表现好的学生进行表扬和积分奖励，对表现较差的学生进行教育和鼓励。另外，根据每个学习小组成员的总体表现情

况，每周选出"优秀学习小组"，鼓励这一组的同学再接再厉，号召其他小组向"优秀小组"学习。这样的评价方式充分调动了我们班每位学生的学习积极性，学生的学习热情高涨，小组成员团结协作，形成了你追我赶的良好学风。学生自评、同学互评和教师评价相结合的方式，可从多个方面、多个角度对学生的学习活动进行更全面、更客观、更科学的评价，学生由评价对象成为评价主体，可以创造积极的学习数学的气氛，给学生成功的情感体验，增强学生主动参与课堂数学学习活动的信心。不仅对学生的数学学习表现能及时反馈，同时能培养学生的评价能力。学生在自评与互评的过程中能学会比较客观、公正地对他人做出评价，受到批评的同学也学会比较宽容、虚心地接受他人的意见，使每一个学习者有可能更多地获得大量他人评价，就像照镜子一样更真实地认识和了解自己。学生在反思、评论自身和他人的工作的基础上，提高了整体工作的质量，成为建设性的评论者，也成为评价的受益者。

三、收集学生材料，采取档案成袋评价

"档案袋"（或称成长记录袋）是在 20 世纪 80 年代西方国家中小学评价改革运动中形成和发展起来的一种新的质性评价方式，它是指教师和学生有意识地将各种有关学生表现的材料收集起来，并进行合理的分析与解释，以反映学生在学习与发展过程中努力、进步的状况或成就。在平时的教学中，我也采用了这种评价方式。我先让学生根据自己的喜好准备档案袋，可以使用彩色资料袋或透明文件夹，自主选择。再让他们根据自己的兴趣、爱好设计了档案袋的封面和图案，其封面的内容可以包括学生的姓名、年龄、年级及所在班级、就读学校、任课教师、兴趣、爱好、特长等。在学习过程中，将反映学生数学学习情况的珍贵资料装入每个人的档案袋中。比如，每次的单元测验试卷、期中、期末考试试卷，完成的优秀作业、优秀的数学学习小论文、设计的精彩图案、有创意的习题解法等等。我将学生的档案袋分学习小组放置在教室后面的课桌上，便于学生参观。在开家长会或家长来访时，可以参观学生的学习档案袋，充分全面的了解学生的学习情况。家长就会及时地对自己的孩子加强教育和引导，有利于学生的发展。档案袋可以很好地记录每一个学生对作业的完成情况，弥补了教

师单一检查修改与学生交流面窄的不足。另外，档案袋还能反映出学生自主学习时的一些情况，便于老师指导，同时也能提高学生自主学习的积极性。档案袋还有利于学生角色的转变，学生使用档案袋学习，能反映出学生自身在一个时间段内的进步，增强学习兴趣和动力，使作业不再是教师布置学生按时完成的一种固定模式，也使学生在完成作业方面有了自由的时间和空间，避免了有些学生敷衍了事。档案袋让学生之间形成"你追我赶，互助共赢"的良好竞争局面。每位学生都有积极强烈的上进心，我们可以抓住他们这种心理，运用合理的评价方式，吊足他们的胃口，达到共同进步的方式。"同桌赛，男女生比赛，小组赛"，足以让他们全身心的投入此项活动中。

  总之，恰当评价学生的作用是不可估量的，评价的方法也是多种多样的，但归根结底，评价需要教师有一双"爱"的眼睛，发现每一个学生的闪光点。评价既要关注学生知识与技能的理解和掌握，更要关注他们的情感与态度的形成和发展，充分关注学生的个性差异，发挥评价的激励作用，呵护学生的自尊心和自信心，培养学生的良好习惯，乐于合作，勇于创新的精神，评价需要教师具有一颗独具的匠心，探寻到合适的评价方法。评价更需要教师在心里装着所有学生，激励他们不断进步，鼓励他们健康成长。

认真学习数学　巧用技巧方法

  数学是一门研究数与形的科学，它无处不在，所以有人说"数学是一切科学之母"。各行各业，各种科学都要用到数学，尤其在科学研究方面，想攀登科学高峰，非要学好数学不可。

  要想让学生学好数学，首先要让学生知道数学的特点。数学有三大特点：一是严谨性，二是抽象性，三是广泛的应用性。严谨性是指数学有很强的逻辑性，如平面几何教学中的证明等。例如，在得出三角形的内角和定理的过程中，人们通过长期的实践、测量、拼图等方法，得出了三角形的内角和是180度，但为了证明所有的三角形内角和都等于180度，还得从理论上加以证明。哪怕是最基本的常用概念，都要用公理加以确认或证明；抽象性表现在对空间形式和数量关系这一特性的抽象，它在抽象过程中抛开较多的事物的具体特性，并将具体过程符号化。如加法的交换律：两个数相加，交换加数的位置，和不变就转化为 $a+b=b+a$ 的形式。广泛的应用性就是指数学已经渗入到各行各业，大到探月工程，小到菜场卖菜都要用到数学。在教学中如果过于注重定理、概念的抽象意义而抛弃了它的广泛应用性，忽视了它在贴近生活中的应用，往往都学不透彻。抽象的概念、定理就好像骨骼，广泛的应用就好像是血和肉，缺少哪个都会影响数学的完整性。在初中阶段想学好数学，还要区分这个阶段和小学阶段的教学特点有什么不同。在小学阶段，虽然学习了六年的数学，但基本上是对数的认识和对数的基本的简单的运算，主要侧重于数学的广泛应用的简单教学。而上了初中以后，则逐步地侧重于严谨性、抽象性方面的教学，因此有不少小学生进入初中以后不能适应数学学习，影响了学习积极性，成绩一落千丈。要解决这个问题，首先要解决好小学和初中衔接问题，作为初中数学老师，有必要研究小学数学教法的特点，所谓知己知彼，才能把小学生的那种习惯的学习方法逐步转化到初中的学习方法上来。例如：要教学生学会听和读，听就是学会听老师讲课，老师讲课时注意力要集中，积极思考问题，弄清楚讲的内容是什么？怎么分析？理由是什么？采用了什么方法？还有什么疑问？在听讲的前提下，还要教会学生展开来分析：某个问题的解决用了什么思想方法？这样做的目的是什么？为什么老师就能想到最简捷的方法？这个问题有没有更直接的解题方法？等等。读就是阅读数学教材，只有熟悉数学教材才能较好地掌握数学的语言，提高自学能力。一定要改变只做不看书、把课本当成查公式的辞典的不良倾向，要指导学生有目的地阅读当天的内容或某一个单元的内容。如学习二元一次方程组的内容时，要了解二元一次方程组及解的意义，熟练掌握用代入法和加减法解二元一次方程组并能灵活运用所学知识列出二元一次方程组解应用题。通过阅读，应弄清以下3个问题：

（1）二元一次方程（组）及解的应用。注意方程（组）的解适合于方程，任何一个二元一次方程都有无数个解，有时考查其整数解的情况，还经常应用方程组的概念巧求代数式的值。

（2）解二元一次方程组。解方程组的基本思想是消元，常用的方法是代入消元和加减消元，转化思想和整体思想也是本章考查的重点。

（3）二元一次方程组的应用。列二元一次方程组的关键是能正确分析出题目中的等量关系，题目内容往往与生活实际相贴近，与社会关系的热点问题相联系，请平时注意搜集、观察与分析。

在教会学生听、读的基础上，还要教会学生怎样思考。勤于思考，善于思考，是学习数学的最基本要求，要力求做到以下两点：

1. 善于发现问题，注重提出问题

只有善于发现问题，才能提出问题，才有解决问题的思想方法和步骤。如在学习一元一次方程的解法时，我们学习了比较简单的一元一次方程的解法如：$0.5x+1=0.2$，我们通过思考，就能提出问题：在实际问题中碰到的方程也都是那么简单的吗？

例如：（1）解方程：$5x+2=7x-8$；

（2）解方程：$2(2x-2)-3(4x-1)=9(1-x)$。

这些比较复杂的一元一次方程怎么解？能不能也用"转化"的思想方法求解呢？学生分小组讨论，寻求解法。教师参与讨论，根据情况给予启发、指点。解这些比较复杂的一元一次方程，可以这样去想：① 只要能把这些方程化成最简方程，就可以求出解来，想想怎样朝着最简方程的目标把方程化繁为简？② 思考时可以把这些方程与最简方程作比较，想想这些方程主要"复杂"在哪里，然后考虑用什么方法把方程化繁为简。

2. 善于进行反思，灵活应用反求

当能够发现问题、提出问题、解决问题之后，还要引导学生学会反思和反求，因为通过反思和反求，往往能启发学生发现新的问题，提出新的问题，引导学生解决新的问题，从而使学习数学的积极性不断延续下去，达到一种良性循环。

（1）数轴是数形转化、结合的重要媒介，情境设计的原型来源于生活实际，学生易于体验和接受，让学生通过观察、思考和自己动手操作、经历和体验数轴的形成过程，加深对数轴概念的理解，同时培养学生的抽象和概括能力，也体现了从感性认识到理性认识到抽象概括的认识规律。

（2）教学过程突出了情境到抽象到概括的主线，教学方法体现特殊到一般，数形结合的数学思想方法。

（3）注意从学生的知识经验出发，充分发挥学生的主体意识，让学生主动参与学习活动，并引导学生在课堂上感悟知识的生成、发展与变化，培养学生自主探索的学习方法。反求就是一个逆向思维的训练，如通常会有这样的题：三个连续自然数的和是 18。问：这三个数的积是多少？那我们就可以根据刚才的结果这样反求：三个连续自然数的积是 210。问：这三个数的和是多少？又如：一架飞机 2 小时飞行了 1500 千米。问：飞机一小时能飞行多少千米？我们也可以这样反求：一架飞机 2 小时飞行了 1500 千米。问：飞机飞行一千米用多少小时？通过这样的反向思考和练习，就能使学生对所学的知识进行灵活的运用，而且掌握得更牢固。

浅谈数学教学中的备课

使学生身心发展显示出特定的具体形式和个别差异，正因为如此，在诸多影响学生身心发展的因素中，数学是最根本的、最主要的因素之一，而数学备课则被提到了非常重要的地位。因此，作为一位数学教师其课前的重要任务是备课，下面从以下几点淡一些看法。

一、找依据，备教材

数学教材和教师教学用书，是数学教师实施教学的主要依据，认真细心地阅读钻研，进而掌握其中的知识体系和结构，以及知识之间的衔接和联系。明确要达到的认知目标和能力目标，教学的重点、难点和关键，进而确定某节课的类型和采用的教学手段和方法。另外，要想更全面地了解掌握教材，必须阅读教学参考资料，进一步加深对教材的理解。此外，还必须有一些课外资料，从中找一些适于学生实际的例题、习题，为使学生更多地理解、巩固提供平台。新课标强调"教"服务于"学"，教师通过与学生合作，依靠学生自主动手活动、实践、合作与交流去实现教学任务。新课标要求教师以学生的心理发展为主线，以学生的眼界去设计教学思路，预测学生可能的思维活动并设计相应对策。这就要求我们让学生参与课前的准备，自己收集制作有关资料（如实物、图片、数据等），如做等腰三角形，平行四边形，然后尝试研究它的性质。这个过程不仅能促进学生自主学习，为课堂教学作很好的铺垫，还能使教师预测到学生的需要，掌握学生的现有水平和情感状态，把握学生的"现有发展水平"，使教师在备课时，更多地从学生学习的角度去考虑教学方案，对症下药，有的放矢。

二、重交流，备学生

要想教好数学课，了解学生，研究学生，才能更好地有的放矢。了解学生与学生交流的方法很多。可以通过课堂教学任务的完成情况，学生学习的积极性，以及作业中反馈的一些信息，课间通过与不同层次学生的交流，了解他们对学习的兴趣，生活中的烦恼，情感的困扰。也可能通过班干部，其它任课老师，了解学生，做到知其优劣，对症下药。新课程倡导打造教学基础，做好教学的前提工作，了解教学对象的差异——学生差异。备课时，我们应认真分析学生的知识结构的差异，找准新知识学习的切入点；认真分析学生的学习方式的差异，根据学生的兴趣、爱好、情绪，设计课堂教学，把握学习的鼓动点；认真分析学生的学习需要差异，根据对象确定分层施教，架好学习的桥梁，使基础较差的学生"吃得进，消得了"，使学有余力的学生"跳一跳，摘得到"。只有这样，在掌握学生的个性差异和个体需求的前提下，采取不同的教学方法，才能为每一个学生的发展创造条件，使学生全身心地投入到课堂学习活动中来，使每个人都获得身心的愉悦和在原有基础上有较大发展。因此教师精心地选择例题和学生的训练题至关重要。例题的选择要有典型性、代表性、思维性。特别要注意例题的一题多变，一题多解和一图多用。学生的课内训练题和课外作业题，要避免大量的机械模仿性的题目。要紧扣重点，有利于基础知识的巩固和规律的掌握，要注意题型的多样性，要重视变式训练和探索性的训练，以培养能力发展智力对于课外作业可布置适量，选做题，以体现因材施教的原则。

三、提兴趣，备导入

生动有趣的数学课导言，能够在瞬间把学生从离散的自由思维状态引导到恰当的教学氛围中，从而激发学生的求知欲，提高学生的学习积极性，达到创设一个良好的教学情境，造成积极思维的环境气氛，使学生在十分迫切要求下学习，揭示所讲的教学目标。

四、抓关键，十备详

除了以上提到的备教材、备学生、备导入外，还必须注意循序渐进、由浅入深，由简到繁，梯度明朗、疏密合理、难度恰当地"备层次"。通过怎样设问，才能达到启发学生思维的"备设问"，有利于基础知识的巩固和规律的掌握的"备训练"，对一节课的回顾重点内容的总结的"备小结"，如何才能使叙述严谨、准确、合乎逻辑的"备语言"，怎样使表达规范，体现示范性，作图正确，线条清晰，布局合理的"备板书"。另外，"备教具"也是一个不可缺少的重要环节，是用自制的一些简单实用的教具，还是用多媒体功能，或使用小黑板等教具，必须课前备好。课前备课、写教案固然重要，但课后反思，进行二次备课，更有利于教师的专业成熟与提高。教案的价值并不仅仅在于它是课堂教学的准备，教案作为教师教学思想、方法轨迹的记录，也是教师认识自己、总结教学经验的重要资料。在教学实践中，课堂一旦放开，真正活起来，就会有很多突如其来的可变因素，学生的一个提问、一个"发难"、一个突发事件，都会对原有的教学设计提出挑战。教师在课后把这些突发事件记录下来，对自己的教学观念和教学行为，学生的表现、教学的成功与失败进行理性的分析，通过反思、体会和感悟，则可以帮助自己总结和积累经验，形成一套能适应教学变化的、能出色驾驭课堂教学的知识体系和本领。在新课程条件下，随着教师角色的转变和学生学习方式的改变的要求，备课不再是教材内容的简单的诠释、教学过程的简单的安排、教学方法的简单的展示，它的性质、功能、方法已经发生了很大的变化。它要求教师从新课程理念出发，在落实学生主体学习地位上下功夫，在落实每一个学生自主学习上下功夫，在落实学生合作学习上下功夫，在充分调动每一个学生的学习积极性上下功夫，在防止学生的学习活动流于形式、切实提高课堂效率上下功夫。因此教师备课已升华为教师教学研究的一个重要组成部分。

总之，如何备课，怎样备课是我们每一位教师必备的素养，不论怎样，只要能够使所教学生有所得，有所提高，这样的备课才具有其科学合理的一面。

数学课小结的三种形式

引人入胜的开头，对于激发学生、引起兴趣、提高求知欲起着十分重要的作用。但当讲完一节新课或讲完一个知识点之后，怎样设计好一个耐人寻味的小结，对于帮助学生总结重点、理清脉络、加深记忆、巩固知识更是余味无穷。下面粗写写小结的三种形式。

一、发挥学生积极性，调动学生自行小结

这种方式能够充分调动学生的学习积极性和主动参与意识。它可以简单地总结为以下几种形式。

1. 讨论式

这种方式能够充分调动大多数学生的参与积极性，使课堂气氛热烈、活跃。可以由上下桌组成小组，并以小组为单位，通过辩解讨论得出结论，然后派代表发言。例如：已知三角形的两个边的长，能否计算出第三边的长？如果能，请说明理由，若不能，请问还需要附加什么条件？

2. 互评式

通过对课堂口答、板演、练习等，用学生教学生的形式，进行互相评改。这种方式不仅能够兼顾不同水平的学生，又能够及时解决问题，充分调动学生的学习积极性。

3. 游戏式

这种方式适宜于初中学生，其特点是使学生积极性提高，极富趣味性。为了使学生熟记所学概念、定理公式、性质、数学方法，可以采用小组抢答，解题接力赛等，使学生在轻松愉快的气氛中既加深了对知识的理解，又巩固了知识。

二、强调知识整体性，教师总结归纳小结

这种方式能够充分体现教师的主导作用，它可以简单地总结为以下几种形式。

1. 总结式

对一堂课的教学内容、知识结构、思想方法等用叙述、罗列、表格、图示、分类等方式，并对所学内容加以浓缩、概括、强调要点，使学生对整节课有一个系统、整体的清晰印象。其具体分为：

（1）叙述式。利用原有板书，通过叙述同时把重点内容、思想方法、注意事项用彩色笔勾画出来，达到小结的目的，此方法是常用小结方式，也是节省时间的良好方法。例如：把一个图形沿着某一条直线折叠，如果它能够与另一个图形重合，就说这两个图形关于这条直线对称，简称轴对称；如果一个图形沿着某一条直线折叠，直线两旁的部分能够互相重合，那么这个图形叫作轴对称图形。这样通过用笔的勾画，可以突出说明：轴对称是指两个图形之间的形状与位置关系，而轴对称图形是指一个具有特殊形状的图形，更进一步加深对两个概念的区别与联系。

（2）罗列式。把整节课的主要内容，通过提纲方式简单罗列，其特点是：条理清楚，便于记忆，使学生一目了然。例如讲完三角形的三边的关系之后，将三角形按边的相等关系分类如下：

三角形分为：不等边三角形（等腰三角形，底边和腰不相等的等腰三角形），等边三角形。

（3）图示法。通过文字、图形的结合，揭示知识结构、框架关系，来龙去脉。

（4）表格式。将一节课的文字语言、图形、符号、语言符号，高度概括列表小结，这种表格式可以先画在小黑板上或利用电教手段，将所讲内容显示出来。其特点是：对比清晰，节省时间。例如：讲完三角形的一些概念做表 1-1 小结。

表 1-1　三角形的概念

名称	定义	表示方法	读法
三角形	由不在同一条直线上的三条线段首尾顺次相接所形成的图形	$\triangle$ 例如 $\triangle ABC$	三角形 三角形 ABC

续表

名称	定义	表示方法	读法
三角形的边	组成三角形的线段	①用 a,b,c 等小写字母表示 ②用表示顶点的两个大写字母表示一条边	边 a,b,c 或边 AB,BC,AC
三角形的顶点	相邻两边的公共顶点	用三个大写字母表示三个顶点 例 A,B,C	顶点 A,B,C

2. 示导式

讲完一节课后，在布置作业前，先对上次作业中出现的一些典型错误加以纠正，然后提出对本次作业的具体要求，对有一定难度的习题给予适当提示，对下次新课给予预习指导。

3. 设疑式

在讲完新课之后，留一些让学生值得回味或为下一节课打下伏笔的思考题，这样让学生带着许多疑问结束新课，从而引起学生探求新知识的好奇心，激发他们的学习兴趣。例如讲完平行四边形之后，讲矩形和菱形之前，先给学生提出这样一个问题：如果将平行四边形的一个角变成直角或一组邻边相等时，它们将是怎样的图形呢？

4. 拓深式

对所讲的新课内容，通过形式的变化，升维等方式把问题加以拓宽加深，使学生了解其变化形式以及联系与区别。例如：讲完函数 $y=ax^2+bx+c$（$a\neq 0$）的图像之后，提出函数 $y=ax^2+bx+c$（$a\neq 0$）的图像是由 $y=ax^2$ 的图像作怎样的变换而得到的？在变化过程中图像的形状发生怎样的移动？

三、优化师生互动性，师生配合进行小结

这种有以下几种形式：

1. 问答式

（1）老师提问有学生回答。这种提问形式，使学生思想集中，有利于

记忆，能够使知识得到巩固完善，并且还可以节省时间。

（2）由学生提问，老师来回答。当新课结束之后，留一定的时间，让学生对本节课所讲的内容进行回顾、梳理、回味、反思，老师巡视回答所提出的疑问。

2. 复述式

上完一节课或复习完一个单元后，为了帮助学生更进一步理解框架结构，由一二名学生在原位或讲台上口述本节课主要内容、解题思路、数学思维方法等，然后由教师加以修正补充。

3. 激趣式

在结束一节课之前，提出相关有趣的一些数学问题或将数学问题引申，使学生带着浓厚的兴趣积极思考、认真探究。例如：在讲完路程问题后，可以提出这样一个问题：想看月球真面目，你将花费多长时间？

4. 电脑课件式

老师事先将某一章或某一节的内容作成课件，其中的内容可以按照所讲内容的先后顺序，有些内容可以利用提问式，让学生回答，有些内容可以利用填空式让学生填空，从而让学生掌握其中的关键知识，有些可以用选择题的形式出现，让学生在容易混淆的知识中，掌握准确的知识。有些可以用计算的形式出现，让学生在计算中，掌握所学的计算技巧和方法。当然，这种方法可以根据所学内容，选用一种或几种。

一个好的小结，可以帮助学生总结所学内容的重点，理清知识的联系与区别，进一步加深理解和记忆，对巩固所学知识有非常重要的作用，也对学习今后的新知识有深远的意义。

谈多媒体辅助教学的得与失

也许大家都会有一个共同的感觉，就是：我们现在的数学课堂越来越生动，越来越高效率，越来越有"看头"了；我们的学生喜欢上课，除教师在课堂教学中渗透了新的教学理念之外，还有一个重要的因素就是多媒体教学的灵活运用。由于多媒体技术，人类将要迎接一次比印刷术、电话和电视更大的技术革命。今天，多媒体技术已经能够把语音处理技术、图像处理技术、视听技术都集成在一起，非常方便地把语音信号、图像信号先通过模数转换变成统一的数字信号进行存储、加工、控制、编辑、变换、查询、检索。多媒体技术，改变了人们固有的思维习惯和生活方式，也给数学教学改革带来了勃勃的生机。可以说，多媒体的介入给数学课堂教学注入了新的活力，优化了课堂教学结构，活跃了课堂气氛，激发了学生的学习兴趣，对提高教学效率起到了一定的作用。随着科技的进步，多媒体已成为当今教学领域的热点。多媒体教学是一种现代的教学手段，它利用文字、实物、图像、声音等多种媒体向学生传递信息。而多媒体教学法则是以各种电教媒体如计算机、电视、录像、投影、幻灯等为标志，以传统的教学媒体如黑板、挂图、实验、模型等为基础的多种媒体有机结合的教学方法。作为一名当代数学教师如果能够熟悉现代化教学手段的理论和操作机能，并能依据教学大纲的要求，从学生的实际出发合理选择现代化教学媒体，且使之与传统的教学媒体合理结合，就能够极大地丰富课堂教学，促进学生对知识的理解和记忆，培养学生的各种能力，提高学生的素质，大大提高教学效果，使这些现代化的教学手段与新课程改革理念下的教法达到最佳的结合。

一、多媒体在数学教学中的作用

运用多媒体可以激发学生的学习兴趣。爱因斯坦说："兴趣是最好的老师。"只有激发学生的学习兴趣，学生们才能乐于接受，此所谓"好之者不如乐之者"。数学教学过程中，运用配乐叙述，投影片，乃至于用多媒体提供的有关背景资料、影片、录像等，能创设与教材密切相关的情和景，通过声像并茂、动静结合、情景交融的感官刺激，激发学生的学习兴趣和求知欲，调动他们自主学习的积极性。

运用多媒体可以实施审美教育。数学学科包含着其他学科无法相比的美育因素，这种性质决定数学必须成为审美教育的主阵地。多媒体计算机教学，声像文图结合，让语言文字所描述的内容变成形、声结合的画面图式，让静态的审美对象活跃起来成为动态，并打破教室四十分钟的时空限制，纵贯古今，横跨中外，能加快美的信息速度，大美的信息含量，创造一个崭新的审美时空。运用多媒体可以启发学生的想象力，达到理解知识的目的。多媒体教学就是把抽象的文字信息转化为形象的图像、感性的音乐，从而使学生把握教材的内涵，理解其所要表达的思想感情。

运用多媒体可以扩大课堂教学的信息传递量，满足各层次学生的需求。运用多媒体，可以把一些散于各课的基础知识，形成系统揭示给学生，形成知识的网络，大大扩充了信息的传递量。尤其是对不同层次的学生，可以视自己不同的需求获得认知的满足。有些教材内容丰富，课时较多，所学知识比较分散，在总结课上，利用电教手段，可以化零为整，把文章结构、各部分的关系集中在多媒体投影上揭示给学生，形成整体认知。

利用多媒体帮助学生体会文章的语言。课本中的许多名家名篇，有的语言流畅明快，有的语言生动活泼，有的语言凝练含蓄，有的语言朴实感人，有的语言富有哲理性。运用多媒体可充分体会各种语言。

但是，如果因为有这些特点就将多媒体课单纯理解为整堂课就是听听音乐，看看图像放映，出示出示板书，解放了教师，丰富了学生的感官刺激那就错了。世上没有一种新生事物能够完美无缺，用多媒体辅助数学教学也不会例外。多媒体利用视、听、说向学生提供声、像、图、文等综合信息，为多种感官的刺激提供了若干个兴奋点，有利于学生注意力的保持，它的信息组织方式与人类长期记忆结构相似，减少了记忆信息和加工转换的过程。多媒体教学法可以使得各种现代化教学手段在教学活动中互相补充与完善，弥补传统教学手段的不足，使传统与现代化教学媒体互相渗透，发挥整体功能。多媒体教学方法使教学的重点由单纯的传授知识技能、技巧转向开发学生的智力，培养学生的能力，为培养学生的创造力，提供了一个理想环境，运用多媒体技术表示、传递和处理教学信息，优化教学结构，可使学生在轻松愉快的气氛中高效率、高质量地获得知识，发展能力，形成优良个性品质。

二、多媒体在数学教学中的弊端

课件统治课堂，教师不能因材施教，师生难以情感交流，这些是多媒体教学所存在的不足。多媒体课件都是预先制作好，很难临时变更。课堂教学时教师往往不能根据学生的课堂表现，及时调整自己的思路，因材施教，而是根据课件的情况，把学生的思路死活往课件的模式中拽，事实上就是让课件统治了课堂。课件统治课堂，人性化的师生人际交流被冷冰冰的人机交往所取代，它严重妨碍了师生课堂情感的互动。"水尝无华，相荡乃成涟漪，石本无火，相击而发灵光。"一堂成功的数学课，不仅仅是通过科学的方法让学生接受自己传授的知识，而且还在于引导学生学习数学时能够成功地调控课堂情绪和气氛，激活思辨的火花，形成师生之间、学生之间的情感交流、思想碰撞和灵感的迸发。让学生领悟语言艺术的魅力，激发学生的创新灵感，不能仅依靠教学技巧和现代化的教学武器，更有赖于教师牵引学生灵魂沉潜于字里行间，流连于黑韵书香，这样，学生才会获得真实阅读知书达理的效果，获得启迪智慧滋补精神的营养。多媒体数学教学是现代最新科技成果对最古老的数学语言的挑战。

在最古老的语言文字的教学中，多媒体技术有明显的优越性，同时又无法替代数学教学本身。我们尽可以利用多媒体教学手段来营造气氛，唤起情感，引导想象，但决不能用屏幕、画面来代替文学意境。文字提供的想象空间远远大于直观。仅仅采用直观手段来组织教学，对学生思考力、想象力、联想力是一种极大的限制。不管执教者上课采用何种形式，不管这是堂什么内容的课，多媒体在课堂教学中永远只能是辅助位置。它的一切设计都应为教学服务，而不能代替教学。任何事物都有长短利弊，多媒体教学手段也不例外。再加上它还是一种新的教学手段，我们对它的性能了解还不很清楚，驾驭起来难免会不顺手。所以我们不要因为多媒体教学中出现过偏漏失误，就一概予以否定，进而因噎废食弃之不用，而应该在教学实践中多学习，多探索，多思考，扬长避短，想方设法使它切实有效地服务于我们的教学想象。

数学教学改革是大势所趋，一方面体现在新教材的内容选取和编排上要体现新课程标准的指导思想，体现人文关怀、与现实贴近，全面培养学生的数学素养；另一方面在如何传播教学内容上进行改革，体现参与性、探究性和合作性，而在这些方面多媒体信息技术可以为我所用。但是，数学学科有其特殊性,更应体现语言文字的独有魅力和教师的个性。所以,在数学课堂教学中要慎用多媒体技术,不鼓励过分的"现代化"。

新课改数学教学中的师生"共振"

在课堂教学中,往往存在两条思维路线,一是学生的思维活动,二是教师的思维活动。长期的实践与教学经验表明,只要你的教学思维遵循学生的认知规律,才能使师生之间在认识程序和思路上达到"同频",从而使教师的教与学生的学发生"共振"现象。否则,将使学生思维混乱,影响新知识的接受和理解,由此直接影响教学的圆满完成。本人就师生"共振"思维,谈一点浅薄的认识。

一、洞察心理,收敛思维

由于主观和客观的因素,有些学生说不出自己对某些概念、习题的迷惑不解之处。对此,教师须在备课时要有思想准备,并且在讲授时特别注意观察学生在听课时所表现的情感信息,从而洞察他们的心理需求。通过教学问题的逻辑训练、巧妙点拨、迅速沟通,使学生的思维收敛到与教师的思维"同频",达到"共振"顺利完成教学任务。

二、运用直观,搭梯架桥

数学具有抽象性特征,而数学的抽象形式舍弃了许多与研究角度无关的因素。教师的教如果仅仅停留在数学的某种抽象形式上,学生的思维就会因缺乏具体直观的新信息的支持而出现障碍或出现偏差,师生的思维就会产生"失调"现象。为避免此现象的发生,教师设计草图、模型、实例等,使抽象与具体发生关系,为学生的思维搭梯架桥,进而使教与学发生"共振"。

三、注重过程,讲求教法

新课改后的数学课本中设置了"观察""思考""探究""练习""想一想""讨论"等栏目,这实际上是利用了数学知识自身发生和形成的过程,数学教师在教学时要注重揭示这种发生和形成的过程，同时在分析这些过程中把自己的思维稚化到学生接受的地步，在学生对问题发生恐惑时，先"探究"探究，学生意见发生分歧时，先"讨论"讨论，"观察"观察，"思考"思考；进一步肯定或否定某些思维，最终达到师生思维"同频"，发生教与学的"共振"。

四、审时度势，适时调控

数学教师应该具备的一种职业素养是：具有机智灵活的应变能力。在数学课堂教学中，随着教学的深入发展；学生中的好的解题思路和方法。奇特怪异的念头，与课题无关的想法，甚至错误的思路，随时在他们脑海中冒出来，学生的思维超前或失控于教师的预设思路，此时教师要充分发挥其灵活机智的应变能力，审时度势，适时调控师生双方的思维，以保证双方思维的"共振"。其实，师生双方的思维不可能完全达到"共振"，并且在训练收敛思维的同时，还须强调发散思维。因此，在认识上，要求思维"同频"的前提下，使"收敛"与"发散"协调发展，以达到提高学生思维水平，开发智力，培养能力的目的，更好地发挥"共振"在师生思维中的作用。

新课改数学课堂导言浅淡

课堂导言一般指在正式讲授新知识前的开场白。生动并且有趣的导言，能够在瞬间把学生从离散的自由思维状态引导到恰当的教学氛围中，从而获得良好的教学效果。

新课改数学教材要求教师用恰当的导言方式引导学生进入良好的思维和注意状态下，本人由以下几点来谈谈导言技巧。

一、运用"发现式"导言，培养学生观察能力

运用"发现式"导言，就是通过学生身边周围环境的一些自然现象，实物图形等引导学生自己发现一些规律，由此课题将随之被揭示出来。新课改数学教材中，设置了"观察"一栏，可以充分利用"发现式"来进入

新课。例如：在讲授"相交线"时，教师拿一把剪刀和一块布片，在剪布片过程中，让学生注意观察剪刀的两把手和剪布过程中两把手之间的角的变化情况，然后让学生将两把手想象成两条直线，将把手连结处看成一点，由此引出"相交线"的概念。这样具体直观的引导发现导言过程，可培养学生善于观察和发现问题的好习惯。

二、运用"类比式"导言，培养学生思维广阔性

新教材正文中设置了"思考""探究"等栏目。这就为我们培养学生的思维能力提供了平台，很多数学知识在内容和形式上都有其类似之处，并且新知识往往是旧知识自然地延续、扩展和提高升华的过程，以类比旧知识导入新知识，既有利于知识的理解掌握又能够培养和发展学生思维的广阔性。例如讲解"平行线的性质"时，在讲解了直线平行的条件基础上，让学生思考以下问题：利用同位角相等或内错角相等或同旁内角互补，可判定两直线平行，反过来，若两直线平行，同位角、内错角、同旁内角各有什么关系呢？请同学们思考作答。这样新旧知识进行类比，使得新课的引入自然，且能较好地体现知识的发生与迁移过程，有利于巩固理解新知识。

三、"电脑课件式"导言，增强知识的新颖性

教师事先将某一章或一节的内容做成课件。例如：在讲"多边形"时，教师可将不同形状的图案汇集在课件中，在讲授前先放影让学生"观察"各种形状的图案，让其从中分辨这些图形，是由几条线段组成，从而让学生在"观察"中思考，引发他们对知识的兴趣和新鲜感。

总之，课堂导言的方式很多。例如，可以用巧设"悬念"，诱发学生的求知欲；也可采用"惊诧式"，激发学生的好奇心；还可以"故设陷阱"，让学生记住"教训"。另外，运用"联想式"导入，培养学生的想象力；也可以用"问题"导入，使学生产生兴趣；还可以用"集体游戏式"，充分发挥学生的主动性。实际上，数学教学是一种创新性教学，它不仅仅限于本人上述的几种导入方式，它随着社会的进步，先进科技的发展将会相应地引入新的一些教学方式。当然，新课的导入也不例外。并且，新课的导入

可以因人而异，各种导入方式也可以在同一堂课中，穿插运用。数学教学可用一些幻灯片的变化、电脑投影技术的新颖性等方式导入新课，使我们的学生能够充分享受先进技术带来的便利和乐趣。

综上所述，课堂导言要因课的内容、学生的实际情况恰如其分地将学生从离散的思维状态引导到恰当的教学氛围中。因此，导言的科学性、趣味性是引导课堂教学随时代发展的条件之一。

给家长和老师的建议

我是一位初中老师，同时也是一位家长，学生和自己孩子如何学好数学是我一直思考的问题，也是自己工作努力的方向。从教数学几十年了，我对数学学习有一点理解想和大家交流一下。

一、先和家长交流

我一直在想，孩子拖拉的毛病是不是和家长有关。如果家长安排孩子从七点钟开始做作业，八点半睡觉，结果孩子可能半小时做完了。这时家长们往往会这样想：八点半才睡觉呢，还有一个小时啊，干什么呢？于是就继续找题目给孩子做。有的时候，可以给孩子一点自由，让孩子这样想："我只要完成作业就可以玩。"那么孩子学得踏实，玩得也愉快。

学好数学，多做题肯定有好处，于是家长去书店买来大量的习题集。"题海战术"这样的训练是否科学？我想告诉家长们：如果真想给孩子买，最好事先和孩子任课老师交流一下，搞清楚你的孩子哪些方面需要强化训练。我想任课老师肯定比家长更清楚孩子弱项，千万不要盲目、一厢情愿地去买习题集，既浪费钱也浪费孩子时间。很多家长让孩子去学奥数。学奥数对孩子的数学能力真有帮助吗？是不是所有的孩子都适合学呢？可以肯定地说，不是每个孩子都适合学奥数。有的孩子成绩很好，功课游刃有余，这样的孩子建议他去学点奥数，做一些拓展性训练。因为奥数的思维方式和普通课堂上的数学思维方式不一样，有反思、逆向思维、整体思维等，平常课堂上很少涉及。但奥数类的科学竞赛容易让家长太关注，导致它走向一个极端。家长培养孩子数学兴趣可以做两方面工作。

第一,配合老师把孩子学习数学的信心和兴趣呵护好,多和孩子交流学习上的得失与快乐。

第二,多方面培养,比如和孩子一起用扑克牌玩 24 点等游戏,在轻松的娱乐中帮孩子提高心算能力学习兴趣。

二、再与老师交流一下

"自信"是人们做好一切事情的基础,"自信"是学生学好数学最基本的心理条件。我把帮助孩子树立学好数学的自信心,作为教好数学的首要任务。通常,在各学科中,部分孩子往往惧怕学习数学。因此,教师在教学中首先引导他们对学好数学充满自信,相信"我能行"。我们必须承认:孩子之间是有差异的,事实上不是所有的孩子都能学好数学。有的学生再信心十足,最终也成不了数学尖子。教师一定要客观地对待这种差异,对学生不能用同一把尺子评价,更不能横向比较,必须看到不同的孩子有不同的起点,每个学生只要在自己原有的基础上有进步,就应该给予肯定,就应该承认他能行的。有的学生经过一番努力,才得了 60 分,我却像对有些学生得了 100 分一样为他感到高兴,给予表扬。教师只要用发展的眼光看学生,才能看到孩子们在学习数学中的点滴进步,才能真正鼓励孩子们都能说:"我能行"!培养孩子学习数学的自信心,主要是在学习活动中,通过对学生的具体帮助过程,让孩子在体验中逐渐形成的。在教学的过程中,我是这样做的:

1. 在课堂上对"学困生"给予特别的关注

对这部分学生,仅仅靠口头鼓励,帮助他树立自信心是不够的。由于他们的基础太差,上课时,再降低知识的起点,他们也如同听"天书"一般!而实际上,教师在上课时也不可能为这一部分学生过多地降低全班授课的知识起点。因此,在课堂上,我经常有意无意把比较简单的问题留给他们回答,使他们觉得还有能听懂的,从而增强求知欲望。反馈练习时,我常常出两种题,要求大部分的学生做完所有的题目,而"学困生"只要做一组就可以了。这样对不同的学生进行分层,要求的标准就不一样,使"学困生"能接受并且基本上能跟上班的节奏。在我巡视学生做题时,主要是关注"学困生",并及时给予辅导,帮助解决做题过程中遇到的困难,使他们一节课下来有所收获,长此以往,他们也就树立起了"我也可以学好数学"的自信心。

2. 课后用爱心给学生补课

作为一名数学教师,教学水平再高,面对情况各异的学生,课上是很难做到:既让优等生"吃饱",又让"学困生"消化得好的。因此,对"学困生"必须予以补课。补课是课堂教学的延续,补课是教师的职责,补课是教师对学生爱心的奉献!当然这个补课绝不是不加分析地留一大片了;而是基于是学生的基础不好还是贪玩,或者是行为习惯不好进行"对症下药"了。

3. 不吝惜表扬

数学教师,一般是教两个班的数学,面对一百多名学生,每堂课都表扬到每一位孩子是不现实的,也是不可能的。所以,我充分利用回家作业本,与学生进行"书面私聊":"最近你的数学成绩进步很大哦,真不错。""昨天你上课回答的问题非常完整,继续发扬!""这次小考你进步很快哦,加油!"就这样小小的评语在师生的心灵间架起了爱的桥梁。为师者,不要吝惜表扬,根据不同的孩子及时地把自己的"情"和"爱"传递到学生的心中去吧,让学生在老师的关爱中,点燃进步的火花,增强必胜的信心!使学生在自信和成功的体验中学习数学。

总之,学习是一项长期的任务,只有持之以恒坚持到底,才能不断地从一个台阶上升到另一个台阶,一朝一夕的热情,三分种的冲动谁都能办到,只有长期的激情才是值钱的。许多人都明白学习的重要性,也有过远大的理想或抱负,或者曾经做过努力和奋斗,但是随时间的推移,热情消退,得过且过,开始应付,不进则退。数学是思维的体操,学习数学是一项艰苦的脑力劳动,和其他学科相比,学好数学更需要恒心持久、意志坚强。希望我的这些想法和做法能起到抛砖引玉的作用。

注重数学复习,提高教学效果

复习课是教学中的重要组成部分,其内容、形式、操作方法都与新授课有着鲜明的不同之处。平时教学中点状、零散的知识需要系统化，成为线状、网状。平时学生所学知识的疑惑点需得以澄清，平时所学知识中重要的思想方法需加以提炼，通过复习课能更好地完成上述教学任务，如果说新授课是"画龙"，复习课则是"点睛"。

复习课中存在的主要问题：① 对知识的单纯重复，只"温故"而不"知新"；② 忽略基础，盲目拔高；③ 对复习课没有明确、合理的设计理念；④ 复习课与习题课混而不清；⑤ 复习课的操作模式单一。由此造成学生对知识得不到更深刻的理解，能力得不到更好地提高，学习效果无明显进展。在复习阶段，如果我们能够转变教学理念，恰当地调整教学设计，帮助学生建立良好的知识体系，就能使复习课的效率"事半功倍"。

复习课应该做到以下几点：

一、查漏补缺，矫正偏差，巩固基础

1. 以小题带概念

复习不是让学生简单重复、再现已学的概念、公式、法则、定理等，而是精心设置一些题组，以带动概念的复习，使学生在具体的题目情境中对所学知识进行再认识，同时加深对知识应用的理解。

例如：一次函数的复习课：

（1）下列函数中哪些是一次函数，哪些是正比例函数？

$$y=\frac{1}{x}+1 \qquad y=\frac{1}{2}x+3 \qquad y=x^2-1 \qquad y=-2x$$

（2）一次函数 $y=2x-4$ 的图像经过___象限；y 随 x 增大而___；图像与 x 轴交点坐标___，与 y 轴交点坐标___；求图像与 x 轴围成的三角形面积；当 x 在什么取值范围时 $y<0$。

（3）函数 $y=2x-4$ 与 $y=-x+2$ 的图像的交点 M 坐标是___。

（4）与一次函数 $y=2x-4$ 平行且过（0，5）点，求这个函数的解析式。

用类似的小题复习一次函数和正比例函数的概念，总结一次函数的图像及性质，一次函数与 x 轴，y 轴的交点坐标，理解两直线平行 K 相等，理解函数与方程不等式之间的关系等基础知识，避免学生感到大量文字概念、性质的乏味。

2. 展示近期作业、纠正练习错误

平时注意搜集学生解题时常犯的错误，复习课时以改错形式重现，通过辨别达到巩固基础，查漏补缺的目的，再类比改编题目，加强对知识的正确理解。在复习课中，需要注意错误率比较集中的问题，做好改错反思：错例是澄清概念的最好素材，因此我们要认真地分析、矫正错例。

二、加强知识之间的横纵向联系，促进知识条理化

无论是哪种类型的复习课，教师都需要引导学生按一定的标准对所学的零碎知识进行梳理、归纳、整合，作不同角度的分类，弄清它们的来龙去脉，沟通其纵横联系，从整体上把握知识结构。教师可以引导、帮助学生进行知识梳理，让学生课前采用结构框图、表格、树状图、大括号图等形式梳理知识，让学生了解所学的内容之间的联系，并发展其归纳能力。教师展示学生的梳理情况，并补充完善知识体系。例如第七章《三角形》的复习课学生课前的活动任务是：系统梳理本章的知识点和思想方法，按三角形概念分类、性质、应用（数学应用和生活应用）三方面梳理。等学完了全等和轴对称，要对三角形的相关知识进行更系统的复习，纳入更大的知识体系，可以以三角形的两种元素——边和角为"主杆"，引出三角形的分类及边与边、角与角、边与角的相互关系等"分枝"，继而得出各个概念、定理等"树叶"。这样将主要的知识点串联起来，制作如下"树型"知识结构示意图，经过学生自主归纳、课堂交流、教师指导得出，有效地帮助学生梳理了所学知识，改善了平铺式的教师展示模式，让知识结构的归纳更加有意义。

三、深化提炼数学思想方法

数学的学习是从厚到薄，又从薄到厚的过程，复习的目的不仅是要使知识系统化，还要对所学的知识有新的认识，对解题的思想方法进行归纳或提炼，使方法系统化，让不同层次的学生都有不同的程度的提高。

四、提高实践应用能力

复习不是简单的重复，系统化不是复习的最终目的，它的最终目的是

促使学生将所学知识内化迁移、举一反三、触类旁通，综合运用知识解决实际问题，培养学生创新意识和实践能力，提高学生的数学思维品质。让学生一题多问，有利于巩固基础知识，更系统地掌握本单元的基本知识点以及知识点之间的联系。一题多解，对同一问题尽可能鼓励学生超越常规，从不同的角度入手，寻找不同的解题途径，有利于知识、方法的融合贯通，活跃学生的思维，激发创造性。一题多变，通过原题目延伸出更多具有相关性、相似性、相反性的新问题，深刻挖掘例习题的教育功能，激发学习兴趣，培养发散思维和创新能力。一题多思，引导学生多侧面，多角度，多渠道的思考问题，让学生多探讨，多争论，能有效训练学生思维的完备性、深刻性。

五、复习课还应注意的问题

（1）复习课教学目标要力求准确、具体、有针对性。

（2）要面向全体学生，让各类学生都能倾其所学、尽情发挥、各得其所。

（3）留给学生思考的时间与空间，再进行师生、生生交流才能有效培养各类学生的数学能力。

许多复习题目是从同一道题中演变过来的，其思维方式和所运用的知识完全相同。如果不掌握它们之间的内在联系，就题论题，那么遇上形式稍为变化的题，便束手无策。教师在讲解中，应该引导学生对有代表性的问题进行灵活变换，使之触类旁通，培养学生的应变能力，提高学生的技能技巧。

西藏初一新生数学学习习惯和兴趣初探

我们学校的初一新生，大多来自农村，年龄小、好动、自制力差。刚进入初中时，他们在学习知识、学习方法和学习要求等方面都有很大差异，尤其在语言方面，有些学生不会听汉语，更不会说汉语。这就需要使初一学生尽快适应新的学习环境，学好数学，尤其要过语言这一关，由小学的习惯于藏语授课而过渡到汉语授课，为进一步深入学习打下良好的基础。下面仅仅我校的一点教学实践谈一些浅薄的体会。

一、要让初一新生尽快适应新的学习环境

根据西藏地理气候环境的特殊性,及文化教育的现实性,我认为培养学生良好的学习习惯,应注意以下几点:

(1)帮助学生克服依赖思想,适应新语境,培养自己动脑、动手的习惯。在以往的教学中,因各种因素造成学生的依赖心理很重,动不动就问老师和同学,很少自觉动手、动脑,甚至因语言障碍而放弃学习。因此,在课堂上要语言准确,语速要慢,经常给学生启发,独立思考,主动积极地获取知识。

(2)培养学生及时检查错误和纠正错误的习惯。初一新生刚入初中时,总免不了小学解题的习惯。习惯了藏语授课,本来很简单的一个问题,因其习惯和语言的作用而出现不必要的错误。此时,应强调使用概念和法则,使其能够与小学所学知识接轨,找出错误,予以纠正,使其少犯错误。

二、帮助学生爱学数学

我们学校的初一新生,大多来自农村的藏族学生,其家庭环境以及教育环境本来很差,有些学生根本不重视数学的学习,甚至不知道学习数学的目的及作用。有些学生厌学数学从小学就开始了。因此,需要推动数学教学的创新,提高学生数学学习数学的兴趣。

1. 建立机制,促进差生转化

首先要排除学习心理障碍,提高数学学习兴趣及效率。在数学教学中,有效地排除差生的学习心理障碍,提高学习效率,是我校消除两极分化,提高人才素质的需要。针对差生常见学习心理障碍,采取如下办法:

(1)提高人才素质,克服马虎心理。

(2)调整教学结构,铲除依赖心理。面对不喜欢的科目数学时,也可以运用这种兴趣迁移法,利用自己对其他科目的兴趣来带动不感兴趣的数学科目。先问自己愿不愿意把这门课学好,用肯定的语言来回答自己,如:"我一定能将数学学好""学精数学"。这样反复默念,形成一种潜意识。其次进行身心放松训练。尽量坐舒适,慢慢做三次深呼吸,将心情放松,不要感受到压力。另外想象自己上所喜欢的课时的情景,让心情快乐起来。

想象自己上不喜欢的课时的情景，然后就上喜欢的课时的愉快心态迁移到不喜欢的课程上，让自己面对不喜欢的科目时也有一种轻松、愉快的心情。最终立即开始数学学习。

（3）创设愉快情境，调节厌烦心理。让学生在学习数学的时候，抱着游戏与欢喜的心情解数学题，你就会发现，原来数学也不难嘛！而且变幻莫测的数字很有趣呢，尺子、圆规和三角板画出来的图不仅好看而且充满了神秘的气息……数学也可以变得很有趣呀！等你喜欢解数学题的时候，就会发现原来例题和老师的思路是这样的啊，和我的有些的不同呢！在一些方面，例题和老师还没有我简洁明了，我真是厉害呀！

（4）应用成功机制，战胜畏惧心理。

（5）采取暗示心理，逐步引导成功。暗示是一种特殊的心理现象，但学生在学习过程中却发挥着普遍作用，在学习中施于心理暗示的目的是调节学生的心境，思维、感情、兴趣爱好和学习能力。你要用心理暗示法调整自己的心态。比如，遇到一道难解的数学题，让学生想：其实也不是很难么！我脑筋转一转就解出来了，而这道题呢！它连被人干掉也违抗不了，我要把它拿下。在解一道比较繁琐或困难的题时，你就要想：我真是很厉害呢，这可不是一般人能解出来的哦，你看，我只要把题干里的数字变一下就可以难倒其他同学了。(水平与自己相当的同学，当然我们提倡良性竞争，不能人身攻击)解一道题到一半或发现解错了很烦躁时，你可以先休息一下，去走走或做下眼保健操，等心情平复了，不带有负面情绪了再继续。如果当时你思路很清晰，怕忘记了，想先解出来，那么就想：小样，我越变越美丽，哪像你千年不变的老掉牙样，我不和你生气！看我把你解出来，气死你！

2. 创设良好师生关系，培养创新精神

我们学校现在存在一些问题就是，少数藏族学生不喜欢听汉族老师的课，经实践证明其原因主要在于：教师本身没有用"爱心"去对待学生。由于宗教信仰等不同，老师和学生或多或少存在一些偏见。另外，许多学生都习惯于小学的藏语授课，对汉语授课不习惯，甚至听不懂而反射到老师身上就是：不尊重老师，不认真听讲。兼于上述各种原因我们尽可能采取以下措施：①消除民族偏见，尊重宗教信仰，风俗习惯。②实现课堂角色转变，使学生充分发挥自己的潜力。③营造积极、民主和谐氛围，尊重学生人格，避免伤害学生，调动学生的学习积极性。④重视个性发展，对不同气质的学生采取不同的方法。实施适宜的教学构思。例如对胆汁质学生使其学会抑制自己，形成坚韧、平静的性格特征。对多血质者，在犯错误时，应严厉批评，不能放松。培育其踏实的好习惯。而对抑郁质者不应在公开场所当着其他同学的面指责或批评他们，以免伤害他们的自尊心。当然，在教学当中教无定法，学也无定法，关键要在发展中寻找规律，在经验下求改进。时代在发展，社会在变革，人的行为习惯在改变，只有符合规律性的发展性教学才是真正科学的教学。

试卷讲评点滴谈

在新课标的的前提下，试卷的评价显得尤其重要，因此，在试卷的评价中需要科学的方法。

一、收集反馈信息，针对弊病评讲

讲评的好坏依赖于反馈信息的准确性，教师发卷前要统计试卷的难易比例，对试卷各知识点归类，分析各知识点的得分率，对有新颖解法及相应的学生，教师要心中有数，对典型错误要找出错误症结，估猜学生受阻环节，这样上课就可针对错误给予恰当的讲解，以说明错误的性质类型及根源，并可提出研究该问题的方法。

1. 数据统计，保证讲评

对学生试卷数据的整理是保证讲评针对性的前提条件，更是教师确定讲评内容的重要依据。一般情况下，应统计以下几方面的内容：

（1）总体情况。包括最高分、最低分、平均分、及格率、优秀率等。

（2）对学生得、失分情况进行统计、汇总。按选择题、填空题、解答题等不同题型统计全班错误人数及错误类型。计算各类题的平均分，以此衡量全班对此类题的掌握情况。

（3）对典型的、有代表性的错误应特别关注，记录错误内容或过程。

（4）对学生试卷中好的解法进行整理，以向其他学生介绍，促进全班的共同提高。

2. 错因归类，选择典型

对一份试卷，学生出错的原因可能很多，也因人而异，但总的来说有如下几种：

（1）知识型错误。

表现为学生对概念理解不清，对公式、法则、定理等知识应用不当。

（2）方法型错误。

表现为解题思路的偏差及解题能力没有充分发挥。

（3）计算型错误。

表现为数、式变形不合理或者由于心理紧张引起的笔误及答题不规范等。

（4）审题型错误。

主要表现为不仔细审题，丢掉关键字、词、句，解了半天，才发现看错了题的条件或漏掉了条件。

3. 分析诊断，讲评准确

在进行数据统计和错因归类的基础上，教师应认真分析试卷，对学生在知识和思维方法上的薄弱环节进行准确诊断分析，为讲评的准确性提供可靠保证。一般从以下几点着重分析：

（1）要对试卷所涉及到的知识点按识记、理解、综合、应用等对试卷所考查的知识范围和能力的层次进行分析，分析试题考查了哪些数学思想与方法，考查了哪些能力等。

（2）要对学生共同存在的、普遍的、典型的错误和问题进行分析。了解学生出错的原因，一方面找出学生在理解概念、规律上存在的问题，在思维方式、方法上存在的缺陷；另一方面找出学生答题出现失误的"关节"点，狠挖"根源"点到要害（如态度不端正、审题不严格、表达不规范、思路不清晰）。

（3）对不同类型的典型试题作多角度、多方位的分析，并适当进行"处理""加工"或"改造"，一题多解，一题多变，开拓学生思维的视野，使学生的思维水平得到更长足的发展。

（4）教师在分析的基础上必须明确：哪些题目集体讲？哪些题目个别讲？

4. 师生交流，保证实效

在分析试卷的基础上，与有代表性的学生进行谈心，了解学生答题产生错误的原因，他们的真实想法，来分析他们失误和成功的因素，一方面对学生给予鼓励和信心，另一方面也能了解自己在教学中的得失，有利于下一步教学工作的展开。

二、选好讲评内容，精心设计方案

在讲评前，教师要针对普遍性的问题与个体错误进行认真备课，这是试卷讲评的关键。通过对错误及出错原因的分析，明确哪些题目应该讲，哪块内容应该重点讲，哪些内容应该展开讲，有必要时需要重组题目，设计方案，可以以题组的形式，每个题组解决一类问题。"突出重点，突破难点，加强思路分析。由于考查的知识点和数学思想方法分散于各题中，逐题依次讲评，学生思维难以专一，效果就不佳了。要对症下药"，切忌"从头到尾，逐题讲解"。

例如选择题的随意性大，对于某些重点的选择题，有时也许错的不多，但却可能是学生"跟着感觉走"撞对的，其正确答案的背后往往掩盖着片面甚至错误的理解填空题由于卷面无法看出解题过程与解答思路。因此，更要学生说出自己解题的思维过程，了解他们产生错误的原因，才能找到解决问题的突破口，有针对性地指导学生运用有关的概念解题。

三、挖掘试题功能，注重拓展延伸

讲评课上，教师要避免"就题论题，浅尝辄止"的做法。要通过题目的表面现象，抓住问题的本质特征进行开放式、发散式讲解。尤其应针对一些重要的内容引申相关的知识点，使学生的知识得到拓宽、加深，形成系统，完善其认知结构。

1. 一题多解，拓宽思路

对同一个问题，从不同角度去思考，可以得到不同的解题途径，教师应鼓励学生打破常规思维，标新立异，提倡"一题多解"，达到"解答一题，联通一片"的目的。

解题后教师一定要引导学生进行反思，既要反思题目本身的结构及解题过程，明确不同解法之间的区别与联系，又要注意总结用到的知识和数学思想方法，提炼其中的规律和解题技巧。

2. 一题多问，培养能力

为提高讲评课的效果，教师应尽量挖掘试题的深度和广度，扩大试题的辐射面，以满足不同学生的知识需求，使其形成知识链。使学生的思维不断得以深化，知识得到拓展。

3. 一题多变，发展应变

一题多变是变式教学的重要形式，它有助于学生抓住问题的本质，从中寻找他们之间的内在联系，探索出一般规律，从而提高学生的思维品质和应变能力。

讲评时，可通过改变或添加试题的条件或结论，由浅入深，由易到难，层层递进，既满足了不同层次学生的不同需要，又使学生加深了对同类题型的理解，形成规律性，从而达到触类旁通，举一反三的目的。

四、讲评注意教法，选择保持多样

对同一题的讲评，不同的老师采取了不同的方法，效果显然不一样。教师引导学生理解题意，在关键之处做些启发、诱导，由学生讨论出各种方法。当学生给出各种不同的解法后，教师将试题条件改变，再引导学生讨论，以上解法是否适用。当学生给出各种不同的解法后，教师对题目进行引申拓展，再引导学生讨论解决问题，最后给出相应的反馈练习。

五、指导学生订正，组织评后练习

讲评课后根据学生讲评课的反馈情况进行矫正和补偿，这是讲评课的延伸，也是保证讲评课教学效果的必要环节。应做好以下几点：

（1）有针对性的出好评后练习题。

（2）讲评课后必须要求学生先认真订正练习。

（3）讲评课后对有需要的学生给予个别辅导。

总之，如何提高试卷讲评课的实效性？这需要我们每一位数学教师在教学中去实践、探索，不断积累经验，改变试卷讲评走过场，流于形式的现状。

数学教学内容和方法浅探

新课改的全面推行，使教材进行了相当大的改进。改进后的教材，不仅将学生的素质教育置于更重要的位置，而且注入了合乎时代要求的新内容、新信息，加强了教材的可读性和教育性。因此，教学内容和教材内容并不等值对应，在教学内容的组织和处理上，教师要准确地把握教学重点、难点和关键，重视数学思想方法的培养，同时要注意本学科与其他领域的联系，重视数学的应用。

好的教学内容需要适当的教学方法，"教学有法，教无定法，重在得法，贵在用法"。教学方法并无好坏之分，关键是看其是否有利于学生的积极性的调动，是否有利于学生能力的开发和发展，是否有助于优化教学效果。虽然教法的选择服从于教学的目标，但是不同的教师、不同的教学内容，不同的学生所适用的教学方法是不同的。教师在课堂教学中应会根据实际情况，运用多种教学方法。在教学方法的评价上应注意以下几点：

（1）要考虑教师的教学方法组合是否恰当，是否切合教学内容和教学目标。

（2）教师组合教学方法时是否符合下列原则：① 以发展学生智能为出发点；② 教学与学法的有机结合；③ 智力活动与情感活动互相配合；④ 取长补短优化组合。

（3）教学方法中是否有学生积极活动和参与的成分，是否注意到了多种不同方法的运用。

（4）教学方法有无独特之处，是否注意到了非智力因素（性格、情感、兴趣等）的培养。教师要根据教材的内容和学生的认知水平，以指导学生掌握知识和学习方法为目的，选择恰当的教学方法和教学手段，调动学生思维的积极性和主动性，激发学生学习的兴趣。

（5）教师是否采用了一些适应新教材特点的课堂教学方法，对于教材的运用是否体现出启发、说理、讨论、实践为主体的新教法。

新课程标准中对于推理与论证的学习要求：在探索图形性质、与他人合作交流等活动过程中，发展合情推理，进一步学习有条理地思考与表述。

例：在《平行四边形的性质》一节的教学方法就很好地注意了这个学习要求。

本节课的教学内容是平行四边形的三个性质，教学对象是初二年级的学生。由于学生前面已经学习了三角形的有关知识，初步具备了几何逻辑推理的能力，了解了一些几何图形性质的研究方法，比如：从边、角研究三角形的性质。但是在探索平行四边形的三条性质时，学生选取适合的学具、方法，进行正确的逻辑验证是关键，这对学生来说有一定困难。为此，本节课选择了教师引导发现、学生实验操作及小组合作探究相结合的组合式教学方法，注重了使学生经历观察、操作、推理等探索过程，使学生通过大量的感性认识以及多种感官的参与后得出结论，符合学生的实际情况，实验操作与小组合作的方法很好地调动了学生主动学习的积极性，所以教学方法的选择是恰当的、实用的、有效的。

具体操作：在学生分小组探究平行四边形的性质之前，提出明确的活动要求。先要求学生观察平行四边形，并从平行四边形在边、角、对角线等方面猜测有哪些结论，然后适当选用学具材料，采用度量、叠合、裁剪、拼图或其他可性的方法说明结论的正确性，把结论写在实验记录表上，并思考使结论正确的数学依据。

给小组足够的时间进行探究，让学生充分参与到活动中，教师以合作者的身份深入到各小组中，了解学生的探究过程并适当予以指导。

在学生充分活动的基础上，组织学生展示活动成果，相互补充，教师引导学生将探究出的结论按照边、角、对角线进行归类梳理，使知识的呈现具有条理性，并引导学生尝试用规范的数学语言对结论进行表述，提高学生的语言表达能力。同时对学生得到三条性质以外的性质（如，邻角互补等）加以肯定和鼓励，进一步激发学习和探究的热情。对于得到的不恰当的性质（如对角线平分一组内角等），肯定探索的热情和发言的勇气，及时进行纠正。

设计小组合作的探究形式，不但从多个角度丰富了学生解决问题的策略，完善了学生对平行四边形性质的认识；更为重要的是在这一过程中，让学生体悟到学习方式的转变，满足学生的多样化学习需求，并逐步提高与人合作交流的能力。

第二章　课题研究

林芝市初中生物课的分层教学论证报告书

一、课题的核心概念及其界定

分层教学是在充分认识学生的差异的基础上，通过班级分层、年级分层等方式，使所有学生都能够得到应有的发展的一种教学组织形式。

分层教学是班级集体教学的发展；它针对学生在认知水平、认知风格以及对学习态度和情意等方面都存在着的巨大差异，并为此制定一系列分层教学目标、激励机制、教学程序、教学策略以及反馈措施，使我们的教学能够既适应学生的个体差异，又照顾到教学计划、教学大纲对全体学生的整体的要求，以便使不同层次学生的学习成绩都能得以提高，促进学生的全面发展。

分层教学的策略可以更好地帮助具有不同认知水平和特征的学生，使他们能够更有效地学习和发展。分层教学能够帮助"学困生"更好地适应学校生活。分层教学能提示教师去更多地为那些"学困生"考虑，给予他们以更多的情感上的关怀和学习上的鼓励，帮助他们建立起学习乃至生活的信心。

实施分层教学之后，对于学有余力的"学优生"能力培养，也提到了议事日程上来，教师就必须考虑"学优生"认知能力和水平发展的需要，及其与之相适应的教学方式和教学内容。因此，分层教学也能为班级中的"学优生"创设一个充分展现才能的环境和氛围，有利于培养他们解决问题的能力及创造性。

分层教学也有助于我们开创一种"师生交互作用着的动态的过程"。分层教学的根本特点就是：变过去传统课堂教学中让学生围着课本和教学大纲转的被动局面，为学生创设一个和谐而开放的课堂环境，使课程能够成为一种与学生的个体经验相吻合的且能促进学生个性和潜能充分发展有价值的知识系统，使每个学生争取到一个属于他自己的学习和发展的主动权。

二、国内外同一研究领域现状

1. 分层教学在国外的研究情况

国外有关分层教学的研究主要集中在分层教学的探索与实践中。分层教学从萌芽、初步发展、衰落与沉寂、恢复到繁荣多样化,经历了一系列曲折发展的过程。

在各国的教育实践当中,出现了许多与分层教学有关的理论,如布卢姆的掌握学习理论、罗杰斯的"人本主义"教育理论、维果茨基的"最近发展区"原理、巴班斯基的"教学最优化理论"、马斯洛的"需要层次理论"和美国的合作学习理论传播较为广泛,其中尤以维果茨基的"最近发展区"原理最为突出。"最近发展区"的理论认为,每个学生都存在两种发展水平,一是现有水平,二是潜在水平。它们之间的区域被称为"最近发展区"。教学只有从这两种水平的个体差异出发,让学生一伸手就够得着,把最近发展区转化为现有发展水平,并不断创造出更高水平的最近发展区,才能促进学生的发展。

2. 分层教学在国内的研究情况

分层教学作为一种教学形式进行实验,最早可追溯到民国时期。那一时期,西方资产阶级的各种新思潮涌入,思想界十分热衷于国民义务教育。大量儿童进入学校,入学儿童年龄和水平参差不齐,分层教学制开始在中国采用。新中国成立以后,分层教学也曾兴起过,文革时期被废止。80年代末90年代初,分层教学又再次兴起。20世纪80年代末90年代初,随着素质教育的提出和新招生考试制度,学校被要求从"应试教育转变为全面提高学生素质的教育,从精英教学转变为普惠教学",随着教育变革及就近入学政策的出现,学校的教学方式也纷纷做出调整。

三、研究的目标、内容(或子课题设计)与重点

1. 课题研究的目标

初中阶段的教学中教师面对的是一批极具可塑性的青少年。他们复杂且多变,由于智力、素质以及习惯等的不同,差异性尤为显著。面对如此复杂的教育对象,广大教育工作者有责任去进行革新,探寻能够使每个学

生都能得以全面发展的教学建议，让学生做到"在学中做，在做中学"。本课题的研究目的，首先在于阐明分层教学的理念及其教育意义，以引起教师与学生的重视；其次通过调查初中生物分层教学的运用实施情况，深入分析其现状；然后在总结初中生物分层教学运用实施过程中存在的问题及其原因，进一步探索出解决问题的有效性建议；最终，通过建议研究，来提高学生的学习成绩；培养学生的主体意识；发挥教师的创造精神；提高生物课堂效率及初中生物教学水平。

林芝的一些名校扩招以后，生源间个体差异较大。由于学生的认知水平有很大的差异，如果就着中等生的水平上课，长期下来必然会让一部分学生吃不饱，一部分学生吃不了。优等生没有动力，冒不了尖，而下层生则连最基本的知识也掌握不了，给以后的学习和相关科目的学习带来困难，不能实现每个学生在原有的基础上得到最大限度的发展，难以达到新标准的要求。

苏联教育家巴班斯基指出：教学应遵循"可接受原则"，"可接受原则要求教学的安排要符合学生实际学习的可能性，使他们在智力、体力、精神上都不会感到负担过重"。因此，教师有必要根据学生的学习水平和能力不同，开展不同层面的教学活动，并针对不同发展层次学生的需求给予相应的学法指导，以达到全体学生全面发展的教学目标。

2. 课题研究的主要内容

（1）课题研究的基本内容。

① 对学生进行分层的方法研究。

② 初中生物分层教学方法的探讨（授课、辅导、课外实践）。

③ 初中生物学科评价标准。

（2）课题研究要解决的主要问题。

林芝市巴宜区中学初中学生的学习能力良莠不齐，既有部分见多识广的城镇学生，又有相对闭塞的农牧区学生，常规的教学方法难以兼顾，本课题就希望通过研究，主要探索如何对林芝的初中生进行合理分层，有效分层；如何在初中生物课堂教学中实施分层提问，让不同层次之间的学生共同进步；如何分层布置作业，使得各层次学生能够有效地完成作业，作业是有效果的；如何在课外开展实施实践活动指导，提高各层次学生的实践能力和创新能力。

四、研究的思路、过程与方法

1. 研究思路

确定目标——调查研究——教学设计——教学实施——教学经验总结——典型案例分析——教学反思——成果形成。

2. 研究方法

（1）文献研究法。查阅并学习与本课题相关的各种文献资料及理论，广泛搜集与课题有关的国内外理论和信息资料，提供理论依据和研究借鉴，拓展研究视角，为本课题研究提供理论支撑及实践基础。

（2）调查研究法。在研究的准备阶段，收集、整理研究所需资料，了解教师及学生的情况。

（3）实践研究法。立足课堂，不断改进课堂教学的模式，注重课堂反馈，从中总结出适合学生的教法和学法的指导。

（4）典型案例分析法。通过听课、课堂实录等有效方法收集的课堂典型案例，进行小组分析、讨论，总结出可行经验，推广使用。

3. 基本的研究方案

第一，选取自己感兴趣的书、期刊，从中获取一些有用信息，然后与组员交流探讨，确定本课题组的大致探究方向。第二，在确定选题之后，课题组成员通过查阅图书和期刊等多种途径搜集与选题相关的素材。第三，课题组成员通过文献分析法了解国内外分层教学的起源和发展，以及了解分层教学在国内的研究进展和效果。第四，课题组成员把收集的资料进行整理，然后撰写出课题的开题报告。第五，根据开题报告的纲领，课题组的每个成员结合自己的教学实际，在相应的实验班级着手开展分层教学实践，并结合实践中所遇到的实际问题对课题的研究内容进行适当的修改。第六，结合实践所得的数据和经验，撰写课题的结题报告。

五、主要观点与可能的创新之处

本课题侧重对"分层教学"教学模式在林芝市巴宜区中学初中生物教

学中的具体操作研究，结合林芝市巴宜区中学初中学生层次参差不齐，家庭背景复杂多样的特点，设计林芝市巴宜区中学初中分层教学的自身特色，学案的设计、编写，及时调整教学策略，分层研究各种学生的课后复习和作业，分层改变不同学生的学习方式，分层提高学生自学、合作学习和探究学习的能力，分层培养学生良好的学习习惯，并分层对学生学习过程进行有效指导和评价等的研究，为林芝市巴宜区中学开展初中生物教学探索出一条切实可行的适合新课标改革的教学方法。

六、预期研究成果（见表2-1）

表2-1 预期研究成果

	成果名称	成果形式	完成时间
阶段成果 （限5项）	分层教学示范课	教学案例	2016.11
	分层教学示范课	教学录像	2016.11
	分层教学实践阶段经验总结	论文	2016.12
	学生自主学习学导案	学导案	2016.12
	分层教学示范课	教学案例	2016.11
最终成果 （限3项）	学生生物课制作作品	手工作品	2017.5
	分层教学课题结题报告	结题报告	2017.9

七、完成研究任务的可行性分析

完成研究任务的可行性分析（包括：①课题主持人在内的课题组核心成员的学术或学科背景、研究经历、研究能力、研究成果；②研究基础，包括围绕本课题所开展的文献搜集、调研和相关论文等；③完成研究任务的保障条件，包括研究资料的获得、研究经费的筹措、研究时间的保障等）。

八、完成研究任务的可行性分析

完成研究任务的可行性分析（包括：①课题主持人在内的课题组核心成员的学术或学科背景、研究经历、研究能力、研究成果；②研究基础，包括围绕本课题所开展的文献搜集、调研和相关论文等；③完成研究任务的保障条件，包括研究资料的获得、研究经费的筹措、研究时间的保障等）。

第二章 课题研究

巴宜区中学生物分层教学初探
——课前课后分层辅导

【摘 要】新课程标准指出要"面向全体学生,着眼于学生全面发展和终身发展的需要",要"实现因材施教,促进每个学生的充分发展"。故此学术界提出了不少如何在当今教育形势下开展分层教育的措施。然而,这些措施大多数都是针对课堂教学内容而言的,衍生出了由于区别对待学生教学导致的一系列问题。有着课堂分层教学的开展必然存在着与教学进度不匹配的矛盾。这些问题都使分层教学流于形式,可操作性差。在这样的背景下,我们换个角度思考问题,将分层教学从课堂延伸到课外,开展课前与课后的分层辅导。在保证课堂教学质量与进度的前提下,做课前分层辅导为课中教学做好铺垫,做课后分层辅导来查漏补缺、探究提升、再登台阶。保证中等生得到提高之外,也要使两极的学生能够得到充分的发展。

【关键词】初中生物;分层教学

分层教学就是要关注学生的个性差异,通过因材施教来满足不同层次、不同规格的学生需要,从而达到提高学习成绩的目的。它将学生差异当成是一种教学资源,而不是一种教学阻碍,充分体现了因材施教、循序渐进的教育规律,并能面向全体学生的发展。故此学术界提出了不少如何在当今教育形势下开展分层教育的措施。然而,这些措施大多数都是针对课堂教学内容而言的,提及如何把教学内容按照难易区分开来,开展按难易程度区别对待学生的教学,这些措施没有针对学生实际接受效果提出具体的操作策略,并衍生出了由于区别对待学生教学导致的一系列问题。并且,班级人数众多,在短短的45分钟内,教师的教学多数情况下只能以中等程度的学生为基准,课堂分层教学的开展必然存在着与教学 进度不匹配的矛盾。这些问题都使在分层教学的背景下,我们换个角度思考问题,将分层教学从课堂延伸到课外,开展课前与课后的分层辅导。在保证课堂教学质量与进度的前提下,做课前分层辅导为课中教学做好铺垫,做课后分层辅导来查漏补缺、探究提升、再登台阶。目的是保证中等生得到提高之外,也要使两极的学生能够得到充分的发展。在这样的情况下,我对所带班级的生物教学进行了分层辅导模式的初步尝试。

一、实施方案

以七年级六班为实验班，五班为对照班进行实验，积累经验。后在其他年级也开始试行，对照班学生采用正常教学模式，实验班学生采用分层教学模式。分阶段对学生进行评价，分析学生学习状况。

二、实施步骤

1. 准备阶段

（1）教材知识分层设计准备。熟悉一个学期内的教学内容，按照教学目标及教学难度进行分类。

（2）学生分层准备（师生双向）。

教师：以七年级一个班为研究对象，了解学生平时学习状况、学习成绩。将学生分为三层。

学生：按照自身学习兴趣、基础知识及学习能力自主选择层次。（当教师与学生的意向出现差异时，师生之间沟通，帮助学生正确定位，确立适合自己的学习目标）在这样的情况下，我对所带班级的生物教学进行了分层辅导模式的初步尝试。

（3）做好资源的收集工作，包括查阅有关文献、书籍、期刊等，也包括在网络上搜集相关的资源，对收集的信息和资源进行分类学习。

2. 实施阶段

（1）制作分层教学的教学评价目标、内容表。

将一个学期的教学内容按照教学目标以及教学难度进行分类，划分成三个层次。将工作细化，为对学生分层辅导做好准备。

（2）在师生有效沟通后，将学生分为三层。

（3）课前提供导学学案（包含三个不同层次的内容），培养学生预习自学能力。课堂上学生对自己的学案进行修正与补充。

（4）课后分层布置作业。（常规作业、读书、探究）做到尖子生能够有探究提升，后进生能查漏补缺。

（5）开展课下"生-生"互助组，培养班级里形成良好的生物学习氛围。

（6）分层评价。（师生双向）

学生：对自己的学习过程进行反思，有哪些收获，有哪些不足。

教师：对不同层次的孩子在原有基础上是否有进步，给予评价及期望。（学生在自我反思的基础上再思考教师的评价，更有利于学生的成长与进步）

（7）按照成绩及各方面表现制作评价量表。

评价指标：学生自我评价；教师评价；生-生评价

三、数据分析

1. 学生自我评价

本次调查对象为七年级六班学生，实施分层教学之前通过对调查问卷的统计和老师的调整，得出分层情况：A（基础知识薄弱）13%；B（中等水平）63%；C（学有余力）24%。

实施分层教学之后，再次统计和分析调查问卷，发现分层情况有所调整：A（基础知识薄弱）5%，B（中等水平）60%，C（学有余力）35%。

由于所调查班级本身整体生物学习情况较好。通过分层辅导后，学生对生物学习的兴趣、预习复习情况、课堂情况又有所改善，整体对生物这门学科的重视度提升，学习热情高，实现了层次的提高。

2. 成绩分析

七年级六班分层后成绩状况发展如图2-1所示。

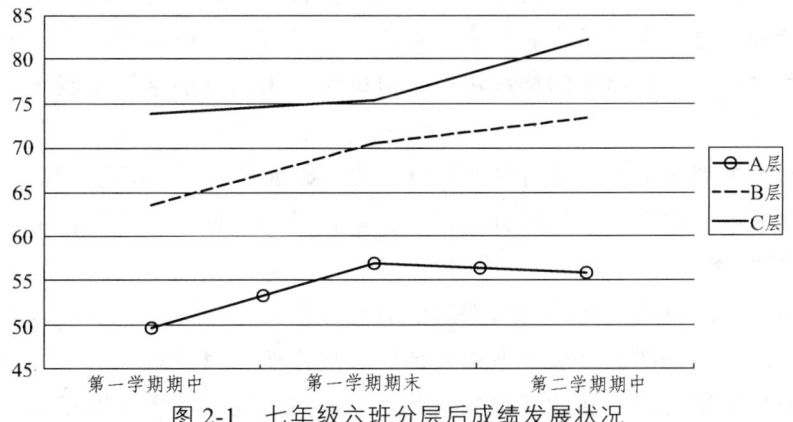

图2-1 七年级六班分层后成绩发展状况

从上述数据可以看出，A、B、C 三层的学生成绩都分别在不同层次的基础上有了提升。

实验班与对照班成绩如图 2-2 所示。

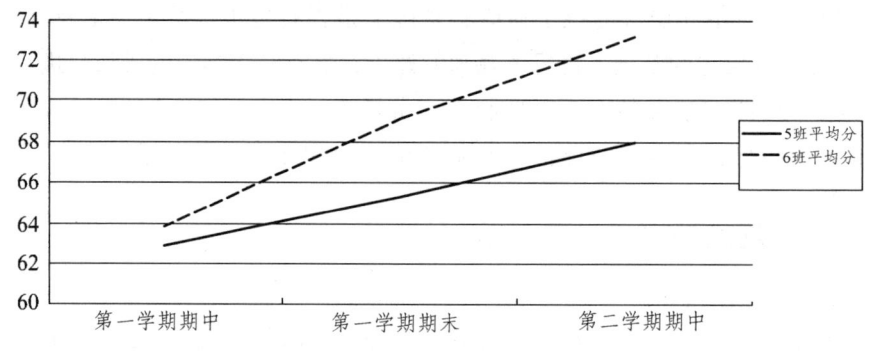

图 2-2　实验班、对照班成绩对比

从成绩可以看出经过一年的分层教学，实验班学生整体上有了长足的进步。实验班内的分层固然存在，但整体成绩有了提升，每个学生得到了长足的进步，就是可喜的成绩。

四、讨论

课下分层辅导，如何合理地关注到每个学生的发展是首要的问题。

（1）我们发现建立平等信任、和谐的师生关系是解决这个问题的关键。教学中发现把学习从被动的检查转变成主动的沟通，效果明显。

（2）很多学生对自己的定位不准确，妄自菲薄或者自大的现象均有，因此老师通过学生的日常表现来调整的工作量较大，以后可以在学生做调查问卷之前做如何填表的详细讲解，以确保得出的分层结果更能接近真实情况。

（3）个别学生短时间内看不到自己的明显进步，会有懈怠情绪。

教师需要注重对学生的合理评价，重在激励，肯定学生的进步，调动学习热情。

（4）本次研究重在课前与课后的研究，重在关注每一个学生课下的发展。方法主要是课前分层学案以及课后分层作业，以及教师的个别分层辅导。但是学生之间的活动开展的有困难。虽然出现了学生互助小组，并且有了明显的成绩提高,但并没有在所有学生中全面铺开。解决思路是将小小的荣誉给予现有互助小组中成绩上升最快,热情最高的同学,让他成为学科带头人,激发全班的学习热情,营造全面的生物学习气氛。

(5)分层教学的实施过程中,不能够简单地以考试成绩来断定这种模式是好是坏,最终判断的标准,应当看是否面向全体学生,是否提高了学生的学习热情,有利于学生发掘自己的潜能,构建系统的生物学科知识体系,掌握相应的基本技能,形成一定的生物科学素养。所以,多元化的分层评价是有效进行生物分层探究教学的保证。我们从学生的学习态度、学习兴趣、成绩、发展潜力等多方面进行了尝试,还需进一步探究。

赏识教育在初中生物分层教学中的运用

【摘　要】赏识教育是赏识学生的优点和进步,是给学生一份信任、尊重和理解。让每个学生充分受到尊重和欣赏,努力开发他们的潜能并促使他们不断进步。本文主要阐述了如何在班级学生能力发展不平衡的现实下,在初中生物课堂中运用赏识教育方法开展分层教学,有效提高课堂教学效率。

【关键词】赏识;分层;情景

一、分层教学的背景

随着各个中学的大规模扩招,有的学校一个年级已经达到10个班的规模了,也有的班规模有50多学生之多。随之而来的是在同一个班级学生的学习能力呈现正态分布,中层生比较多,上层生和下层生较少,往往令到任课教师在开展教学工作时左右为难,教学效果总是不如人意,于是纷纷提出开展分层教学。

开展分层教学已经是现阶段教学中一个不可避免的现实,也是素质教育的必由之路。因为不同的学生具有不同的学习能力,不同的知识基础,均会导致学生在同一学科的不同领域都会产生差异。

所谓分层教学,就是从实际出发,针对学生的个体差异,在班级授课制下按基础知识、基本能力、学习风格、个性特长等分为几个层次的基础上,有针对性地进行分层备课,分层授课,分层训练,分层辅导、分层评价，以做到教学有的放矢，区别对待，最大限度地调动各层次学生的学习积极性，使每个学生在原有基础上得到尊重和发展。

我国大教育家、思想家孔子提出育人要"深其深，浅其浅，益其益，尊其尊"，即主张"因材施教，因人而宜"。苏联教育家维果茨基的"最近发展区"理论认为：每个学生都存在着两种发展水平，一是现有水平，二是潜在水平，它们之间的区域被称为"最近发展"，教学只要从这两种水平的个体差异发展，把最近发展区转化为现有发展区，并不断创造出更高水平的最近发展区，才能促进学生的发展。

二、分层教学需要赏识教育

学生是学习的主体，学生能力的差异是引出分层教学的根由。既然实施分层教学，就应该从对应的学生身上着手如何开展分层教学，创设有针对性的教学情景。情景是一种感情境界，教学情景是指知识得以在其中存在和应用的环境、背景或活动，其特点和功能是能够激发和推动学习者的认知活动、实践活动和情感活动等。创设良好、有效的生物教学情景，激发学生的学习兴趣、探索欲望等科学素质，调动学生学习积极性促使学生积极思考，从而获得良好的学习效果。结合多年来的教学实践体会，本人运用赏识教育方法，开展分层教学。

赏识教育，源于父母教孩子"学说话、学走路"成功率百分之百的教育现象，是这个教育过程中的"承认差异、允许失败、无限热爱"等奥秘的总结，是周弘老师首倡并全身心倡导、推广的一种全新的教育理念，它与人民教育家陶行知教育思想是一脉相通的。周弘老师曾用这种教育方法将双耳全聋的女儿周婷婷培养成了留美博士生，并用这种理念培养了一大批"周婷婷"，被新闻媒体称为"周婷婷现象"。

开展赏识教育，就是要对受教育者加以赏识，只是要在适当的场合，在适当的时机，对适当的对象，以适当的形式加以赏识，激发受赏识者的学习激情，提高学习注意力集中度，进而提高教学效果。赏识教育之所以得以奏效，是因为人是有爱慕虚荣的天性的，这个天性很多时候往往会给人带来烦恼，但是，只要我们教师巧妙利用人类这个天性，运用赏识法开展教学工作，就可用以激发起学生由于爱慕虚荣而生的学习热情，取得良好的教学效果。对于处在识记阶段的初中生物教学，内容紧贴实际生活，教师可以充分利用各种机会对学生进行赏识激励。

三、分层地赏识

教师赏识学生的情境很多，不同的时期、场合和对象都可以采用不同的赏识手法，在实际的分层教学中可以从以下几个方面展开赏识教学：

1. 对上层生要明确赏识

上层生的生物知识面广泛，反应灵活，接受能力强，记忆力好，很多时候只需自己看课本就可以理解章节中的知识和理论，甚至是一些教学难点。对于这类型学生，教师应当因应具体的教学情境给予客观的赏识，让他们更加增强学习的信心和乐趣，也增加他们的些小成就感，为学习添加激情。

故此，教师应该在公开和不公开的场合给予合理的肯定，使他们成为同学们学习竞争的榜样，同时也激发他们本身的进取心。例如：某初二学生能够尝试运用数学推断方法分析出男性色盲患者要比女性的多，进而懂得运用此方法去理解其他的性状遗传理论，做到融会贯通，用理解记忆法替代以往那种死记硬背的小学生式记忆法。教师要加以口头表扬或者其他形式的赞赏，同时因势利导的引导说：其实很多性状的遗传都可以运用数学方法加以分析理解记忆的，其他某些生物学理论的记忆如是，大家可以进行课外探究。相信在教师的鼓励下，将会有更多的学生会投入到这个课题的研究中来，学生思维就会得到极大的扩展，以后的教学难点，也会由于学生事前的分析思考而变得迎刃而解了。

所以，对于上层生，应该加以明确的赏识，这样才能更加高效的调动他们的学习积极性，也激起整个班级的学习气氛，起到领头羊的效果。

2. 对中层生要顺其自然的赏识

中层生是一个班的主体，他们学习能力一般，学习积极性也不太高，习惯了被动式的接受型学习，疏于思考钻研。所以调动他们的学习积极性，启发他们的学习意识是相当重要的。教师要在课堂中、作业、考试或者课外实践活动中，尽力创设情境让他们体验到自己通过努力也可以做得到的。

比如在课堂上，遇到他们能够回答的问题，就多给他们机会回答，只要回答正确，就客观地加以表扬，激发他们的自信心。要是回答对了一部分，要给予肯定，并继续引导，直到能够回答完整。即使是完全回答错误，也及时地加上一些勉励的话语，让他们有台阶可下，以免打击他们的学习自信心。例如"在回答被子植物是由什么植物进化而来的？"这个问题时，某个学生回答为藻类植物，当场就招来其他学生的嘲笑。对此，教师可以用幽默激励的方式加以解围，如：这个同学可能想，盖"被子"的植物进化之前是由于洗澡发冷才进化到盖"被子"的，故回答为藻类植物，其实，他应该想到在没有"被子"盖的之前，这类植物应该是"裸体"的，所以被子植物应该是由裸子植物进化而来的。这样一来学生得以解围，避免难堪，二来又可以提示大家一些记忆的技巧，可谓一举两得。

教师对普通学生某个闪光点的赏识，实际上就是对该学生的评价，也是对该学生的肯定，而学生最需要的就是教师的赏识和肯定。"罗森塔尔效应"告诉我们真挚的爱与热情的期望，可以使一个人获得新的生命和动力。教师对学生赏识其实包含对学生的爱与期望。通过赏识更加激起学生在某一方面向深度与广度发展，使学生个性得以发展，潜力得以逐渐挖掘，光点得以越闪越亮。

3. 对下层生要创造机会赏识

下层生，由于智力，学习态度、方法或者知识基础等等各方面的原因导致学习一时无法跟上班级的进度，有相当一部分人已经对学习丧失了信心，表现为得过且过，对于教师的课堂讲授心不在焉。对他们的赏识是不能造作的，要做得不为其觉察。在以下几个场合可以的进行下层生的赏识教育，达到赏识，感动，进取的效果。

（1）在课堂上，遇到一些比较简单的问题时，例如问题"心脏可以为血液循环提供动力，它主要是由什么组织构成？"，答案已经相当明显，教师可以装作是采取随机抽查的形式提问，只不过是刻意设计机会给那些下层生回答，待其作出正确回答时，那就可以名正言顺的加以表扬，使得学生在不经意之间重新建立起已经失去的自信心。除课堂提问，在课外也可以以提问对答的形式加以激发学生的兴趣，使得他们对本学科的意识得以强化，提高学习的注意力集中度，进而提高学习效率，反过来促进学习自信心的提高。在课堂中经常辅以各类激发方式，如较常用的有眼神，翘起大拇指，鼓掌，击掌，加分，发小奖品，张榜等等。在学生完成相应任务之后会获得相应的奖励。实践证明，下层生学生不但能较快地完成，而且还勇于挑战高难度的任务。无疑地，这样的激励激发了他们的内在学习动力，让其在积极向上的态度中领悟学习的快乐。

（2）在批改作业时，客观的指出学生的错误之后，应该注意发掘这些学生作业中的亮点，并以书面评语的形式加以表扬，如："书写认真工整"，"能按时缴交作业"，"格式规范"，"已经对问题进行的思考也比较接近正确的答案了"等等评语。使得学生在老师的多次肯定和鼓励之后，更加注重提高自己的作业质量，以求获得老师的更多的进一步的肯定，从而反过来促进学生的学习成绩的提高。

（3）在师生课外交谈时，效仿陶行知教育犯错学生的故事，我们可以首先对他的一些无关痛痒的小优点加以肯定，以得到他对教师的亲近和信任，再因势导利的切入一些他易于立刻改正的缺点。例如：不做笔记，有时抄作业，作业不认真以及对一些生活中的生物小常识不在意等等缺点，并强调这些缺点其实也是十分容易改过的，相信在之前吹捧之下，他也不好意思拒绝了。如此一来，学生的缺点得以逐步改过，学习成绩一定会不断提高。

心理学家威廉·杰姆斯曾说过："人性最深层的需要就是渴望别人的赞赏，这是人类之所以区别于其他动物的地方。"美国教育家卡耐基说："使一个人发挥最大能力的方法是赞赏和鼓励。对于后进生来说，赞赏和鼓励不亚于雪中送炭，可以增强他们的信心和勇气，并从他们的内心激发出无穷无尽的积极动力。"

其实根本就没有什么下层生，人的智力相差无几。所谓的下层生，只不过没有得到合理的引导，才会导致学习一下子跟不上的学生而已。落后学生也并非一无是处，对于落后学生身上表现出来的哪怕很微弱的闪光点，很微小的进步，我们教师要及时加予引导肯定；尽量挖掘其闪光点，用一双发现美的眼睛发现每一个学生的长处，努力从赞美中去满足他们的心理需求，使他们产生欣慰、幸福的内心体验，增强荣誉感、自信心、上进心，给学生以启迪，鼓励每一个学生不断向上攀登，提高学习的兴趣与内在的动力。

4. 赏识教育要恰到好处

无论是对什么层次学生的赏识教育，课堂提问都是一种很重要的手段，教师应该注意处理好提问的广度。在面对上层生，则是适于一些比较型的题目，如"有什么异同"，或者是创造型的题目，如"有哪些不同的意见"，面对中层生，则适于多提一些描述型题目，如"是什么"或"怎么样"，分析型题目，如"为什么"，面对下层生，"是不是"或"对不对"之类的判别型的题目就更为适合了。只有这样，才能够给不同层次的学生以压力，调动他们学习的积极性，使他们能积极思考，参与教学过程，从而各有所获。

在实施赏识教育时候，也应该要注意到，赏识只不过是教育手段之一，并不是唯一的，达到教育效果才是我们的根本目的，不要为了赏识而忘记教育，否则将会适得其反。有时过分造作的赏识可能会使学生得意忘形，不思进取，贻害了学生。根据归因理论的核心假设：人们都试图维持一种积极的自我形象。所以当活动较成功时，个体就倾向于将成功归结为自己的努力或能力；当活动失败时，个体就会认为失败是由一些自己不能控制的原因造成的。尤其是那些经历了失败的学生会试图寻找一个理由，以使自己在同伴面前能够挽回面子。比如，看重分数和名次的老师会让学习好的学生认为自己能力很强，自己很聪明。而分数低的学生则感到自己永远也学不好。相反地，淡化分数和名次的老师会给学生传达一个信息：班上的所有学生都有能力学好。这使学生产生这样的期待：如果尽自己最大的努力，将来就一定会成功。由此可见，赏识教育应当强调努力，而非能力的对比。这样的赏识才能使学生付出最大的努力，效果才能达到预期。

第三章 教学随笔

林中印象

  这几天心理颇不平静，窗外寒冷的风，阴凉的天气，使人龟缩于室内。眺望窗外，尼洋河畔的群山环绕着西藏的江南——林芝八一镇。前几日刚刚下过一场小雪，时落时停，时密时疏的雪花飘落在地上，瞬间便化作雨水，于是，落在山上的雪给西南方的群山，披上了一层薄薄的绸纱，使她们变得如含羞的少女，秀美而俏丽。而东北的群山则如春天般清绿，娇媚地毫不遮掩地不披一丝雪纱。坐落在八一镇的林芝县中学，则在这秀丽群山，清澈尼洋河的环绕和呵护下，孕育着她的一位位新苗，培育着一个个学子。这里绝大多数学生，来自淳朴的农牧民家庭，他们淳朴，善良，勤学上进。过不了多久，他们中的绝大多数能够说一口流利的汉语，也能够用优美的语言描述所见所闻。朗朗的读书声、马路上的汽车和各种笛声，以及灶房"叮叮咚咚"的锅碗声和操场上的口号、加油声组成了这所学校特有的校园交响曲。

2006 年 11 月 16 日于林芝县中学数学教研组

林中介绍

  地处西藏雅鲁藏布江的一个支流尼洋河畔的林芝县中学，始建于 1974 年 9 月 13 日。林芝县中学的成立是林芝县教育史上的一件大事，同时也是林芝县教育发展史上的一个新的里程碑。这所学校的成立，结束了林芝县内农牧民子弟两地奔波求学的历史，更标志着林芝县政府"教育兴县，教育强县"的社会发展战略的初步实现。初建时第一任校长潘旭光，在校内设高、初中班，其中又分藏汉两类班级。教师成员有藏、汉以及其他民族教师，到 1992 年撤销高中部，从而分流一批教师到其他岗位。旧校址依山环水，环境优雅，是学习的好处所。但因为交通不便，教学设施陈旧，在自治区地委以及县委、县政府的亲切关怀下，于 2003 年 9 月实现整体搬迁。此次举动是林芝县中学教育发展史上的一个跨越式发展，是一个创造性的伟大举措，从而揭开了林芝县中学发展新的篇章。新建校区占地面积约 62 967 平方米，建筑面积为 10 710.88 平方米，校区拥有大型教学楼一栋，另外有多功能学术报告厅、多功能餐厅以及标准化塑胶运动场地。校区依山环水，风景美丽，拥有大面积绿化地带和草坪，两栋宽敞明亮的学生公寓镶嵌于学校东北一角，四栋经济实用的教工宿舍楼毗邻其右，为广大师生学习、生活营造了一个良好的气氛，并且于 2003 年 11 月 14 日顺利通过自治区"普九"验收。如今的林芝县中学变化惊人。本人 1996 年调来时，学生人数才 200 多人，如今已经 800 多人。2015 年 6 月由于林芝地区撤销变为林芝市，林芝县中学从此改名为西藏林芝市巴宜区中学。希望通过此篇能够让读者了解林中。最后用林中的校歌《迎着时代灿烂的阳光》作为此篇的结束语。

  迎着时代灿烂的阳光，带着报效祖国的理想，我们是雪域精英，遨游学海，扬帆远航，亲爱的林芝县中学，像慈母一样，给我们指明成才的方向，努力学习，努力学习，刻苦钻研，刻苦钻研，勇于求索，让光荣林中永放光芒，展翅飞翔。

2008 年 5 月 19 日于林芝县中学数学教研组
（2015 年 8 月，林芝拆地建市，学校改名为：西藏林芝市巴宜区中学）

对教师成长的一些感悟

教师生涯风风雨雨 20 多年，我的感悟颇多。记得波斯纳曾提出过一个教师成长的简要公式：经验+反思=成长，并指出，没有反思的经验是狭隘的经验，至多只能形成肤浅的知识，如果教师仅仅满足于获得经验，而不对经验进行深入的思考，那么他的发展将大受限制。可见，经验和反思对教师的成长有着非常大的意义。因此，经过一段时间的教学，我开始写一些教学反思，总结一些好的教学经验。记得有这么一句话："你要想跑得更快，要先学会停下来。"这句话是说在跑步中我们要学会停下来，这样可以对自身做全面彻底的调整，也可以积累更多的体力、技巧和方法，以更高的速度冲刺。跑步是这样，我们的教学工作又何尝不是如此呢？试着在教学中多反思，使自身获得的经验上升到一定的理论高度，那么，我们的专业技能将得到更大的发展。在实际教学工作中，我们只有运用头脑真正地反思，才会有我们教师自身的发展，才会有学生的发展。通过我的教学实践，结合教学反思，我真正地体会到，反思对一个教师的成长真的很重要。记得一次交流会上，有个老师就讲起了他对日常教育教学的反思，给我印象深刻的就是他专门准备了反思记录本，只要有想到的内容，就及时写在上面。很多时候只是一个大概内容或是一点想法，然后他会利用空余的时间，把这些内容中特别感兴趣的话题写一写，也便就成了我们所谓的反思，我想这就是一种坚持吧。我想，只有坚持不懈做着反思教育的老师，才是真正能在教育教学中有所收获的人。一个拥有积极态度的人，总是能在各种逆境中寻找到坚持下去的理由。由此想到我们平时教学中的反思也是一样，只有首先抱有积极反思的态度，才能真正做到反思，做好反思。所以，想要真正反思成功，先有积极的态度吧。

1. 正比例教学反思

教了多年的人教版教材，我慢慢发现，这一套教材对我们每个老师而言都是一个挑战，它需要教师不断转变教学观念，不断探索与新课程理念相适应的教学方式。本课是人教版的内容，它与原教材最大的不同是：原教材是在学生掌握了比例的意义和基本性质的基础上进行教学的，而新教材是在本单元的第二课时就开始教学正比例的意义。第一课时是《变化的量》，这里一个量变化，另一个量也随着变化，这样的两个量都叫作相关联的量。并且设计了三个情境，分别用表格、图像、关系式来表示变量之间的关系。在《正比例的意义》中，课本首先出现了正方形周长和边长、正方形的面积和边长这两组变量的关系。这两组变量的变化关系都是一个量增加，另一个量也随着增加，但它们的变化规律又有所不同，从而导出正比例关系的意义。基于以上的认识，我个人认为正比例意义的教学是从：

一个量变化，另一个量也随着变化——一个量增加，另一个量也随着增加——这两个量的比值相同——这样的两个变量成正比例。知识的产生是动态生成的。它可以利用表格、图像、关系式来生成概念，也可以利用表格、图像、关系式来判断。因此我把本节课的教学目标定在：让学生经历正比例意义的建构过程，通过具体问题认识成正比例的量，能找出生活中成正比例量的实例，能正确判断成正比例的量。通过观察、比较、分析、归纳等数学活动，发现正比例量的特征，并尝试抽象概括正比例的意义。提高分析、判断、概括、推理能力，同时渗透初步的函数思想。学生在主动参与数学活动的过程中，感受数学思考过程的条理性和数学结论的确定性，并乐于与人交流。在教学过程中我注意了以下几个方面：① 在复习准备的过程中，我让每个学生准备一组相关联的量，能用语言叙述，有能力的同学可以用图像、表格或关系式来表示，学生通过这一准备，可以深刻感受到生活中存在着大量的相关联的量。② 导入新课这一环节，我密切联系学生已有的生活经验和学习经验，设置四组相关联的量，让学生填表、讨论各组两个相关联的量之间的变化规律，利用表格、图像给学生提供了有利于探索并理解两个量之间变化规律的情境。为下一环节的正比例意义的教学做很好的铺垫。③ 新的数学课程标准提倡：引导学生以自主探索与合作交流的方式理解数学，解决问题。在探索新知这一环节，因为有了前面大量的例子做铺垫，我放手让学生自主学习——填写第二组表格，并对照表格，讨论问题，从而自己归纳出正比例的意义。以上三个教学环节，我紧扣教材，遵循学生的认知规律，在师生互动的过程中，动态生成正比例的概念。概念的学习关键在梳理，于是在练习这一环节，我首先是再回到第一组表格中，让学生找出成正比例关系的量，并说一说理由。接着让学生判断一下自己准备的一组相关联的量是否成正比例，并说说理由。利用已有的学习资源，进一步加强对正比例意义的认识，同时培养了学生的语言能力。在设计巩固练习的时候由浅入深，要求逐步提高，学生的思维也得到了提高；最后通过质疑，引导学生自己对知识进行梳理，从而培养学生的归纳能力。

2. 圆的认识教学反思

这是一节有创新精神的课。首先在深入研究教学要求的基础上，灵活处理教材。把折圆纸片感知圆心、半径，认识圆，设计为小组用图钉、线绳、铅笔头合作画圆，来认识圆心、半径和圆。由于这样设计动手幅度大，学生体会深刻，合作性强，活动时间、空间扩大，提高了学生投入学习活动的主动性、积极性，有利于培养学生合作学习的精神和创新的意识，同时也激发了学生对数学学习的兴趣。在组织形式上，突出了小组学习和多种组织形式的有机结合，创造了一种和谐的学习气氛。在教学方法上是探索法、研讨法、讲解法、实验法的多种结合，表现了老师驾驭课堂的灵活性和艺术性。在师生关系上有大的突破，老师由站在讲台上权威式发问、讲解转变为师生共同研究问题，互相取长补短，建立起一种既是师生、又是朋友的新型师生关系。这样的课堂让人有一种亲切感、童心感和智力潜能的展示感。学生给人留下的印象远远超过了教师给人留下的印象。在教学手段的改革方面，也有新的突破，特别是中国少年科学院 12 岁小院士制作的动画，活灵活现展示小动物骑车比赛的生动场面，不仅显示了教学法手段现代化的优越性，更展示祖国未来的希望。总之，这是一节创新的课，充满童趣的课，让人难忘的课。

如何做一个合格的老师

一、教师要学会坚持

自古以来，关于"坚持"的名言有许多许多，譬如比阿斯说："要从容地着手去做一件事，但一旦开始，就要坚持到底。"我们中国古代《论语》中那句"欲速则不达"也是对人们为什么要一直重复着坚持，可见它是多么地金贵。从事教育工作二十多年来，我就始终秉持这样的信念，无论遇到多大的困难，是自己的身体不适，还是学生的故意刁难威胁，我都会坚持到底。

二、教师要会教

现在的学生与我们存在着很大的观念差异，而且个性都比较强，不能对他们采取压制的手段，那样刚开始虽然取得一些成效但是效果却会适得其反。我们并不是阶级敌人，要真正从他们的角度出发考虑问题，更要兼顾大多数人的利益。面对本学科的特点，要认真思考怎样才能让他们更好地接受。教师不仅仅是传知解惑，更重要的是培养学生，让学生会学而不只是学会知识；教知识的目的在于让学生从知识的发生过程中学会分析问题、解决问题的方法。所以，培养学生学习的方法、解决问题的能力是教学的关键。教师首先要吃透学情，要知道学生需要什么，学生在什么情况下能发挥潜力。兴趣、方法、习惯、性格、个性、心理品质、目标、非智力因素等都值得重视。教学要有效果，关键在课堂；课堂要有效果，关键在学生参与！常规教学的各个环节，课堂教学是关键。要提高课堂教学效果就要有丰富的专业知识基础，而且要涉猎一些课外书籍的知识，开拓视野，关注身边事，国家事，只有这样才能把教材枯燥的知识讲活，才能激发学生的学习兴趣。在今后的学习工作中要更加努力，引领自己不断超越。只有这样，才能对得起教师这个称号，才是真正地名副其实。

三、学会照顾学生的自尊心

有一天，数学课上，我给孩子们讲平面直角坐标系，孩子们掌握得不错，而且非常感兴趣，学得很开心。在练习环节，我发现一位同学不会，我让他起来回答问题，他吞吞吐吐。我说你不会辨别平面直角坐标系？多么简单的问题呀！接着有几个孩子跟着说，是呀！多简单。突然，这位同学眼泪哗哗地流下来，我的心一下软了，原来孩子长大，自尊性强了。曾经多么淘气，顽皮，对学习不在乎的孩子，此时，感觉到孩子长大了，我一下有了这种感觉。这群孩子，我已经教了一段时间，一直是叽叽喳喳，我也声嘶力竭，埋怨孩子不懂事。现在，孩子懂上进了，因为掉队而伤心了，我的教学方法也应该改变了。七年级真的是学生提高的一个关键时间段，我会把握好这个契机，好好教育这批孩子。加油！孩子们，我对你们有信心，我对自己也有信心。

四、做一位面带微笑的老师

青春加浪漫，师生常相伴。

第三章 教学随笔

微笑挂脸庞，学生记心上。

作为一位教师，我要让学生从我的笑脸读出的不仅仅是善意和友好，更有宽容和奉献。二十多年的时光，我将自己最宝贵的岁月给了自己最爱的讲台。"学会交流，学会宽容，学会奉献"是我多年来总结的经验，也是我一直的坚持。我要用自己的妙手，用最真诚的微笑，浓缩成醇厚的心灵鸡汤去感化滋润每一位学生。

五、力求做一位精品老师

对待学生要像春天一样的温暖。对于学生，要有着十足的野心；对于自己，要求要近乎苛刻。我的育人故事，更像是一个追求卓越的奋斗史。我追求点石成金，每一个学生，在我的眼中就是一件作品，需要精雕细琢，不允许有半点瑕疵。我们在教学过程中不像在育人，更像在创作。在孵化出一个个人才的同时，也不断编织出属于我们的梦想。在打造别人的同时，也重塑了自己。我们的教育就像是母鸡孵化小鸡一样，首先，鸡蛋必须是健全的鸡蛋，然后教师这群母鸡的精心孵化才能孵出可爱的，健康的，有潜力的小鸡。

六、做真真切切的老师

我们教师可能没最强健的身躯，却有着最坚定的信念。讲台上，我们应该镇定自若，条分缕析，让学生感知科学的魅力；生活中，教师应该幽默风趣，随和平易，让他人感受醉人的温馨。一块饼干，让你见证教师的执着；一句提醒，让你感知教师的幽默；一个电话，让你感受教师的平易。教师是你身边最亲密的朋友，轻易地走进你的内心。比起其他更堂而皇之的称谓，我们更愿意你称呼我们一声老师。

七、自信是老师的良好修养

教师抓住的是明媚的阳光，是生活的快乐，收获的是学生对我们的信任和爱戴。相信一名好的母亲，也同样应是一名优秀的教师。教学相长，在这里得到更好的融汇和体现。将自己的讲台与教学发展的前沿接轨，将更多的知识贯穿在自己的课堂。我们应该激励自己说："命运掌握在自己手中"。老师就像是土木工程师，现实之外又建设着另一项工程；图纸之外他又架起另一座飞虹。屏幕上闪动的腾讯 QQ，是工具，也是一座桥梁，连接的是师生的心灵；图纸上的标识，是提醒，也是一个路标，指向的是又一个前方。信任做基，关爱打底，构筑的是师生间无需言说的默契。

八、做一位本色老师

我出生农民家庭，我在工作面前，展示教师的气魄，生活面前，表达农民式的幽默。从一个普通农民子女到高级教师的跨越，我必须轻巧带过，凝聚成对生活的感恩和对过往的铭刻。关于未来，我并不苛求，"让每一个学生有饭吃，有书读"是我最大的理想。小小的奖品，传递的又何止是师生的情谊？"无用之用乃大用，杂以成纯。"我们教师应该既是一个表演精湛的演员，又必须是一名才华横溢的导演，学生是我们最好的观众，讲桌是我们一生的舞台。不需要华丽的布景，不需要曲折的剧情，教师的学识与热情更容易打动你的心灵，点燃你的激情。看似枯燥的剧本，被我们教师着色添彩，描绘成最美的风景；看似高深的人物，被赋予诗情，焕发出最迷人的风采。让你与生活联系更紧，让你与书本联系更近，教师为哲学涂上颜色。

做过代课教师，当过家教……我的经历可谓丰富。宁愿片面地深刻，也不全面地平庸。时光流转，角色转换，太多的成果需用很大的篇幅来描述，沉淀的是一个师者深久的魅力。"人生总在旅途。"也许，对于我，生活永远在别处。

九、古典式的浪漫老师

在中学时代我是校园的明星，也是一段传奇。曾经，唱着动人的歌，弹着动听的曲，鸣着抒情的诗句，在漫天星斗下歌颂着青春的美丽。如今，盛开在彼岸，依然与知识相伴，演绎着又一段属于自己的传奇。我的青春漫长而生动；我的幸福简单而持久。我认为无价的知识，更教会人如何享受生活的美丽，收获成长的意义。我这位数学老师，给学生带来的何止是生活的美丽？比起教学成就，我多年的坚守同样动人；比起声誉，我不倦的追求同样耀眼。我想做一位智者,更想做一位仁者。科研创新,我应该大步迈进,走在时代尖端,教书育人,我必须固守清贫,完成师道回归。三尺讲台,用自己的解读诠释为人师者的责任和意义。一根粉笔,一条毛巾,就勾勒出师生间难以割舍的情谊。静能寒窗苦守,动能点石成金。

记我校两名中考状元

一

> 活泼阳光舒真情,多才多艺好学生。
> 亲善和睦乖儿女,风雨兼程有信念。
> 踏歌书林学海渡,书山永攀接挑战。
> 班级一面好旗帜,前程无量成梦想!

嘎玛次仁,这个值得巴宜区中学骄傲的名字,是我校第一届中考状元,他曾经是我校的三好学生,作为班级学习委员,他将精巧的学习方法和适量的练习有机结合起来,行之有效地带动着全班同学学习。他是课堂内的"处子",又是课堂外的"脱兔"。篮球赛、足球赛场上闪现着他矫健的身姿,辩论赛讲台上回荡着他响亮的辩辞。他坚信"天空没有留下我的痕迹,但我飞过"。因为坚信,无论在怎样的环境中,总有一天会到达自己的理想彼岸。他正用行动践行自己的诺言——"有行动,就会有收获"。他是全面发展的学生,热情称职的班干部,一个永远微笑的学生。他用自己的阳光和开朗,用自己的自信和乐观,用自己的坚强和睿智活跃在学生会的舞台上,他成功地成为西藏的高考状元,在清华大学,这座知识的海洋里"淘金"。他没有忘记母校的沃土,他的精神带给大家的鼓励和支持,使我校状元层层辈出。相信我校一定会也一定能走得更远,走得更好!

二

2016年巴宜区中学又出了一位状元——拥珠措姆,这个纯朴中不乏灵气,平淡中藏着机智的学生。她刻苦拼搏,学业优异,考试成绩多次排名年级第一;她友爱同学,尊敬师长,一言一行堪称楷模。作为班干部,她工作尽心尽力，时刻将班级荣誉放在心上；作为英语课代表，她工作踏实认真，在老师与学生之间架起心灵的桥梁。在运动场上，她挥洒汗水，收获了喜悦。她坚信，只要不放弃，生活便会充满阳光。

真诚待人做师生朋友　真心做事创巴中辉煌

26年的教书生涯里，我教的无数学生走进了理想大学之门，走上了人生和事业发展的康庄大道。学生卓玛央宗在给我的信中写道："您是护花使者，培养出桃红李绿，您更是一盏明灯，照亮了我们人生的旅程。""求真"是我做人的原则，"直率"是我的个性。我精心呵护着每一个学生，真诚关心和帮助着每一名青年教师的成长。"务实"是我必须具有的工作作风，"忘我"是我呈现的形象。在教育教学管理工作中，用真心时刻捍卫学校的荣誉，用实干创造了巴中新的辉煌！二十年前，我作为一位代课教师跨进了林芝县中学的大门，是老师的教育和学校的培养，让我这个普通农民的女儿、一个懵懂的青年，成为一名光荣的人民教师。工作中取得了一些成绩，要感谢我的家人、学生、同事和领导对我的关心和支持，在班级管理上，同其他同志齐心协力，以科学的方法指挥班级，以人性化方式管理班级，始终和全体师生打拼在一起。在工作中，兢兢业业，勤勤恳恳，是学生的良师，更是学生的益友，被学生亲切地称为"王妈妈"。在今后的工作中，我一定会更加努力工作，为我校教育事业创造出更加辉煌的明天，贡献自己的一份力量。我认为我们每一位老师，只要踏踏实实做好自己的本职工作，每一位同学，只要认认真真对待每一天的学习生活，我们人人都是年度人物。

用爱心创造奇迹

我的丈夫在鲁朗拉月村驻村，儿子正在咸阳上高中，我既要操持家庭，又要忙于工作。但我作为一名教师，无论学校分配什么工作，总是不折不扣地完成。我任教的班级学生虽然很难管，但我潜心研究班情和学情，用爱心感化学生。从不用空洞的说教去教育学生，而是用爱心感化学生。学生生病，将学生带到医院治疗，并垫付了医药费。用爱心创造了奇迹。我深爱着我的丈夫和儿子，遗憾的是因工作之故，我付出的太少；我深爱着我的学生，你们的努力铸就了巴中的辉煌；我深爱着我的同事，你们给了我无数的支持；我深爱着我的领导，我微不足道的付出你们却给了我莫大的荣誉；我深爱着巴中教育集团，这是一个洋溢着爱的美丽的校园。

  雨果曾说过："花的事业是尊贵的，果实的事业是甜美的，让我们做叶的事业吧，因为叶的事业是平凡的谦逊的。"我们老师就是这样的一片叶子。感谢所有与我有缘的学生，是他们成就了我的事业；也感谢所有与我有缘的同事，与你们合作，我很快乐；还要感谢领导，是你们搭建多种平台，给我们施展才华的机会。我们要做学生心中的良师慈母，微笑是我们教师的最有代表性的表情。顽皮的学生，感受的是教师春风化雨的教育；我们是学生的良师，求知的心灵，在教师的课堂中进行的是情感的交流，智慧的冲撞。我相信，把每天平凡的小事做好，就是在做一件不平凡的大事。

精益求精　永不止步

  相信，一直相信，爱心耐心可以创造奇迹；一直相信，耕耘、汗水、收获总离不开你这片广阔的天地；也一直坚信，因为有你和我，我们的未来一定会更加美丽。我以对教育事业的满腔热忱立三尺讲台，以灿烂的笑容出现在学生之中，用一颗母亲的心给予学生真诚的关怀。精益求精，永不止步是我的人生信条。我在教育的田野上，教授着祖国的文化精髓，托起祖国明天的太阳。作为老师，我宁愿愧对在远方的父母，每次回家短短几日就返回牵挂的课堂；作为教研组长，我引领全组同志打造一个务实、高效、进取的团队；作为班主任，我常常起早贪黑地在教室、宿舍、食堂、操场忙碌。我把辛劳留给自己，却把甜蜜奉献于人。我在自己的岗位上做了分内的事，今后的工作中也要努力做到更好！

创新探究才能迈向成功

  他们是温和而有激情的蛟龙。"放松思想就是走向失败，集中精力才能迈向成功"是他工作的理念。他们让学生在无微不至的关怀中茁壮成长，在严厉中学会做人。生活中有他们温和灿烂的笑容,课堂上有他们慷慨激昂的讲解。在班级管理上,他们创设不同的管理岗位,依照班规行使自己的权利,履行自己神圣的义务。他们把所有的心血都倾注在学生身上,他们给自己的班级带来了新的希望,创造了一个又一个第一。他们就是学生爱戴的好老师——巴宜区中学的班主任们。

情洒教坛不言悔

在春的温馨、夏的热烈、秋的爽朗、冬的晶莹里,我与原初三的全体老师拥有了美好而真挚的感受。回首 2013—2014 学年度,我有很多付出,也有更多的收获。我的每一次进步,都饱含了上级领导的关怀以及身边兄弟姐妹的帮衬,我要大声地说:"谢谢你们!"今后,我将更加认真工作,踏实做人,继续不计较个人得失,充分利用各种时间加强业务学习、提高职业技能,永远与学校班级同呼吸、共命运。林芝县中学的辉煌,有我精彩的一笔;林芝县中学的骄傲,有我们奉献的心血。我们的身影不离中学,心手全系教学,是只知工作不知休息的一群人。我们关注每一位学生的思想和成绩,团结班级师生,既做学生的良师,又做老师的益友。我们就是情洒教坛不言悔的老师。我们教师应该高调做人低调做事,无超凡智力,不张扬,不浮躁,以一颗平常心面对生活。"路漫漫其修远兮,吾将上下而求索",人生之路还很漫长,我会不断激励自己。

好学生,更是好榜样

他没有傲视群雄的骄人成绩,也没有引人注目的活泼性格,但他因拥有一颗充满责任的心而被广大师生称道,他就是优秀共青团员、"三好学生""优秀班干""学雷锋标兵"的巴宜区中学的骄子韦芝同学。在学校,他是一名好学生;在家里,他是父母的好孩子。他有着金子般闪光的品德,他也成为同学们学习的好榜样。今天他已经进入高中,他心中唯有感谢二字。首先,他要感谢学校领导,其次,要感谢老师和同学们,感谢你们对他的教育和关怀,指导和帮助,他知道鲜花和荣誉都不能永久,只有永远的努力和奋斗。在今后漫长的人生道路上他会加倍努力,用自己的实际行动回报所有人对他的关心和期望。林中教育校园正是这只雏鹰展翅飞翔的圣地。丰富的文化知识,奠定了他进入年级前茂的雄厚基础;全方位、多角度的自由发展,铸就了他"三好学生"的自信。数学擂台赛上称雄夺冠;"语文学习标兵""英语学习标兵"的光荣称号也收入囊中。读书、写作、音乐、网上冲浪……都是他的爱好,他是一只快乐的太阳鸟。如今他已经是一个16岁的帅气少年,16岁的太阳升起在生命的晴空,16岁的足迹延伸着无限美好的追求,16岁的翅膀翱翔着梦想与冲动,走过梦幻般的岁月.也许狂妄的十六岁,不知天有多高,也许冲动的十六岁,不知地有多远,但他有一颗真诚的心。

给毕业班学生的赠言

三年的时光——一千多页的喜怒哀乐就这样匆匆翻过,但是却给我们学校教师留下了那么多生动的细节,那么多精彩的片段。我们校园可谓藏龙卧虎,人才济济,涌现了大批品学兼优的学生,其中,优秀毕业生就是最优秀的代表。亲爱的同学们,在这毕业典礼的尾声,请不要带着离别的愁绪,因为明天又是一个新的起点,因为我们相信,再次相逢,我们还是一首动人的歌!"海阔凭鱼跃,天高任鸟飞",就让我们从校园起飞,在母校深情的目光中,踏上人生新的征程,请大家相信:无论大家走到哪里,无论大家离开学校多少年,学校将永远关注大家。正如泰戈尔所说:"无论黄昏把树的影子拉得多长,它总是和根连在一起。"挥一挥手,道一声珍重。

期中随思

从天高气爽的金秋,到寒意渐起的初冬季节,不知不觉中,已经过去了半个学期。今天我们学校全校师生在此举行隆重的期中总结大会,能和同学们一起度过这人生旅途中让我们激动的时刻,我感到很荣幸,也很高兴有这个机会与同学面对面交流。

记得冰心有一首小诗:"成功的花,人们只惊羡她现时的明艳!然而当初她的芽儿，浸透了奋斗的泪泉，洒遍了牺牲的血雨。"其中寓意我想大家都能明白。天道酬勤，一分耕耘，一分收获。在这里，我们向这些辛勤播种，并努力耕耘获得表彰的同学表示敬意，为那些正在努力的同学加油！希望在下次表彰中看到你们的身影。在知识的殿堂里，我们的物理教师用原子和分子激发学子们求知的欲望，化学教师在试管里滴进希望，在烧杯中盛满理想，让一批批学子在催化剂中茁壮成长。我们的班主任在管理的岗位上，用管理的艺术和艺术的管理书写巴宜区中学的昨天、今天和明天。历史教师把中华五千年历史烂熟于胸，政治教师把中国改革发展的曲折与辉煌轻轻讲述。每位教师默默奉献，无怨无悔地播洒历史的回音，孜孜不倦，用智慧的光芒为求知的眼睛打开历史的天窗。语文教师用诗意的文字谱写人生的乐章，让学生在听说读写的世界里徜徉；用无悔的师爱温暖学生的心房，让学生沐浴春光。数学教师更是用他们智慧的语言，天才的思维教会学生理性思维，讲道莲台三尺前，含辛茹苦许多年。他们用语言播种，用心血滋润。汗浸今日，笑对明朝；琴瑟世界，精彩无限。上下五千年，古今多少事，谈笑课堂间。让历史告诉未来，用真诚触动学生的心灵，用热情点燃学生的激情。看似枯燥的知识，着色添彩，描绘成美丽的风景。一缕顽强，一分要强，几度春秋，几多风采。处处留心，事事用心，严师和益友的完美结合体！

教育团队

这是一个温馨的团队，友爱、感恩、宽容，幽默，让这里拥有爱的温暖；这是一个优秀的团队，智慧、奉献、求实、坚定，创造了一项又一项优秀的成绩：童心图志张扬学生的个性，即兴研讨释疑教学的困惑，《寻根之旅》迸发出教师无限的活力，巾帼文明岗证明着巾帼不让须眉的豪气！我骄傲，因为有你，我幸福，因为有你——巴宜区中学学校九年级团队！评委会给他们的颁奖词是：5名资深美女，6名超级帅哥，聚是一团火，散是满天星。这就是活力无限、和谐融洽的九年级团队，"石本无火，相击而发灵光；水本无华，相荡乃成涟漪"，他们，因团结共生而倍显不凡。

第三章 教学随笔

教学随笔集锦

（1）课堂上为学生提供自主学习机会原则，让学生有更多的机会展示自我，挖掘潜能。

（2）"态度决定一切，习惯成就未来"，加强策略指导，培养良好习惯。

（3）采用"小组合作学习"的教学形式，加强学生之间的合作与交流，充分发挥学生群体磨合后的智慧，拓展学生思维的空间，提高学生的自学能力。

（4）在课堂中落实了专家所提到的注重语言实践活动，培养综合语言运用能力与合理利用各种教育资源提高学习效率这两项原则。语言实践与语言环境对学生的英语提高有显著帮助。

（5）良好学生学习兴趣是提高学习效率的要素，教师要巧设幽默快乐的学习氛围，学习习惯的形成需要长期的坚持，需要老师的督促，也需要同学的互助。请大家谈谈如何让学生互助，促进良好学习习惯的养成。

（6）增强班级的集体荣誉感，让学生明白学习的重要性，提高班级的学习氛围，让学习好的学生自愿帮助学习成绩差的学生，让学困生主动去寻求学习成绩好的同学的帮助，让班级有一个共同进步的和谐氛围。

（7）在教学中充分调动全体学生参与学习活动，以实现教学目标为快乐。

（8）首先要求学生必须过基础关，每学习一个新的知识就要想着去运用。从最基本的知识开始练习，写一些简单的句子，课本上的句子也很重要，特别是一些常用的句型，把这些句型用在文章里，能使文章增色不少，多读一读作文的示例答案，模仿和背课文也会从中学到不少东西的。在写作中最大的问题是词汇量不足，通过阅读扩大词汇量。按照不同体裁和主题整理出一些范文，尽力背诵下来。

（9）快速作文。选一个大家比较熟悉的作文题目，将它写在黑板上，要求学生在15分钟左右写完。进行这种快速作文练习时，应鼓励学生不要怕写错，但要求尽量快写。写完之后，教师应要求学生各自计算词数并记在作文本上。快速作文练习是训练学生进行快速思维和自由写作的好方法，它可以随时安排在课堂教学的机动时间中进行。快速作文的题目也可以与阅读课文结合，写简单评论，或与课文有关的专题等。这一练习可以转为两分钟即兴谈话的口头练习。

在辅导儿子英语中的一点随思

一、从基础做起

初一的学生英语单词学得少，课文又短，语法也比较简单。学生们不会写，不知道怎么组织句子，写出来的句子错误很多。但是教师必须要求学生从简单写起。从两句话到四句话，再到六句话。循序渐进才会出效果。这样坚持三年，学生基本都会写作文了。

二、多积累一些常用的、精彩的词、短语、句子

（1）积累一个词，应该要同时掌握这个词的用法。记单词不能光记它的表面意思，而应深入了解它的适用语境、常用搭配、习惯用法等，这样才算真正掌握了一个词。

（2）对一些精彩的句子应摘抄下来，熟读成诵，并有意识地将它们应用到自己的习作中去。

三、依照课文进行仿写

课本永远都是学生最好的仿写材料。既能提高写作能力，又通过写作掌握了课文的要点。难度适宜，学生很容易接受。

1. 如何帮助学生运用读音规则进行英语学习

（1）利用实物、表情、动作增强感官印象。（2）利用拼读规则。（3）利用构词法。（4）利用联想记忆。（5）通过单词归类。（6）通过运用，即时再现。（7）强化听写，防止遗忘。

2. 帮助学生记忆单词的方法和技巧

（1）检查学生朗读单词的情况。先让全班学生朗读单词，检查全班学生对单词朗读的准确性，再抽查学生朗读单词，检查学生是否会正确地朗读出单词。

（2）检查学生对词汇的理解和运用情况。学生在会读单词之后，让学生运用单词进行造句或说词组，在词汇教学中，做到词不离句，句不离词。课后设计一些词汇的笔头练习，如根据句意及首字母提示完成单词等，观察学生的完成情况，这样从学生的口头和笔头上都得到了更好的检测。

（3）经常进行听写单词、词组或句子。因为人容易遗忘，经常进行这样的听写，可以强化学生去记单词、词组句子等一些对学生有用的东西，帮助学生加深记忆。在我们英语学习中，我发现学过音标和未学过音标的学生在记单词的方法和速度上存在明显差别。这也就是为何我们一直坚持音标先行的原因。音标的作用相当于我们汉语中的拼音，看其形读其音是我们音标学习完后达到的效果。好多学生在看到一个单词的音标时就能快速的读出来并且根据音标就能拼出来，曾经有两个孩子跟我比记单词，其中一个只根据音标看了课前的5分钟17个单词就这样一词不错地全部背诵了下来。这个结果是意料之中的，班里面有大部分能背下来的同学，都是根据音标背诵的结果，几乎是会读就能背诵。而没有音标底子的同学，背诵起来就会吃力得多，光靠死记硬背，而且不会形成长时记忆，还没有信心，这样很容易失去学习英语的兴趣。所以，不管是小学还是中学的学生，音标是基础，基础牢固了，多高的楼层都会结实耐用。反复记忆是记忆的秘诀，不断练习，反复巩固，温故知新。

3. 充分利用教学资源

（1）资源无处不在，英语教师只要心中有了资源意识，就不会对英语教学感到茫然。

（2）网络多媒体辅助教学资源无处不在。运用网络环境进行英语辅助教学可以大大优化教学环境，促进学生主动学习。多媒体网络技术可以使得课堂变得绚丽多彩，优化了教学氛围，使师生之间的信息交流变得丰富而生动。同时也增大课堂容量和信息密度，提高教学效率，丰富学生的学习内容，改变课堂上学生只能看黑板、听老师讲的单调模式。

（3）课本是最好的教学资源，充分挖掘教材，利用好与之相配套的教辅用书、录音磁带。多媒体教学可以提高学生的积极性，增大课堂容量。网络信息资源的利用也有很大的帮助，有助于实现资源共享。

（4）课堂是学校提高教学质量的主阵地，高效优质的课堂教学必须有优质的教学资源来支撑。为了使课堂优质高效，要注重教学资源的收集。① 充分利用现有教材。教材是第一重要的课程资源，我们必须利用好。② 向自己的同行学习。每一位同行都是自己活的教学资源，对同一个教学课题，不同的老师必有不同的见解，不同的处理方式，都可以拿过来为我所用。③ 向学生请教。学生是学习的主人，学生对一些问题的看法，以及思考问题的习惯，对学习的态度，对老师的一些看法等，直接决定着他们学习的效果和效率，我们教师的教学方法，引导方法都应该建立在学生的学习习惯，思考习惯以及学习基础之上，而这些东西也是我们教学过程中十分重要的教学资源。④ 从网络、报刊、杂志、专业书籍上收集资源，网络是我们搜集教学资源的很重要的途径，另外在报刊、杂志上也能搜集一些教学资源。在平时的教学中可以利用的教学资源有很多，比如，教科书、小黑板、图片、多媒体及录音机等，只要我们能够合理利用这些资源，一定会提高我们的课堂效率，让它们更好地为教育教学服务。

我的教育教学随笔

人人都说教学苦，在古代有"家有五斗米，不做孩子王"的说法。确实，做一个老师挺苦挺累的，做一个好教师就更苦更累了，但这是我们选择的职业，所以我们要做的只有默默工作。自成为一名教师以来，我已走过二十几年的风风雨雨，在这二十几年的教学生涯中，有苦也有甜，有累也有乐，有困也有惑。这些年的工作经验告诉我，教师真挚的爱是启迪学生心灵的钥匙。没有爱就没有教育，只有热爱，才能奉献。我的教学宗旨是：爱而不溺，严而有格，耐心细致，一视同仁。对"好学生"不"一俊遮百丑"；对"后进生"关心备至，增加感情投入，想法树立他们的自信心，维护他们的自尊心，因势利导，使之逐步完善自我。我在教学中也积累了一些教学经验总结如下。

对学生要求严格：一是严而有格，就是说对学生的要求有标准，教育方法不出格；二是严中有爱，和学生相处从不借口严格要求，而对学生摆出一副冷面孔，一派咄咄逼人的气派。要知道，一份严格之水，要渗上九份感情之蜜,才能酿成教育的甘露!"后进生"也有闪光点,关键在于是否发现。学生的一个进步,一次好事,一次较好的作业,都是星星之火,教师应及时地肯定、表扬、鼓励,让他们体会到成功的喜悦,这对他们树立自信心是有极大作用的。在课堂上,我总是多给他们表现的机会,如果对了,我会高兴地说:"你聪明。"即使回答不上,我也会给他一个激励的目光。

俗话说:"说破嗓子,不如做出样子。"凡是要求学生做到的,教师应首先做到。教师要用美好的心灵去教育每一个学生。教师要求学生仪表端正,服装整洁,教师就应该坚持上课前整理穿着;要求学生语言文明,教师在学生面前就不要讲粗话;要求学生说普通话,教师课堂上尽量用生动、优美、简洁、精练的语言去引导学生进入作者的"意境"。这样,不仅陶冶其情操,提高其觉悟,而且也能有效地培养其表达能力。有人说过这样的一句话:"老师不经意的一句话,可能会创造一个奇迹;老师不经意的一个眼神,也许会扼杀一个人才。"老师习以为平常的行为,对学生终身的发展也许产生不可估量的影响,老师应该经常回顾自己以往的教育历程,反思一下:我造就了多少个遗憾,刺伤了多少颗童心,遗忘了多少个不该遗忘的角落!对于一个优秀的教师而言,教育不是牺牲,而是享受;教育不是重复,而是创造;教育不仅仅是谋生的手段,而是丰富精彩的生活本身!教师的一生也许终不成什么惊天动地的伟业,但他应像山间的小溪,以乐观的心态一路欢歌,奔向海洋。

我的教育故事案例随笔

跟那些"走过的桥比我走的路都多,吃过的盐比我吃的饭都多"的前辈相比,我的教学故事没有那么多感人的情节,不过也有印象深刻和意义深长的故事情景。这是一节很平常的数学课,经过课堂激烈的讨论、认真的思考,在欢快中我们结束了新课,留下15分钟给同学们巩固、练习。我在讲台上看着同学们,有托着脑袋思考的,有用手指着逐字逐句念的,有用笔在草稿本上划的,各个的神态都不一样,可以说是千姿百态,看得我呀心里偷着乐。此时精彩的一幕发生了,砰的一声,随即一块绿色的碎片直接冲来,停在门边。我寻声而去,只见有几个学生用一只手扇动,另一只手捏住鼻子,还做出了一幅难受的表情,喃喃地说好臭哟。看了学生之后,再看看地上那绿色的块状物,我确定那是一次性打火机爆炸了。看到这里,我想到了学校有明确的规章制度,不能带刀具、火源、匕首等一切危害用品到校园。怎么教室里有打火机了呢?他们拿来干什么呢?同学们感到有刺激性气味,难受,这分明也说明了打火机气体对身体有害。砰的一声爆炸,也让我想到一则新闻,一名男子在风大的天气使用打火机点香烟,发生爆炸,致其双眼受伤失明。这一连串的联想使我的心里微微地颤了一下。再看看教室里恢复平静的同学们,心里又暗自庆幸。这是一个安全问题,我必须得教育学生。作为为人师者,我必须得果断,妥善处理好这件事。首先,我以尊重学生为主,希望学生能敢作敢当,勇于承担责任。我以鼓励的语气说,是谁干的,站起来。一分钟过去了,两分钟过去了,没有一点动静。我知道我的学生变"聪明"了,变得"沉得住气"了。于是我施加压力,用集体的利益肩负在他的身上。我说:"是谁干的,赶紧站出来,要不然,我们大家伙不下课,也不允许请假吃饭,上厕所,干其他的任何事情。"我来回地踱着脚步,观察事故发生点的每一位学生表情。几分钟过去了,上课铃又响了,依然没有动静。我的心有点着急,有点担忧,也有点不耐烦。着急是因为这件事还没有着落;担忧是因为我的学生似乎不给我面子,不给我台阶哟。没办法,我只能把一个传授知识的我变为一个警察,一定要把这件事查个水落石出。于是我开始了调查工作。我把嫌疑人锁定在事故发生点周围10个人,把他们带到办公室。这10人再按性格划分,我值得信赖的4个女生一组,3个较老实的男生一组,较机灵、调皮的3个男生一人一组。首先我对这3个男生一个一个地询问,当时在干什么,听到了什么,看到了什么,知道的说一说。然后对比他们说的内容是否一致。这样做主要为了防止他们利用多余的时间讨论而掩盖了事情的真实性。接着我询问3个较老实的男生,主要以施加压力和鼓励为主,因为我认为像他们这种性格的学生容易在"威逼利诱"的情况下说出实话。4个女生这一组一直是我信赖的好帮手,我相信她们会站在我的立场帮我解决问题,于是这一组我主要以讨论的方式,让她们各自说出自己的看法和解决的方案。调查后,事情真相开始浮出水面,目标锁在靠后面的3个人。由于爆炸声有点大,连隔壁上课的老师都知道了,也迎来了下课其他班同学的围观。所以，班主任老师也来开始协助调查。在我们的努力下，事情终于有了结果。我们对这位同学进行了相应的惩罚和德育教育。看着面壁思过的他，低着头，眼里淌着泪水，我摇摇头，只能说，为什么要为了自己的"聪明"而伤得体无完肤呢。我走出办公室，一路上都在想，燕子去了，有再来的时候；杨柳枯了，有再青的时候；而岁月却是如流水一样一去不复返了。学生的初中生涯也一去不复返了。

培养学生做人的基本道理和做人的基本行为习惯，我们一刻都不能怠慢。今天的生活事件，日常的生活事件，正在进行中的生活事件演绎着我们每个人的人生轨迹。作为教育教学工作者的我们，教出了一届又一届的学生，他们的文化知识突出，考上了重点高中，然后又考上名牌大学。我真想知道他们过得幸福吗？可我无从知道答案。但也说明已晓答案。我们的教育应回归生活，德育是教育的灵魂，它的本质是育德，即培养学生良好的思想道德品质。诺尔特说，一个孩子如果生活在鼓励之中，他就学会了自信；如果生活在表扬之中，他就学会了感激；如果生活在接受之中，他就学会了爱；如果生活在认可之中，他就学会了自爱；如果生活在承认之中，他就学会了要有一个目标。在教学工作中，如果能做到以学生为本，用爱去真心体会学生们的世界，相信他们一定能够快乐地扬起他们自己希望的风帆，开始他们快乐的人生之旅。从今开始我应有一个满浸着人间爱的灵魂，能传递给学生最美的眼神，带着微笑走进我的课堂。这样，才会生长出最人性的枝蔓，才会漫溢出爱的芳香。

未成曲调先有情

新学期开始了，我迎来了一群稚嫩的小鸟——七年级的新小伙伴。我像呵护幼苗，呵护婴儿一样爱护着他们。孩子们毕竟太小，无论什么时间，什么地方，好像到处都有他们叽叽喳喳似鸟儿般的欢闹声。中午时分，教室里一时半会儿总是难以自行消停下来。我走进教室，有少许安静了，大部分人无所顾忌，视而不见。我也不说话，静静站在讲台上，以期盼的眼神望着他们，耐心地等待着他们。此时无声胜有声，不少孩子注意到我的神态了，立刻坐端正，闭上小嘴，零星的说话声也渐渐没有了。直至完全静下来,我微微一笑,做了一个伏在桌上的动作。大家都赶紧开始准备睡觉了。我见时机已到就说:"哟!大伙儿真乖,请闭上眼睛。"我用轻柔的声音继续说:"请跟着老师想象吧!展开翅膀,我们来到大自然。瞧,蓝蓝的天,碧绿的海,一只雄鹰在高远的天空下飞翔,一艘小船在浩瀚的海面上行驶。它飞呀飞,越飞越高;它漂呀漂,越漂越远。"我的语速渐渐慢了,声音渐渐小了,天是那么高那么蓝,海是那么绿那么宽了,许多学生都已发出轻微的鼾声。我和孩子在进行着心灵的接触。教育的核心问题是人格的塑造,而教育的艺术则在于习惯的养成。午睡一直都是一些学生不情愿的事,这是老师深感头痛的问题,我经常变换故事内容,有时就讲刚学过的课文,渐渐地,孩子们习惯于伴着故事入梦乡。我以这样的方式使学生有了一个良好的午睡习惯。更重要的是孩子们和我更亲近了。

一树春风千万枝

师生的和谐相处胜过教师许多的刻意教育。我总把自己当成孩子们中的一员,走进他们中间,充分利用每次课间时间和孩子们在一起活动。"王老师,您说海的女儿为什么非要变成泡沫呢?为什么蓝色墨水的钢笔却写出红字?老师,月宫里真有嫦娥吗?""老师,你说我能当上科学家吗?"我乐了,当然能啦,爱因斯坦小时候还没你们表现好呢。瞧,这是我们班的一群问号娃娃,都突闪着大眼睛,一脸的稚气,一脸的希望,很高兴地围在我身边,争着抢着说这问那。我们在一起看书、谈心、唱歌、讲故事、做游戏、讨论问题。孩子们无所顾忌地表现自己,还把心爱的东西——编织的纸鹤、幸运星等小玩意双手举到我面前,得意地炫耀,然后很真诚地让我收下。记得陶行知先生说过:您不可轻视小孩子的情感,他给您一块糖吃,是有汽车大王捐助一万万元的慷慨。下午课前,有两首校园歌曲的自由活动时间。我和孩子们徜徉在音乐的海洋中,手拉着手,快乐地转着圈,故意把一些不留神的学生装进圈里来,有些淘气的学生也有意来闯进陷阱,孩子们乐了,我心里也开了花。无论男孩、女孩都喜欢露一手,什么倒立、狗爬、燕子翻山、遛一字……都把自己的特长展露无遗。老师看这儿。我真是目不暇接。老师,您会什么呢?我故作神秘:我呀,我会小鸡抓老鹰呢。哈！大家都笑了。孩子们还争着拉我的手，跳自编的双人舞呢！我成了孩子王。我们跳舞、跳绳、踢毽，上课音乐一响，孩子们尽管意犹未尽，却立即跑到教室，开始上课。我童趣无邪,当我们真的用心置身于孩子中间时，连我们自己也变得纯真起来了。

万紫千红才是春

　　苏联有位教育家曾说过："漂亮的孩子人人爱，而爱不漂亮的孩子才是老师真正的爱。"关爱学生，尊重学生，首先就要尊重学生的人格，信任每一个孩子。

　　去年，我刚接了一个八年级班。一天早上，已上课了，教室门轻轻被推开，半个脑袋怯生生地探进来，哈！哈！教室里顿时一片哄笑。是他，拉巴又来迟了。这是一个比较特别的孩子，不但不能向正常人那样行走，而且注视别人时，一只眼睛的白眼仁便翻出来了。在同学们的眼里，他似乎成了另类。一些孩子还经常取笑他，因此他更显得内向，沉默寡言。我看在眼里急在心头，一直关注着他，想尽力找回这个失群的孩子。拉巴红着脸站在门口，我向他招招手轻声说道：快回到座位上吧！趁拉巴整理书包间隙，我大声问："还有哪些学生也迟到过？"片刻，一些手举起来了，我又问迟到是什么心情？同学们都说,害怕，害羞。我郑重地说,既然大家都有这样的感受，那你们还嘲笑他，他不更难过了吗？教室里鸦雀无声。我立即启发大家:你们应该怎么做？男生云旦马上站起来很真诚地说："拉巴，对不起，我不该嘲笑你。"其他学生也都纷纷向拉巴道歉，并表示要和他交朋友，拉巴脸又红了，不过这次他是高兴还有点不好意思。苏霍姆林斯基说："尽可能深入地了解每个孩子的精神世界，是教师的首条金科玉律。"课后，我和拉巴谈心，问他吃早饭没有？他低着头不说话。我给钱要他去买牛奶、面包，他执意不要，我生气了，他才接过钱。看着他一瘸一拐地向面包店走去，我心中一阵阵酸楚。星期天，我去家访，才知道拉巴家庭很贫困。拉巴是个早产儿，多病才落下了残疾。他妈妈生下弟弟后就离家出走了，他爸爸在外地打工，老奶奶忙着照看小弟弟，拉巴在家什么都得做。小小年纪就承受生活重担，他瘦弱的肩膀能担得起吗？我决定利用班集体的温暖来慰藉这颗受伤的心。我发动学生献爱心，为拉巴捐钱捐物；利用节假日带领同学帮拉巴做家务；将几个成绩优秀的同学与拉巴组成学习小组，帮助他补习功课；我也重点地关照拉巴，一有机会我就在班上表扬拉巴，说他是一个勤劳的孩子，是一个孝顺的孩子，学习也非常认真。渐渐地，小伙伴和他亲近了，他脸上也有了笑容。期末考试中他获得了良好成绩，他拿着试卷激动地对我说，老师，我也要做个好学生！迎着我的目光，他已是满脸泪水。

童心纯真，当我们俯下身时才能真正聆听到童声。做教师，就是要能够变换角色，了解孩子们的喜怒哀乐，摸到孩子们情感变化的脉搏。这样的孩子同样有丰富的内心世界，他的心灵又是极其脆弱和敏感的，他是多么渴望被关注、被认可呀！我替他轻轻擦拭泪水，摸着他的头笑着说：乖孩子，你已经是个好学生了！老师相信你，继续努力吧！这以后，我感到总有一双特别的眼神在关注着我，我知道那是爱，是一个学生对老师的爱，最亲近的爱、信赖的爱。只要我能找到打开他心灵的钥匙，他内心深处的闪光点就一定迸发出绚丽的火花。其实拉巴是一个非常聪明，非常可爱的孩子，只是缺少关爱。我经常和他说说心里话，我感到，他对我还有孩子对母亲的依恋之情。他课堂上发言踊跃了，作业做得也非常认真，随时能见他冲你腼腆地一笑，有时他背着书包老远向你大声问候，老师好！那语气充满了天真，充满了兴奋。我不禁想到一首诗：如果孩子是鸟，你就是天空。如果孩子是鱼，你就是大海。如果孩子是花，你就是春天。爱使我苦中有乐，爱使我不断学习，爱使我多才多艺，爱使我与孩子一起成长。稻香秋熟幕秋天，阡陌纵横万亩连。儿童们世界绚丽灿烂，丰富多彩，我看到了他们中间蕴藏着宝贵的创造潜能。爱使教育融通生命，散发出亲切的魅力，舒展每一个让人怦然心动的美妙。

要善于鼓励学生

作为学校的一名老教师，我在教学工作与班主任工作上是齐头并进的。在教学工作上，我兢兢业业，力争上好每堂课，无愧于每位学生。面对班主任工作，我也丝毫不敢懈怠，在做班主任的这几年里，时常有一些让我

第三章 教学随笔

感动的故事发生,也许面对我的学生,我只无意中轻轻一扶,无心中微微一笑,我的那群可爱纯真的学生,却让我有着意外的惊喜,这些惊喜也是对我做班主任的一份无价犒赏。在我的班主任工作生涯中,我最深的体会是鼓励是认同别人的一种重要方式。学生在成长过程中,有的受鼓励多一些,被人认同感、成功感容易满足,往往容易取得成绩;有的受批评多,特别是一部分缺点多的学生身上,不管在家里,还是在学校,可以说极少获得表扬,久而久之,就失去了上进心和自我认同感。缺乏自信心,转化工作就难做了。这时候,作为班主任的我们一定要注意拿起鼓励这个有力的武器,帮助学生树立自信和自尊,使其性格和人格回到正确的发展轨道上来。比如我带的一个九年级班,有位学生不太聪明,在班级里比较受歧视,同学喜欢拿他逗乐,时常取笑他,他时常在大家的哄笑声中红着脸低着头。为了不再让他受到同学的歧视哄笑,我开始有意无意地在班级里帮助他。有一次班长因请假无法去开每周一次的班长例会,我想这是个机会,于是点名让这个同学代替班长去开会,并要他带本带笔做好记录,回班级后要把开会的主要内容传达下去。这个同学听完我分配的任务很意外,但我分明看见他眼睛里的惊喜,二十分钟后他回教室,他看着我,好像不知所措。我示意他上黑板去传达会议精神,全班顿时发出一阵笑声,我知道大家一定在想他怎么可能传达得清楚呢,班主任真糊涂,怎么能让他去开会呢!我看见讲台上的他有些为难,似乎不知道从何说起。于是,我对着全班的同学说:"我们首先感谢这位同学牺牲自己的宝贵时间去代替班长开会,请大家为他的牺牲与奉献鼓掌。"台下发出了热烈的掌声,这个同学似乎有了些勇气,我继续鼓励他,说:"请把今天开会的主要内容向大家传达一下。慢慢说,你一定能说好!我相信你!"我发现他一直用我不曾见过的眼神注视着我,似乎我给了他无限的力量,他终于开口了,虽然还是言辞模糊,甚至有些词不达意,但总算把话说完了。我示意大家给点掌声,这时的班级又爆发出雷鸣般的掌声,达瓦罗布的脸上终于绽放出了笑容,这是我见过的最美最真诚的微笑,让我久久难忘。更令我想不到的是这件事后他给我写了张字条,说谢谢我,从来没有人这样鼓励重视过他,他永远忘不了我。

从这件事上我发现了老师应善于鼓励学生,对学生只一味地批评、指责、训斥,学生容易自我否定,自卑,甚至学会撒谎,出现逆反的敌对与反抗行为。班主任和老师应注意从正面、积极的角度去审视学生，要善于发现捕捉学生身上的闪光点，适时给学生一定的鼓励，可能效果更好。总之，班主任应真正有爱心，理解学生，尊重学生，不要吝啬你的鼓励，这样你才能从中感受到教育感化人的真谛。

笑，让我们彼此走近

　　昨天到一个偏僻的村小去听课，我们的车一入校门，迎来的是一股浓烈的纯朴气息。学生们对我们露出怯生生的笑脸，胸前都戴着崭新的红领巾和校牌，可是大部分都穿着破烂鞋子，满校园地跑。当车停下来的时候，很多学生把我们围了起来，像看一种他们从未看过的动物来看我们。这时，学校的校长走了过来，用命令的口吻说："都到一边去！"学生很不情愿地散开了。我们走进了一楼的办公室，办公桌是几张陈旧的掉了漆的桌子凑在一起，想起我们学校的办公室就有三间之多，有些还特别地漂亮，真是形成了鲜明的对比，校长开口说话了："我们这里很简陋，很多年轻的女老师来这里，一天哭几次，最后都调走了。"这时我才注意到，清一色男老师。但是他们一个个都向我们露出了纯朴的笑。这让我们一行人很是安慰。"喝点水吧！我们这几乎什么都没有，你们难得来一次，喝点这儿的山泉吧！"一位大姐捧着水杯对我们说。水很清很甜，一直流到了我们每个人的心里，回味无穷，走的时候我们每个人还带了一瓶回来。

　　一阵寒暄过后，我表示想先跟学生接触。校长同意了。校长刚一迈出办公室的门，就对着满地跑的学生大声说："三年级的学生回教室。三年级的学生回教室。"这时我看到一些学生跑进了后面一栋教学楼一楼的教室。我想应该就是那个班了吧。我走进了教室，里面只有一些学生，显然有些还不知道为什么没有上课就被叫进教室了。还有很多其他年级的学生趴在教室前后的窗口看着我。这时我不知道校长去了哪里，也陆续有一些学生走进了教室。教室渐渐满了起来。这时我送给了学生们一个大大的笑脸，说："我姓王，你们可以叫我王老师，今天王老师来这里想跟你交个朋友。想不想跟我交个朋友？"教室的学生坐得东倒西歪，只有几个女学生很端正地坐着，可是没有一个人回应我。"嗯，还不认识怎么能就交朋友呢？对吧？王老师先教你们玩一些游戏，如果你们觉得好玩了，就交我这个朋友好不好？"看得出学生的表情有了些许的变化。感觉好像自己在演独角戏，心里挺难受的，但这也是我意料之中的情形。"请把你们的手伸出来，我们来做游戏。"学生陆续地伸出了手，我故意把手在空中晃了一下，我发现一些学生也跟着我晃。趁此机会，我向他们讲了"拍手游戏"的规则，他们很认真地听，很显然没有玩过。我们开始做游戏了，学生们的脸上有了笑容。我的心里甭提有多高兴了。做完了第一个游戏，我就知道这些天性好玩的孩子们没有玩够，就问："还想不想玩呀？""想！"学生回答得比上一次问的时候大声多了。"好，咱们接着玩'看谁反应快'的游戏，可是你们答应老师了，如果觉得好玩一定要跟我交朋友哦，要是交不到你们这么可爱的小朋友，我可就要难过了。"我在说后一句时，做出了开心的表情。我感觉学生这时被我紧紧地抓住了。第二个游戏下来，学生可高兴了，有些学生脸都笑红了。从他们的表情，我可以断定开始不大理我的男学生也改变了对我的看法。果然不出我所料，收到了预期的效果。"同学们真聪明呀！这么快就学会了，以后你们可以跟同学一起玩，也可以跟家人、老师一起玩了。哎，刚开始答应王老师什么了？现在告诉我，愿不愿跟我交朋友？"学生怯生生地冲着我笑，我知道他们接受我了，可是我要他们说出来。就故意装作很难过的样子说："老师现在很难过，我没有一个朋友。"这时，一声声"我愿意"传到了我耳朵里。好开心，我抬起头，说："老师真是太高兴了，一下子就交了这么多的小朋友。我真是太高兴了！""你们开心吗？""开心！"学生兴高采烈地回答。"嗯，真好！老师今天来呀，还带来了一位朋友，你们想认识吗？"我冲他们神秘地笑。"想。"看得出来，孩子们更大胆了。"好，先休息一下，如果你上课铃一响就进教室坐好的话，你就有机会认识它。"

在接触学生这一环节，我始终带着笑容，从一开始就给学生种亲切的感觉。就这样，我利用笑，这一个日常生活中多么平凡的字，这么平凡的行为，打开了学生与我之间的那道门。

相信学生

提笔，我想到了我曾经当班主任时的一件事。那是在我刚参加工作第二年，接任的是八（二）班的班主任工作。十月末，我刚参加完考试回到学校，放下东西，还未洗脸，就有四五位学生来到我的寝室门口喊报告。我让他们进寝室后问他们什么事，他们挨个就承认自己在班主任老师不在的几天里的违纪情况。待学生走后，一个在我家里做客的班主任就问我：咋个你班的学生那么自觉到你那里来承认自己的错误，我班学生违纪后，没有确凿依据都不会承认？我待了一会儿，说：也许是我的学生比较乖、比较自觉吧！

  到后来在多学习了些理论知识，参加了各种培训后，我逐渐明白了其中的原因：相信学生。其实我在工作中一致是坚持的一种观点：允许学生犯错误，相信学生能处理、能改正。因自己在读书的时候也偶尔犯些错误，我的老师一般都是叫我去随便说说，然后反问你该怎么办。家里父母对我们弟兄姐妹的教育也是自己的问题自己解决。所以我对学生的教育也是让学生自己处理自己的事。初中学生是处于心理断乳期，情绪也极为不稳定，易冲动，容易犯错误，甚至屡次犯同样的错误，这都是属于正常的规律性现象。但我们老师有时面对学生犯错误时就有点沉不住气，特别是在学生犯重复性错误时，我们常常觉得有点不可思议：都十几岁了，道理又不是不懂，咋个自觉性那么差，一定是大脑有问题，要好好教育和处罚，杀一儆百，挽救这个学生，同时也防止其他学生再犯这种错误。其实我们老师这时也犯了自己的习惯性错误：忽视初中学生的年龄特征和心理特点，用成年人的思维方式来思考解决初中阶段学生所犯错误的方法。所以常常达不到我们预期的效果，甚至致使学生产生逆反心理、逆反行为。其实初中学生对我们老师的依赖性还是比较强的。他希望表现自己，希望得到老师和同学的认可和重视，但有时表达的方式不对，或是头脑发热而冲动，从而犯这样那样的错误，甚至犯重复性错误。所以我们老师要认真分析学生所犯错误的动机和成因，相信学生自己能认识到自己的错误、处理好错误问题。不要轻易处罚学生，应多给学生指点解决问题的办法，多让学生自己去处理。这样既可取得学生的信任，又锻炼了学生的能力。时间一长，学生学会了处理自己的问题，我们老师也就轻松了，只需在学生中做个"领跑"人，而不须做学生的"保姆"，不须再为学生的违纪而焦头烂额、心烦意乱。

初中生的表现欲强、冲动性强、反复性强、意志力差、依赖性强，我们老师要充分认识、认真分析，并在此基础上尊重学生、相信学生、走进学生。现在的学生接受的新鲜事物和新鲜信息远比我们教师想象的多，我们教师往往跟不上学生的节奏，从而跟学生形成"代沟"。只要我们老师走进了学生的生活，走进学生的心灵，必将形成和谐的师生关系。相信和谐的师生关系必将演绎出和谐人生旅程，绚丽多姿的生命必将从这里绽放！

两种学生

对待学生要有爱心，辅导学生要有耐心，教育学生要有诚心。只有一心一意善待每一个学生，才会在教育教学上喜获丰收。

那是2002年的秋季，学校给我安排了七年级班主任的工作。七年级的学生对任何事情都有着新奇感，在任何老师的课上都表现积极，唯恐自己在老师那儿没有留下什么好的印象。尤其在我这个既是班主任又是数学老师面前，同学们可以说表现得相当活跃。也正因为如此，我也就很快了解了本班学生哪些上课爱思考问题，哪些在学习上很用功，哪些上课喜欢调皮等基本情况。其中有两个性格完全不一样的学生引起了我的注意。

一个叫XXX，开始时她上课很少回答问题，成绩是中上等。对于一个上课不回答问题的学生，老师一般是不会去在意的，更何况成绩也不突出。我估计，她在其他老师的心目中也是印象不深刻的。然而有两件事情，她让我不得不去注意。一件是在一篇周记中，她抒写了自己心中既矛盾又困惑的想法，可又不希望别人去了解，去帮助。她明明是写给我看的呀，我思忖着。另一件事情是校园里课间活动时间，同学们都玩耍，打球的打球，跳绳的跳绳，有说有笑，唱着歌儿兴高采烈。唯有XXX独自远远地坐在班里最后面的位置，既不和同学们谈笑，也不玩。这是典型的性格孤僻。从我从教几年的经验来看，这个学生一定有什么心结，她的心里一定隐藏着许多东西，如果不打开这个心结，对她的发展是很不利的。我试着慢慢接近她，上课间隙时，我问一问她是否听懂，有时候我也把她叫到办公室问问她对一些问题的看法。起初，她也只是默不作声，偶尔笑一笑罢了。后来，她对我有了一些了解，于是态度有了一些转变。我抓住契机，适时地和她交谈着心里话。原来，她确实是有心结的。她说了她小时候身体不好，经常得病，一病就得去看医生，也因此导致成绩下滑。而她小学的班主任却不理解她，有时还当着全班学生挖苦她，打击她。所以在同学面前，她觉得抬不起头，在老师眼里她又觉得自己没用，久而久之，她就不再说话了，也就养成了独来独往的性格，不愿再和任何人交流沟通，把自己封闭了起来。

还有一个叫YYY，平时上课下课很爱调皮捣蛋，上课时不是身子动过来扭过去，就是嘴巴说个不停。第一次找他谈话，他就很直爽地告诉我，他也想好好学习，但就是坐不住。这时，我知道要提高他的成绩，首要的是解决他的思想问题，改变他的坏习惯。但这种根深蒂固的思想和习惯岂是一朝一夕能改变的？于是，我耐下性子多次找他谈话，只要他犯了错误，我就找他谈。次数多了，他也被我的诚心所感动，努力尝试改变坏习惯。后来，他基本能做到和老师积极配合上好课了，学习成绩也有了较大的提高。

教育学生不是一朝一夕的事，是一项长期的工作，这就需要足够的耐心，在平时的工作中细心观察，发现了学生的错误，只需坦诚地和他交流，学生是能够接受的。我深感一位人民教师的责任，教师的责任就是点亮学生心中的灯。也深感一位人民教师的光荣，作为一位人民教师，只有勇于进取，不断创新，才能赶上时代的步伐、取得更大的成绩。作为一位人民教师，只有爱自己的学生，像爱自己的孩子，尽情欣赏学生的创造，才能感受人生的幸福。

关爱学生，从心开始

抱着"严师出高徒"这一信念，我时时刻刻严格地要求着学生，每当学生出错的时候，我必然会把学生进行一系列的批评教育，以求学生能在我的"循循善诱"中改正错误，做一个优秀的好学生。但最近发生的一件事改变了我的教学信念。原来，要做一个好老师，要关爱学生，就要从心开始。

事情的发生是这样的：昨天进行了期末数学自查，自查结果真是太令

第三章 教学随笔

我伤心了。竟然有18个同学不合格。我一边批改，心中的怒火一边不断地向上升。心中早已有"千怨万责"向学生喷发，只有这样才能平息我的怒气。上课铃声一响，我夹着试卷并阴沉着脸向教室走去。我一边走一边想：气死我了。这试卷中的内容我已讲过很多次了，为什么那些学生还是做错？我在课堂中已强调很多很多次，做完了要认真地检查检查，为什么学生的计算还是那么粗心，可能他们是觉得我训斥他们太少了，非要气得我鼻孔生烟为止？我一踏进教室，教室里就出奇地安静，每个学生都坐得端端正正，就连平时最调皮捣蛋的小扎西也坐得笔直，一动也不敢动。（可能是有某些学生早已了解到这次的自查结果不理想，悄悄地在教室里传开了。）当看到这一情境时，我心中暗想学生大概已经知道自查的结果。怎么办呢？如果这时对着他们发火，向他们抱怨，可能更会影响他们的学习情绪。如果我再加上一句气话："你们真笨啊，这种题目都讲过很多遍了，你们还做不对，你说，你们是不是笨蛋一群？"可能他们的学习自信心会从此不振。但如果我不"教训教训"他们，他们也不会认识到自己学习上的不足，也不会从中吸取教训。经过一番思想斗争之后，我决定把愤怒收起，想一个机智的方法既能让学生从这次自查中吸取教训，明白自己学习上的不足，也能让学生变失败为动力，更加认真地学习数学，更加喜欢学习数学。有什么好办法呢？突然，我灵光一闪，不是说'关爱，从心开始'吗？我何不以一招"以退为进"，用我的关爱代替我的叱责，让我的关爱直撼学生的心灵，使学生对这次的自查结果进行反思；用我的微笑代替我的严厉，让我的微笑抚平学生的挫折创伤，使学生能在这次的自查中站立起来，勇敢地面对挫折；用我的赞赏代替我的批评，让我的赞赏重树学生的自信，使学生更加喜欢学习数学！想到此，我本来阴沉的脸立刻转变为无奈，一声"唉"的叹息声不由地从我的口中脱口而出。我自责地说："对不起，同学们！这次数学期末的自查成绩不太理想，是老师的失责，是老师没有把你们教会。今天这节课，让老师再好好地给你们讲解讲解。你们能认真听吗？如果在听的过程中有不明白的地方，你们可以提出来。"说完后，我绽开我的微笑，开始了知识的讲评。在讲评的过程中，我利用生活中的许多实例进行讲解，当发现某位同学表现有一点点进步时，我用鼓励的语言及时地表扬了他；当发现有某位同学精神稍有不集中时，我用温和的眼光去提醒他；当有同学露出困惑的表情时，我就耐心地进行讲解。在我的关爱教育下，教室里每个学生都在认真地听，他们都安静地而专注地投入到学习中。由于我的关爱和尊重，学生就在这和风细雨、润物无声的教育中，默默地接受着老师的教育。这节课的教学效果出奇地好，教室里始终弥漫着一股温馨的气息，一股乐学的气息，一股好学的气息。

  课后，我找到一些同学谈心，有很多学生说出了这节课学习的感受。数学能手小普布说道："老师，我们考得不理想，你也没对我们发火。我想：其实你是很伤心的，只不过你把伤心隐藏起来，还是用你那最亲切、最灿烂的微笑面对我们，让我们在你的微笑里看到了慈爱、鼓励、信任、欣赏。是你的微笑让我们这班同学增强了自信心，找到了努力的方向，变得更加爱学数学了。"最爱捣蛋的小扎西说："这回自查，我的成绩很不理想。当老师来到教室时，我想，'火山'准备喷发了，我要有心理准备。谁知，恰恰和我的想法相反，你并没有骂我们，而是很自责说这全是老师你的责任。其实，老师，我想说这不是你的失职。是我们自己不认真，是我们自己不认真学习，才会有这种结局。老师，在此，我想对你说一声'对不起'，我让你伤心了。我以后一定要认真学习，学习数学，不辜负你对我们的期望。"平时不爱出声，寡言少语的拉姆说道："老师，你知道吗？平时我觉得你是一个严肃的老师。但是今天的你变得是那么容易亲近，那么平易近人。以后，我有什么不明白的问题，我也敢向你提出了。我发现，原来许多题目我都是会做的，只不过在做题的过程中没有好好思考和检查，才会错漏百出，考了一个不及格的分数。听到这些感人肺腑的话语的同时我的眼泪已经悄悄跑出了眼眶。"

  苏霍姆林斯基曾告诫老师们："不要急于处罚学生，要好好想一想，是什么促使他们犯这种或那种过失的。要设身处地为孩子们想一想，那么就可相信他们会通过自身的努力来改正错误。"新时代的老师应该放下"严师出高徒"的信念，做一个心中有关爱、脸上有微笑，时时刻刻为学生着想的好老师。通过我的教育经历我深刻地了解到：在教育中要摒弃那呆板的严肃、无情的叱责，请站在学生的角度，设身处地地为学生着想。用你的真心关爱学生成长，用你的微笑鼓舞着学生前进，用你的赞赏激励着学生迈向成功！敬爱的老师们，关爱你的学生要从心开始！

第三章 教学随笔

爱护学生，保护自己

教与学是一对矛盾的对立统一体。教师在施教的过程中与学生之间发生不同程度的矛盾冲突在所难免。每当矛盾发生时我们需要用冷静与智慧进行妥当的处理，既教育学生又要保护好自己。

2011年7月的一天下午第二节课，时值夏日，临近期末，教学已进入复习迎考环节。在七年级的某班复习课上一女生上课不认真，要么与同桌交头接耳，要么公然把镜子架在桌上梳妆打扮。我多次使眼色提醒她，她仍无动于衷。我采取了不点名的方式公开批评："有的同学上课不认真听讲，讲话、照镜子，连做学生基本的礼义廉耻都不懂。"也许话讲重了，下课后这位女生情绪很激动怒目以对地对我说："你刚才为什么骂我不懂礼义廉耻？我怎么不懂礼义廉耻啦？"我还从来没遇到过同学在犯了错误后敢于直面老师的批评。我当时迅速地在几秒钟内做出判断：这个女生情绪过于激动，如果处理不当，她要么可能在老师面前撒泼，让老师下不了台，也可能做出一些极端事来。那后果不堪设想。因此我应当出于对她的爱护避开她的锋芒，同时保护好自己。于是我严肃地说："你觉得我在骂你吗？作为老师我骂我该骂的同学不可以吗？"她立刻说："那你骂谁？"我说："我有义务告诉你我骂谁吗？你有权力要我说出我骂谁吗？你的权力就是做好你自己。"她声调下降地说："那我问一下总可以吧。"我看她情绪有所缓和，只是冷笑着点头，随即走回教师休息室。当天晚自习我又到了她所在的班级，看她一切正常，我想事情不可能再往更坏的方向发展，于是我走出了教室。过了几天后我看她对我总有些敌意。我利用晚自习到她班级下课时，找她谈话。首先肯定她那天的做法表明她还是有荣誉感的同学，只是做事不够冷静。而我作为老师也要反思确实可能课上得不好，同学才没有兴趣，才会开小差。那天课上我对同学的批评是针对所有同学的，有则改之无则加勉。老师批评同学的出发点是为同学好，如果在语言上有什么过激希望你们能见谅。我又花了一些时间给她谈数学学科的重要性及学习习惯的重要性，言语中透出浓浓的关心与爱护。我的真诚换来了她的真诚道歉，从此她消除了对我的敌意，在课堂上更认真了，期末考数学单科成绩68分（班级平均分为 51 分）。在平时相遇时笑脸相迎了，脸上多一些纯真与可爱。

　　事后我反复在想：如果在自己年轻时代心智都不成熟的情况下我在处理这件事时可能会采取过激的行动，不顾后果地强势弹压，那么事态的发展就有更多的变数。中学生心理素质普遍脆弱，教师作为教育的服务者更应当学会在教育学生的同时爱护学生、保护自己。面对教育过程中的突发事件应保持冷静，对学生可能带来的挑衅隐忍以待，尊重年轻生命的发展轨迹，理解年轻生命的情绪波动，爱他、容忍他、理解他、尊重他、引导他。在教育的过程中努力改进自己的教学，让学生对自己所教的学科有兴趣，觉得听你的课有收获，学生就会在教师的人格与智慧魅力面前折服。教育是思想的艺术，也是语言的艺术。根据不同的教育背景循着学生之所想，用他们可以接受的语言，让他们真切地感到老师在爱他、帮他，我想我们的教育就打开了走向成功的大门。

　　老师们，善存于心，爱在于行！让我们用爱心搭起桥梁，用关心凝成温暖，用真心传递幸福，用时光铸就"爱可以改变一切"的金色长城！

第四章 培训感悟

陕西师大培训心得

满载着西藏的希望,我们如约而至,来到陕西师大,雁塔校区的环境,美不胜收。树木郁郁葱葱,草坪清幽平坦,亭阁四处林立,假山泉水汩汩,林荫小道蜿蜒。开阔的校园足以润泽心灵,陶冶性情。在诗情画意的一百二十天里,我们在探索创新,师大人将和我们一起一路学习,一路思索,用最真诚的信念和行动共创美好未来,在知识的天空里自由翱翔,共同铭刻属于我们的西安文化,友谊之旅。3月底,我有幸到陕西师范大学参加了由西藏自治区教育厅组织的"中小学骨干教师培训班"省级研修初中数学班。带着各级领导深深嘱托和殷切期望,3月26日我来到陕西师大教师培训中心报到,开始了为期4个月的学习和生活。此次培训学习,和我一起的四名培训教师表示一定要认真完成培训任务,不辱使命,以此回报局领导、校领导的厚望。几天以来,我们的学习生活是幸福而又充实的,因为每一处的所见所闻所感都能有不同的体验和收获。在这里,我听取了许多教育专家教授及各位同学的学术观点,反思了自己以往工作中的许多不足。一些对教育教学工作很有见解的专家以鲜活的案例和丰富的知识内涵,给了我具体的操作方法和工作指导,使我的教育观念进一步得到更新,真是受益匪浅。当我们失去休息的时间,去学习,去培训的时候,我们收获了如何当好一名好老师、好班主任的经验。走在校园中,已为人师的我们也感到应该严格要求自己的一言一行,用自己的言行为师大学生树立榜样,严格要求自己。通过这几天的学习我们明白了调适自己的心态真的很重要,教育教学当中不单是方法问题,也是态度问题,态度一变,方法无限,态度改变了,奇迹就会出现,态度就是最好的方法。当你不能改变环境,你就适应环境;当你不能改变别人,你就改变自己;当你不能改变事情，你就改变看法……其实很多时候，我们不是不知道，而是没有做，或者是没有坚持下去。之所以没有坚持下去，是因为没有乐在其中。能够乐在其中了，才能够坚持下去……这对我们的学习，我们的生活，乃至我们以后的积极、乐观、智慧、执着的工作，影响颇深。我们必将满载这些收获，带到我们以后的实际工作当中，全面提升自身素质，学以致用。在以后的教育教学中，我会继续学习，探索创新，把自己获取的新理念新方法，一个一个落实到自己的教学实践中。我们一定要学思结合，知行统一，成为一个合格的教师，为这次培训交上一份合格的答卷！从充满神秘色彩的雪域高原，风尘仆仆地来到充满书香气息的陕西师范大学来学习，期间耳闻身受的是大师们的教诲，下面本人从以下几个方面对这次培训进行总结：

一、思想品德方面

我一贯热爱教育事业，拥护中国共产党的教育方针。因此，在这次培训中，本人能够认真听每一节课，专心聆听每个教师的讲座，积极参与学术交流研讨，考察并进行学习，能够积极参加班级组织的体育活动和文艺活动，团结班级成员并与他们进行各种教学互动。

二、学习生活方面

本次培训生活条件良好，使我们能够顺利进行各类活动，培训课程开设了《数学教育心理学》《初等几何研究》《初等代数研究》《数学课件制作》《数学教育专题讲座》《专业阅读》《现代数学与中学数学》《数学方法论》《通识》《教育心理学》等课程，这些课程能够使我们全面了解数学，能够获得许多数学教学知识。通过《数学教育心理学》《教育心理学》两门心理学课程的学习，我们能够掌握基本的教与学的心理问题，可以从学生的学习动机和积极心理培养数学教学，使自己的数学教学更进一步专业化。通过《初等几何研究》《初等代数研究》的学习使自己的数学专业文化水平得到进一步的提高，使我对数学方法的本质有所了解，能够在今后的教学中科学地渗透知识，传授知识。通过《现代数学与中学数学》的学习，使我能够站在一定高度看待数学教学，了解高等数学与中学数学的关系。另外，通过

第四章 培训感悟

《数学方法论》的学习,掌握了更为精确的数学解题方法和解决数学问题的技巧。在多媒体盛行的当今,教学课件承载了更好的知识,因此,《数学课件制作》让我在原有水平的基础上对几何画板这种数学特有的工具了解更加深刻。这次培训使我能够有幸与马晓雄、罗增儒、李三平、李文铭等专家学者进行面对面的交流,收获很多,他们的奋斗经历和不懈的追求是我学习的楷模,从他们身上获得更多的教育智慧。这次非常感谢我们的各位院领导,班主任申继红老师,各位任课教师。在西安的四个月中我们还去了兵马俑,西安历史博物馆等地,了解了中华文化和历史,感受了西安的文化,使我更加坚信为教育奋斗终生的信念,并且将在今后的教学中将所学运用其中,努力为国家基础教育事业发展做出更多的贡献。

  友谊是份信念,始终支撑着我;友谊是句勉励,始终伴随着我;友谊是缕阳光,始终照耀着我。在陕西师大培训期间,友谊带给了我无限的感动,那感动,我已深深埋在心底。也许我们都无法诠释那感动是怎样的过程,但这就是被不同方式所印证的友谊。简单的,朴素的,毫不虚伪的,这样的友谊理所当然永远飞扬着,被微笑铭记着。我是穿插在朋友生活中的片段,而朋友也是穿插在我生活中的片段。没有谁可以和谁永远在一起,这是注定的只能陪一程的宿命。然而,这并不影响我看重朋友之间两肋插刀的友谊。人生的财富是无穷无尽的。但真正的财富是什么呢?是金钱、权势?都不是。不知哪个哲人说过:"财富不是真正的朋友,朋友却是真正的财富。"

  在我的内心深处,住着那么一个人,他占据了不可动摇的位置。他是我以心相交的朋友。我们之间的这份友谊很唯美,没有自私,有的只是相互理解,相互信任,相互鼓励。我的朋友,我不会因为小人对你的栽赃而是非不分,更不会因此远离你而去。相反,在你困难的时候,我是不顾一切帮助你的那个人。

  我的朋友兼我的知己,我的老师,从你那里我学会了太多,学会了从书本上永远也学不到的东西。这样的你,带给了我极大的震撼。是你鼓励我更好的直面未来,是你让我相信未来的路。我深知自己是幸运的,对的时间遇见对的人。收获了一份永恒的友谊。我明白这样的友谊会使人为之一振,比爱情更值得追求。世间万物的一切都在发生改变,唯独我对你的友谊不变。认识你,让知道什么事不变的,什么是天长地久的友情。

友谊里你是那道亮丽的风景线,此生有你,已值得永远去珍惜。

四川师范大学培训学习总结

> 翻山越岭为求真,离开雪域半月多。
> 微亮即醒不多眠,愿听小鸟歌唱声。
> 迷茫混沌已多时,川师送来书卷气。
> 敢与同行争先后,不误学生好前程。

2014年9月—12月学校派我去四川师范大学培训。通过100天的继续学习,我对教育教学观念有了新的认识,教学技能有了提高,现将个人参加继续教育获益情况总结如下:

一、把握外出培训机会、及时进行内化

外出参加教育教学活动的相关培训是教师提高综合素质的主要形式。我在本学期里紧紧抓住每一次外出的机会,进行海绵吸水般的学习。并且利用业余时间和双休日进行消化,做好相关的自学笔记。我将一些理论成果付诸我的教育教学实际当中,取得了非常好的效果,使得继续教育的意义落到了实处。

二、高度重视教学反思、做好反思再实践

反思是教师发现问题,分析问题的过程。在这一过程中,我结合大量教学杂志、教学参考书中的观点及案例,找出自己在教育教学中存在的问题,并分析问题产生的原因以及由此产生的教育后果。还与老师们形成了"个体反思"和"群体反思"两种方式。"个体反思"是我"自省自察",特别是对于本学期的几堂公开课、展示课,我都会进行进行"课前反思—课中反思—课后反思—思后实践"并且写好反思案例,及时总结好理论成果。

三、以名师为榜样、大胆探索实践

通过参加各类培训也好,自己进行教学研究也好,我总会向名师名家

学习，这当然也包括我身边好多优秀的老师。他们有的课上得精彩，有的班级带得漂亮。于是他们都会成为我追随的目标，我会以他们为榜样。但是，我也不会迷失自己，我会大胆探索、实践自己的教学感悟。把自己用心悟的教学原理通过最朴实、简单的教育教学手段来进行实践，让每个孩子都能感受到来自老师爱的教育。可以说，这样的"追随"和"创新"巩固了自己所学理论，又提高了运用理论知识解决实际问题的能力。正可谓是一箭双雕。当然，在自己不断学习的过程中，我也发现好多的问题。比如自己的理论水平还很肤浅，我想接下去要做的就是要运用多种形式升华自己的认识，形成一个自己教育思想的过程，写出成形的经验总结，并最终形成自己的教学理念。

研修总结

根据"国培办"的部署和要求，2014年9月1日，天高云淡，秋风飒爽，我和来自全西藏自治区各市（地）的骨干教师有幸进入四川师范大学研修学习。培训从内容、形式、主题、管理方面焕然一新。主题就是为了教师的专业成长，这是鲜为人知的。内容丰富而多元，为工作而学习，包括教师的专业知识、培训理念、培训的实效告诉培训者成人培训的方法。把集中现场培训和分散线下培训结合，在线学习、跟岗研修、线下实践操作分步进行。一改过去集中培训听专家讲座，听者怦然心动，回到岗位懒惰不做的。作为培训者应该珍惜这次培训机会、增加自己的魅力吸引教师自主学习、快乐教学，把自己打造成专业培训师。在培训期间最让我难忘的是10月在北京师范大学成都实验中学，与学校及指导老师对接见面，然后开始听课，由此拉开了为期三十天跟岗学习的帷幕。本人深知这次机会来之不易，同时也深感这次培训任务艰巨。我决心要抓住这次千载难逢的机会来提升自己的业务工作能力。3个月来，我认真研修且跟岗学习，尊重并遵守学校的各项规章制度，依照要求按时完成各项研修任务。虚心学习川师，双槐中学，双流中学，北京师范大学成都实验中学的先进教育理念、教育方法，领略他们的办学特色以及办学管理模式，尤其是深入了解各校的数学学科教学教研发展的新信息，拓宽自己的学科专业知识和提升自己的教学技能与教研水平。本人研修期间的具体收获如下：

第一，我领略到了四川师范大学、成都双流中学、双槐中学，尤其北京师范大学成都实验中学的办学特色和浓郁的校园文化，为之陶醉。坐落在风景秀丽的成都市中心的，创办于1913年的北京师范大学成都实验中学，是成都市一所有1个世纪发展史的传统名校。100年风雨滋养出的一座完中，早已成为一个珍贵的"文化符号"，培养了众多的名人名家。他们注重校园文化建设，发挥教师工作的责任心，调动学生学习的积极性，把师德建设作为工作重点，加强师德制度建设，提高师德水平。全校教职工树立"全员育人、全程育人、全面育人"的新理念，形成"时时有德育、处处有德育、人人都是德育工作者"的大德育格局。学校确立"明德、博学、尚美、拓新"的校训。学校要求教师树立"严谨、创新、敬业、奉献"的教风，培养教师"德高为范、润物无声"的德风。

第二，在北京师范大学成都实验中学跟岗学习的日子里，我领略到了这所学校严格的管理制度、先进的教学理念、教师专注的敬业精神、优质的教学质量以及有效活跃的课堂教学、和谐的师生关系等。极为严格的管理制度，重视德育工作，促成全校师生能够时时处处做到爱校爱国，树立良好的形象。我作为学员，就曾认真地参加过在每个星期一早晨举行的升旗仪式，亲历和感知爱国主义教育的实践场景。全校教职工都认真按时参加了，学生也几乎都按时到校认真参加了，个别学生迟到是要到迟到场地及时接受思教处教师的思想教育的。当学生代表发言表示努力学习以报效祖国时，自己的爱国思想认识和实际行为又经过一次洗礼而得到融合、升华。在跟岗期间我也认真地参加了该校星期一下午的数学教研组业务学习，这些都给了我很大的触动，有利于促使我学会更加地关注学生、树立为学生服务的思想观念。我在北京师范大学成都实验中学听课学习过程中，耳闻目睹亲临其境，受到了专业数学教师们那种执着上课的精神感染。严光森老师专业知识扎实，精心研究教材和学生学情，他所上的课科学严密、紧扣考点，让学生当堂明白挺有功效；他每堂课都做了大量的课前准备，课中力图使学生弄懂有关知识点并能及时有效解答问题，活学活用、学以致用。刘春燕老师是一位年轻的女教师，她虽年轻也许还谈不上具有丰富的教学经验，但她在课堂教学中践行的是全新的理念，真正做到了充分尊重学生、关注学生、服务学生、以学生的发展为教学之根本,她的教态亲切、自然、大方,语音清晰、清新、流畅,与学生互动活动开展得很好,我每次听了各个老师的课后都作了全面仔细的高度评价,我想,这对于我在跟岗期间,乃至于今后实施新的理念开展有效课堂教学活动都将会产生深刻的影响。我感受到他们对教学工作的认真、执着与灵活多样的教学方法。特别值得一提的是,他们上课时能准确地把握"放"与"收"的度,塑造了整节课的精彩、生动,充分体现教师教学经验丰富、或展现了教师的教学魅力,对我触动也是很大的,对于我跟岗期间的教学实践工作无疑产生了深刻的影响。

第三,感知先进的教育教学理念,让我觉得受益匪浅。通过3个月来的听讲座、研课、听课、评课,在川师教授以及与四川各校和跟岗期间的指导教师的指导下和其他教师的支持、帮助下,我体会了生本教育是指"真正以学生为主人的,为学生好学而设计的教育",它既是一种教育理念,也是一种教学模式。在近距离接触生本教育课堂后,我发现这种课堂充分发挥学生的主体作用,采用自主探究、合作交流的学习方式,让学生积极参与到学习中,构成积极、欢乐、高效的课堂。"一切为了学生,高度尊重学生,全面依靠学生",这种理念回归到教育的本真,以生命为本,关注每个学生的终身发展。在上课的过程中,我真正体验到了调动、发挥学生学习的主体作用,更好地展开师生互动和生生互动,这使得整个课堂变得有效且更具生命力。我想,在今后的教学中,我将继续学习生本教育理念,把生本教育带回学校深入开展下去。做到真正把学习的自主权还给学生,引导他们自己去探索,去发现,使他们真正地成为学习的主人。同时自己也要不断积累经验,让自己的课堂更加有魅力。

第四,指导教师及时有效的指导和帮助,让我顺利完成研修学习任务。由于授课教授以及指导老师的关心、支持和帮助,让我弄懂了教学设计的写法、解读课标和进行轻松有效的课堂教学,顺利完成了研修任务。在研修的一些时间里,我们听了公开课,也上了公开课,课后指导老师作了准确科学而精彩的点评,使我体会到的不仅仅是导师对学科指导意见的准确把握,更体现导师对教学细节的准确把握,体现教师的教学智慧,对我的启发很大。我也学会了怎样说课、评课。每一次说、评课都是一次难得的提高的机会，与同伴交流、探讨，进行思维碰撞，这无形之中又使自己提升了一个台阶。在指导老师的鼓励示意之下，我也学会放开说课，我的课堂授课也得到了老师们、同伴们的高度评价。高兴之余，特别感谢指导老师的耐心指导和帮助，感谢同仁的帮助与支持。通过这三个月的学习、磨炼，我在教学能力上有了新的长进，自身综合素养也得到了明显提高，对于我今后的教育教学工作是很有益处的。

第五，不固守一地一校学习，而是抓住机遇，进行拓展地点、拓展层面的学习。我在学习期间，并没有一直固守在川师和北京师范大学成都实验中学学习。我是以川师和北京师范大学成都实验中学为研修跟岗学习的主阵地，也积极抓住机遇，进行拓展地点、拓展层面的学习作为有机补充，参加锦江区"深度学习"教学改进课堂教学研讨会和微课程比赛，四川班的说课，双流中学的公开课等等。我在整个研修跟岗学习过程中，进一步转变了教学观念，树立了新的教学理念，主要学会了解读课程标准，根据课标来安排教学设计和组织、实施教学活动，以及及时进行教学反思。我还学会了怎样在新课程背景下全面客观地评价一堂数学教学课的有效性，我学会了在评课的过程中既要关注学生活动，又要关注老师行为。既要重视结果，更要重视过程；既要关注预设目标，又要关注达成目标。这次研修学习让我开阔了眼界，无论是聆听、观摩上课、互动评课，还是实践锻炼，每一次的学习都带给我思想上的洗礼，心灵的震撼、理念的革新，使自己对教师这个职业进行了重新的认识，对于有效数学课堂的教学艺术、教研活动的形式等诸多方面也有了更理性的认识。在今后的教育教学实践中，我将学习采他山之玉，纳百家之长，争取做到在教中学，在教中研，及时做到课前反思、课中反思和课后反思，努力做到扬长避短，求得师生的共同发展，求得教学质量的稳步提高。相信只要通过自己不懈的努力，一定会有新的收获和感悟。跟岗研修阶段，是"国培"的得中之重，是每一位学员学习结合实践的重要阶段。我通过这一阶段的体验，总结所得，一定要用于指导本人今后的教学实践工作，并对同仁产生一定的影响，方能不负学校重托以体现参加"国培"的目的与意义。最后，非常感谢四川师范大学的周思波教授，给予我们美好教学经验的各位专家教授，你们的无私奉献，将使我终身受益。

第四章 培训感悟

中教信息技术个人研修计划

一、现状分析

目前存在的问题：由于学校的偏离，教师多年来很少有去外面学习的机会，所以整个的教育氛围比较封闭，自己在新的教育理念、教育方法方法等方面都需不断的学习与更新。现在，自己参加了骨干培训班的学习，希望通过学习在学者的引领下，使自己在各个方面全方位地得到提升和发展，通过参加培训学习、观摩研讨活动、及时吸收新信息、反省自我、提升自我。在实践与反思中不断提高自我思考、反省、判断、分析的能力，不断调整教学实践过程，向学习型、研究型、学者型教师发展。

二、整体目标

主动参加市级骨干教师的培训，提高自身素质和专业水平。准确把初中教育规律和学生身心发展规律，能够设计并组织符合学生发展水平的课程与活动，具有观察评估学生学习状态与发展水平的能力，注重组织活动的系统性，思维性，提高自己，培养学生的创新能力。

通过观摩活动，在学者的引领下重点学会多视角的观察学生学习及教师教学情况，掌握制作观察表的方法。学会不断的反思，及时发现问题，敢于提出问题，通过同伴间的研究学习，找出解决问题的方法，提高自己的学习能力、创新能力、形成先进的教学思想和独特的教学风格。

自觉加强现代教育理论学习，深刻理解《纲要》精神，每月精读一本书，写读书笔记。及时与大家交流体会，不断提高自身素养。

三、具体目标及实现步骤

（1）七月份：主动参加培训，通过学习，掌握多视角观察学生及教师教育教学的方法。学会课题报告的选题及撰写。并在学校里与老师共享，进行研讨，将所学到的新理念运用到自己的教育教学活动中去。

（2）八月份：科学安排充电时刻进行选择性学习，上网进行收集：重点收集有关废旧材料的相关图片及报道，开阔自己的视野。

（3）九月份：每周日抓紧进行自主学习，每月读完一本书，撰写一篇学习笔记。

另外为了不断提高自己的教育教学水平和业务素质，更好地适应社会，跟上学生的步伐，我要不断地学习和完善自己，提高自身综合素质，特制定个人研修计划，具体内容如下：

1. 自我研修

（1）主动参加骨干教师培训，不断反思总结，提高自身素质和专业水平。

（2）主动参加各种教育教学活动，并做好示范引领作用。

（3）阅读一些学生教育方面的书籍并撰写读书笔记。

（4）大练基本功，利用空余时间练习弹唱、绘画、舞蹈等专业技能。

2. 示范引领，传帮带

为了提高教师的整体素质和教育教学水平，发挥骨干教师的传、帮、带作用，促进教师之间相互学习。本学期我与本班老师结对，为尽快地共同成长，特制定如下计划：

（1）在师德师风、业务素养方面以身作则，起到模范带头作用。

（2）注重日常工作的引导，及时指出老师在日常工作中存在的一些问题，引导其及时改进。

（3）听每个老师的课，认真记录，按照一节好课的评价标准认真评课，及时指出老师上课中的优缺点，对如何改进提出合理化建议。

（4）指导老师如何撰写教案、如何进行二次备课、如何撰写教学反思、观察记录和活动实录等。

（5）建议每个老师多阅读一些教学方面的书籍，在书籍中领略教育的真谛。

信息技术助力数学课堂教学的妙招

很多学生觉得上数学课的时候听课好像听懂了老师讲的东西，但是到自己实际操作去做题的时候，就头脑一片空白。一听就懂，一做就懵，是由教师、学生、课程设置等多方面所造成的，下面为各位分析一下原因并对症下药。

原因：学生方面的原因主要反映在预习、听课、作业、复习各个环节。一是学习的主动性、计划性不强，所学知识一知半解。二是缺少学习方法，没有勤学好问、预习和复习的良好习惯。三是对解题的目的不明确，缺乏学习数学的兴趣。具体来说有下列情况。

（1）课前不预习，被动听课。

预习是听好课的前提，虽然不预习也能听懂课，但预习后才能做到有的放矢，根据自己的情况有选择地听，不会把所有的时间和精力浪费在整节课上，被老师"牵着鼻子走"，打无准备之仗。

（2）听课时精力不集中，缺乏思考。

听课是学生学习的关键环节，教材和课堂是学生获得知识和能力的主要来源。既不预习又不认真听课就失去了解数学题的基础。64%的学生反映有这种现象。这也是不会解题的一个原因。

（3）作业时没有认识到作业是巩固所学知识的重要手段。

学生在做作业、解题时，往往只满足于问题的答案，对于推理、计算的严密性、解法的简捷性和合理性不够重视，把作业当成负担。没有认识到作业是复习巩固所学知识的必要，这种情况在学生中占59%。

（4）不懂装懂，缺乏学习的兴趣和动力。

学生能"听得懂课，不会解题"的原因，是对"懂"的理解上有误，有的学生的懂只是懂得了解题的每一步，是在老师讲解下的懂，自己想不到的地方，老师讲课时有提示，有诱导，能想起来，认为自己懂了。同样的问题，没有老师的提示，就不能想起来，说明学生的"懂"不是真"懂"，爱面子，不愿说不懂；看老师的面子，不敢说不懂。

（5）不能及时复习巩固，几乎是学过即忘。

学生 D 说："有时，老师只是把内容、题目提点一下，大多数学生根本听不懂。"根据一百多年前德国艾宾浩斯研究的遗忘曲线可以知道，在接触新知识的最初阶段是忘得最快的。因此，在此期间就应及时复习，否则学过即忘。

（6）对老师的依赖性太强，上课不记笔记，消极听课。

调查表明，有 44% 的同学在数学学习过程中，对老师有很强的依赖性，课本、资料上的习题从不主动解答，等待老师讲解，对自己不负责任，学习上的消极情绪严重。

对策：随着新课程改革的推进和信息技术的飞速发展，信息技术与教学的整合已成为必然的趋势。信息技术和数学的整合有利于新课程改革的深入与发展；有利于学生进行数学学习，提高学生各个方面的素养；有利于提高数学教学的效果。在数学教学中适当合理地应用信息技术是值得每一个教育工作者研究的新课题。信息技术为什么能在枯燥、机械的数学学习中给学生带来新的活力，在教学的实践和探索中，教学是一个师生的双边活动，老师是外因，是变化的条件，学生才是内因，才是变化的根据。要学好数学，学会解数学题，只有调动学生学习的主观能动性，在学生的"学法"上找出路，才能从根本上解决"能听懂课，不会解题"的问题。我有以下几点见解：

一、创设情境，激发学习兴趣

信息技术的运用，能使许多抽象的数学概念、规律，复杂实际应用反应环境由静态变动态，无声变有声，抽象变具体，不仅能大大增强表现力而且易于提高学生的学习兴趣，对学生学习动机的激发有着极高的价值，从而促使学生更好、更快、更准、更深入地把握教学中的重点和难点。逼真的动画效果、听觉效果与视觉效果相融洽，学生眼耳手脑的全部调动并聚焦于一点，再加上软件的运用交错穿插在学生实验、老师讲解之间，教学效果达到了最佳状态，达到了教学的最优化，使学生对重点知识的理解透彻、掌握准确、印象深刻、记忆牢固。这样可以解决听课时精力不集中，缺乏思考，不懂装懂，缺乏学习的兴趣和动力，对老师的依赖性太强，上课不记笔记，消极听课等缺点。例如教学"长方体和正方体的特征"时，先在屏幕上用动画显示一个长方体的展开和合并不断出现的画面作为主题画面，通过一只小兔骑着摩托车在长方体的棱上绕圈，并加上美妙的音乐，一下吸引了同学的注意力，使同学们产生强烈的好奇心，同学们对于老师要上的数学课充满了渴望，学习热情高涨。并且要求课外加强学习的主动性，在时间上要挤和钻，养成预习的好习惯，学习要有自主性，有一个适合自己的切实可行的学习计划，所以时间要合理地安排，善于挤和钻，不打乱仗。除了完成学习任务外，还要力争抽出一点时间进行预习，做到心中有数，为听好老师讲课做好准备。牢牢抓住听课这一重要环节，真正听懂课，上课时听懂学习内容是学好数学的关键。课堂上不仅要认真听，积极思考，多问几个为什么，而且重点内容、方法、技巧要记住，即使一时不能记住也要做好笔记，以备复习时再用。

二、启发引导，解决教学难点

在概念、法则、公式教学中，充分利用信息技术辅助教学，变抽象为具体，让学生感性地掌握知识。老师在课堂上组织学生参与知识的形成过程，让学生进行适当的思考、讨论、操作、答问、质疑、总结。使学生在教师的引导下获得知识，发展思维、提高了能力。例如在教学立体几何表面积的含义时，把它分为两部分教学，先教学物体表面的面积，然后教学围成的平面图形的面积，最后让学生得出表面积的含义。在教学中，通过信息技术演示引导学生得出物体表面的图形形状，由此得出图形的面积、表面的面积、从而得出物体整个表面的面积，由什么是正方形的面积、长方形的面积得出围成的平面图形的面积，再概括出表面积的含义。如在立体几何图形"体积和体积单位的认识"一课的旧知识复习课中，教学重点是理解体积的含义，认识体积单位；教学难点是建立 1 立方厘米、1 立方分米、1 立方米的正确表象。这些内容都比较抽象，利用信息技术的作用在教学边讲解边演示，电脑出示 1 立方厘米、1 立方分米、1 立方米的物体有多大，并与学生操作相结合，变抽象为具体，诱导启发学生，创造良好的思考问题的环境，促进他们动脑筋，使所有学生都去思考问题，同时利用三把米尺组合成一个 1 立方米的正方体，让一个组的学生走进体去，从而感知到 1 立方米的正方体可以藏 12 个人。通过生动的演示和实验使学生有所领悟，有所发现，有所创新，突破了本课的重点难点。另外，让学生形成勤学好问，虚心向老师请教，向同学学习，自觉培养学习数学的兴趣。有问题就问，就算这个问题对大家来说都很简单，但你不懂就要问，可能这种问题老师不会喜欢，但对你来说却很重要。每解决一个问题，你就有一份收获，你就有一个进步，你也会有一个好心情，你就会发现学数学原来是一件很愉快的事，也会为自己学习数学种下"兴趣"的种子。课堂、课后积极参与数学学习活动，独立完成学习任务，养成自觉复习的好习惯，课堂、课后要积极参与数学活动：独立完成作业；复习所学过的内容、方法、技巧；阅读与学习内容有关的资料；解一些相应类型的习题。以达到巩固知识的目的。数学是要靠积累的，前面的知识就是后面的基础。

三、提供资源，开阔学生视野

在数学教学中为了满足学生的求知欲，想办法为学生开辟新的学习空间，借助网络技术，将课内外知识相互渗透，给学生提供更多的自主学习的条件，让学生在自主探究中品尝成功的乐趣。如在《投影》的教学中，通过网络我为学生提供了大量的有关投影的知识。如：各种物体的图片、介绍，应用等。学生在网络上除了学到课本上的知识，更能查询到其他的相关知识，拓展了学生的知识面。同时，在查找信息的过程中，也培养了学生获取信息和处理信息的能力。总之，时代的进步更应体现时代的教学，如何做到教学与时俱进、自主创新，这就需要我们运用信息技术实施更有效的教学。

信息技术学习心得

通过信息技术培训学习，我对信息技术在教学中的应用有了进一步的理解。听了专家的讲座和培训老师的指导后，我感触最深的是微课的认识与制作方法。培训中，老师一方面要求我们以超脱姿态，踏实前行，坚持遵循教育规律，研究微课新思路；另一方面也要求我们自觉培养自学发展意识，力求适应现代教育技术的要求，促进学校的信息技术教学上新的台阶。通过深入学习，下面谈一谈这次培训学习的一些感悟。

一、认识了新的课程——微课

"微课"是指以视频为主要载体，记录教师在课堂内外教育教学过程中围绕某个知识点或教学环节而开展的精彩教与学活动的全过程。"微课"具有教学时间较短、教学内容较少、资源容量较小、资源使用方便等特点。对教师而言，微课将革新传统的教学与教研方式，突破教师传统的听评课模式，是教师专业成长的重要途径之一。对于学生而言，微课能更好的满足学生对不同学科知识点的个性化学习、按需选择学习，既可查缺补漏又能强化巩固知识，是传统课堂学习的一种重要补充和拓展资源。在网络时代，随着信息与通信技术的快速发展，特别是随着移动数码产品和无线网络的普及，基于微课的移动学习、远程学习、在线学习将会越来越普及，微课必将成为一种新型的教学模式和学习方式。

二、如何根据本学科的特点设计微课

通过这一阶段的学习，本人从别人的身上学习到一些有关微课设计的知识。一节微课能否设计得好、教学效果佳，知识点的选择和分析处理非常重要。因此，在设计每一节微课时，我首先慎重选择知识点，并对相关的知识点进行科学的分析和处理，使它们更符合教学的认知规律，学习起来能够达到事半功倍的效果。

我尝试做到如下几点：

（1）知识点尽量选择教学的重点、难点。

（2）知识点的选择要细，十分钟内能够讲解透彻。

（3）知识点要准确无误，不允许有文字、语言、图片上的知识性错误或误导性的描述。

（4）要将知识点按照一定逻辑分割成很多个小知识点。

例如：在这次培训中，我根据本学科初中数学的教学，我选择了"习作"指导作为一个知识点设计一节微课，让学生在短暂的10分钟内对习作审题、习作方法等内容进行微课的设计。这节微课在前一节课"口语交际"的基础上进行微课的设计，突破了本节习作课中帮助学生审题和习作方法教学的两个重难点。

三、培训模式微课化

在这次培训中，除了三天的集中培训外，大部分的时间都是通过培训老师的培训微课进行传授知识。在这些培训微课中，老师讲解非常明了、清晰，只要培训者花时间去观看，就能掌握其中的知识点，即使一下子看不明白，可以反复地去看，直至自己学会为止，这符合了微课的设计理念。同时，学员可以通过 QQ 群平台以及微信等方式与主讲教师进行互动，而主讲老师又会不厌其烦进行一一地解答，这样就产生了学员与老师互动，学员与学员互动的培训模式。这样的培训方法既让我们学得了技术又可以在教学中边学习边实践，让我们做到学习工作两不误，真是两全其美。这次培训使我们受益匪浅，其感触非一言能尽。在以后的工作岗位上，我一定扎实工作，努力学习，把用所学到的教育技术知识更好地应用学校的信息技术教学中，做一名对学生负责，对学校负责，对社会负责的优秀教师。

2016年素质教育督导评估心得体会

有理想信念，有道德情操，有扎实学识，有仁爱之心，此之谓好老师。一个人遇到好老师是人生的幸运，一个学校拥有好老师是学校的光荣，一个民族源源不断涌现出一批好老师则是民族的希望。作为老师，要不断完善自我，外塑形象，内增学识，趋于好老师。因此，通过这次素质教育督导评估使我明白自己在素质教育理念下教学优点和缺点：

一、优点

1. 能够制定与学校发展规划相适应的个人的发展规划

（1）按照制定好的个人发展规划，明确个人发展方向，明确教育工作理念，明确校训、校风、教风、学风、作风，提升师生精气神，抓好细节，由细致到精致进而到极致发展。

（2）带头着力探寻教育教学新模式。为新的教学理念做准备，提高教育技术能力（如课件制作，课堂上的使用等）。

2. 遵照教育法规抓好常规教育，认真对待素质教育

（1）注重教师敬业精神（增强责任心，增强服务意识，以当教师为乐，

以当教师为荣，校兴我兴，校荣我荣，校耻我耻，和师德师风的培养（不上课，故意迟到、拖堂、懒散、麻将、抽烟、喝酒上课、乱丢乱扔等）和学生行为习惯的养成教育（穿衣、饮食、午休、晚休、起床、说话、做事等）；着力打造团队意识和服务意识，追求自身发展与团队紧密结合。

（2）制定相关个人的成长方案，然后按方案落实，着力落实到位，记录详实，整改及时，总结诚恳。成败的关键在于制度方案的执行力，在虚心听课，评课，磨课，说课上做了很多。

（3）能备好课，写好教案：栏目填写清楚，书写要认真，带教案上课，着力打造电子版教案，集体备课，共同使用，将知识性错误在上课前消灭；上好课：（课前3分钟到教室提升师生精气神，提高学习效率）忌满堂灌，改变以往教学模式，多关注学生，发挥学生的主体性、积极性、主动性，也要上好讲授课和实验课；认真批改作业：量适中，批改认真，对错误处有更正，有评语，有等次的批改日期。在评课，磨课，说课等教学方面做了大量准备工作，提升了教学水平。

（4）着实开展好第二课堂，有科技创新课（合理利用生物资源）等；将实验室，器材室能够真正发挥它们的作用，应用到位，管理精细。总之，这些有助于学生喜欢学习。

二、缺点

没有积极配合学校做好宣传和资料精细准备工作。

（1）对学校的宣传力度（利用网络、校刊、校报、电视媒体等）不太到位，使教育面向社会，不流于形式的多开家长会方面，学校发展规划，学校的发展不公要让师生知道，让领导让更多人了解学校，认识学校等方面自己没有高度认识。

（2）丰富校园文化，陶冶师生情操。形式有写真、书法、绘画、玻璃板等；内容有：健康教育宣传、卫生宣传、心理健康知识、行为习惯养成、名人名言；班级文化建设上，学校可适当出资帮助打造，有班规、班约、班歌、班级宣言、班训、班风，《中学生日常行为规范》《中学生守则》等方面自己认识不到位。总之，作为学校的一分子，要从细节入手，争取师生和社区人员的支持，尽一切办法征询学校发展意见和建议，提高教育教学质量和水平，以提升个人形象。

"国培计划 2017 西藏项目薄弱学科初中化学骨干教师"培训总结

2017 年 11 月 18 日，细雨纷飞，我和来自全西藏自治区各市（地）的骨干教师有幸进入重庆师范大学研修学习，重庆师大清朗的学风召唤了教师培训者培训。培训从内容、形式、主题、管理方面焕然一新。主题就是为了教师的专业成长，从化学实验的角度来进行，这是鲜为人知的。内容丰盈而多元，为工作而学习，为发扬化学实验的优越而充电，包括教师的专业知识、心理健康教育，师风师德素养，化学实验先进理念、培训的实效告诉培训者成人培训的方法。把集中现场培训和分散线下培训结合，在线学习、跟岗研修，线下实践操作分步进行。一改过去集中培训听专家讲座，听者怦然心动，回到岗位懒惰不做。作为培训者应该珍惜这次培训机会、增加自己的魅力吸引学生自主学习、快乐教学，把自己打造成专业培训师，实验者。拓宽自己的学科专业知识和提升自己的教学技能与教研水平。本人学习期间的具体收获如下：

一、把握培训机会、及时进行内化

我领略到了重庆师范大学，浓郁的校园文化，为之陶醉。多年风雨滋养出的一座高校，早已成为一个珍贵的"文化符号"，培养了众多的名人名家。正所谓：

> 千山万水穿越西藏，拨云见日来游重庆。
> 多载寒窗齐聚重师，脚踏实地圆梦化院。
> 多年施教手忙脚乱，重庆师大充电补养。
> 各个教授精彩纷呈，每位学员满载而归。

二、以名师为榜样、大胆探索实践

在重庆师范大学学习的日子里，我领略到了这所学校严格的管理制度、先进的教学理念、专家教师专注的敬业精神、优质的教学质量以及有效活跃的课堂教学，我作为学员进行了反思和实践，这对于我在学习期间、乃至于今后实施新的理念开展有效课堂教学活动都将会产生深刻的影响。我感受到李作山讲授对教师心理的精彩解读，阮李全教授依法治校的教育理念，冉亚辉教授以"身正为师，德高为范"的教师道德标准，以及杨承荣老师，尹大蓉老师，刘怀乐老师，梁宜老师，他们对教学工作的认真、执着与灵活多样的教学方法，化学实验的示范性，创新性，以及如何设计化学实验教学，化学实验习题的研制与评价，化学学习实验策略，化学实验与教学等多方面，给我们学员展示了他们丰富的教学经验和智慧的教学人生，使我受益匪浅。特别值得一提的是在重庆大一中和在重庆西藏中学的听课，他们上课时能准确地把握"放"与"收"的度，塑造了整节课的精彩、生动，充分体现教师教学经验丰富、或展现了教师的教学魅力，对我触动也是很大的，对于我今后的教学实践工作无疑产生了深刻的影响。

三、重视生本教学、构建高效课堂

感知先进的教育教学理念，让我觉得受益匪浅。通过听讲座、研课、听课、评课，我在其他教师的支持、帮助下，我体会了生本教育是指"真正以学生为主人的，为学生好学而设计的教育"，它既是一种教育理念，也是一种教学模式。在近距离接触生本教育课堂，我发现这种课堂充分发挥学生的主体作用，采用自主探究、合作交流的学习方式，让学生积极参与到学习中，构成积极、欢乐、高效的化学实验课堂。"一切为了学生，高度尊重学生，全面依靠学生"，这种理念回归到教育的本真，以生命为本，关注每个学生的终身发展。在听课的过程中，我真正体验到了调动、发挥学生学习的主体作用，更好地展开师生互动和生生互动，这使得整个课堂变得有效且更具生命力。我想，在今后的教学中，我将继续学习生本教育理念，生本教育带回学校深入开展下去。做到真正把学习的自主权还给学生，引导他们自己去探索，去发现，使他们真正地成为学习的主人。同时自己也要不断积累经验，让自己的课堂更加有魅力。

四、以教学为己任、勇敢探索教学

指导教师及时有效的指导和帮助,让我顺利完成研修学习任务。由于授课教授以及指导老师的关心、支持和帮助,让我弄懂了教学设计的写法、解读课标和进行轻松有效的化学实验课堂教学,我们听了公开课,课后各位老师作了准确科学而精彩的点评,使我体会到的不仅仅是导师对学科指导意见的准确把握,更体现导师对教学细节的准确把握,体现教师的教学智慧,对我的启发很大。通过学习、磨炼使我在教学能力上有了新的长进,自身综合素养也得到了明显提高,对于我今后的化学实验教育教学工作是很有益处的。

五、以反思为动力、探索取长补短

不固守一地一校学习,而是抓住机遇,进行拓展地点、拓展层面的学习。在整个学习过程中,进一步转变了教学观念,树立了新的教学理念,主要学会了解读课程标准,根据课标来安排教学设计和组织、实施教学活动,以及及时进行教学反思;我还学会了怎样在新课程背景下全面客观地评价一堂化学教学课的有效性,我学会了在评课的过程中既要关注学生活动,又要关注老师行为;既要重视结果,更要重视过程;既要关注预设目标,又要关注达成目标。这次研修学习让我开阔了眼界,无论是聆听、观摩上课、互动评课,还是实践锻炼,每一次的学习都带给我思想上的洗礼、心灵的震撼、理念的革新,使自己对教师这个职业进行了重新的认识,对于有效化学实验课堂的教学艺术、化学教研活动的形式等诸多方面也有了更理性的认识。在今后的教育教学实践中,我将学习采他山之玉,纳百家之长,争取做到在教中学,在教中研,及时做到课前反思、课中反思和课后反思,努力做到扬长避短,求得师生的共同发展,求得教学质量的稳步提高。相信只要通过自己不懈的努力,一定会有新的收获和感悟。最后非常感谢给予我美好教学经验的各位专家教授,你们的无私奉献,将使我终身受益。

我的教师专业成长规划

教育变革首当其冲的就是教师,随着教育现代化的推进,思维方式的转型，知识更新速度的加快，教师已经没有任何理由不接受新的学习与培训。新的课程理念、教材、评价等都在强烈冲击着现有的教师教育体系，对教师的专业成长提出了更高的要求。只有不断吸纳，充实自我，才能立于不败之地。培训是中小学教师专业成长的重要途径，也是优化人力资源的重要手段。作为培训者的教师，当务之急是提高自身综合素质，以适应新时期的教师教育规律。

教师专业发展是教师人生价值实现的过程，是教师不断提升精神追求，增强职业道德，掌握教育教学规律，拓展学科知识，强化专业技能和提高教学水平的过程。而教师培训是推进素质教育，促进教育公平，提高教育质量的重要保证。只有教师的素质提高了，才会有的放矢地面向全体学生，才会促进学生的个性发展，这是我们教师教育的根本。

面对新形势下的教师教育的发展形势，我必须选择专业成长，因为这是时代的要求，教育的需要，同时也为了实现人生价值，寻找职业幸福感。认认真真地学习，扎扎实实地实践，不断发展自我，提升自我的教师教育素养。现将个人的专业成长规划如下：

一、成长背景

《基础教育课程改革纲要》指出："教师培训工作与新一轮课程改革的推进同步进行。"而新课程改革的关键在教师。教师的专业成长已经提升到了一个战略的高度。在新教育实验中，也明确提出"改变教师的行走方式"。打破制约学生素质发展的瓶颈，全力提升教师的全面素养，打造一支本土名师，为小学语文教育的发展而努力。

二、目标定位

（1）在师德修养方面，有健全的职业道德，充满爱心、耐心、细心，有大胆的勇于尝试和创新之心，能多学，多看，多尝试，成为一个善良的，有个性，有思想的人。

（2）在素养方面，多阅读教育教学类书刊，有大量的教育理论做支撑，并能有很深厚的文化底蕴。有较高的文化素养，能在发展中形成自己的个性化培训模式。树立终生学习的观念，不断提升自己的师德修养，提升自己的学科文化素养。坚持每天读书，做到读书有体会，上网有博客，提高自己阅读的能力。

（3）教师职业作为一种以人育人的职业，对其劳动质量提出的要求是很高的、无止境的，所以，作为一名教师，我时刻告诫自己要追求卓越，注重自身创新精神与实践能力、情感、态度与价值观的发展，使自己真正成长为富有历史责任感的优秀教师，把自己的全部知识、才华和爱心奉献给学生、奉献给教育事业。我相信这也是每一个教师所追求的思想境界。

（4）努力学习比较系统的专业知识、教育科学知识，不断提高自己的文化素养，丰富自身的人文底蕴。

（5）积极投入教育科研，探索规律，提高自身的教师教育水平，积极参加科研课题的研究和实施，并取得一定的成果。

三、具体措施

（1）树立教师终身学习意识。倾心学习，树立终身学习的观念，抓住平时的点滴时间读书不止，进行长期的有效的学习，增强理论底蕴，做个学习型教师。用心思考，凡事多思多想，反思出事物发展的内在规律，总结得失，找出成长的方向，做个反思型教师。不断提升教科研水平，在实践中总结，在总结中实践，做个科研型教师。全心教育，在创新中构建良好的教学策略，在发展中形成独特的教学风格，做个专家型教师。

（2）读书的过程便是一个人成长的过程，书籍是教师的精神家园，只有爱读书的教师，才会从自己的书籍中汲取力量，丰富自己，使自己"腹有诗书气自华"，因此在以后的工作中，我要不断充实自己的理论，读书看报，广泛涉猎教育学、心理学思品教学理论书籍，知道最前沿的语文理论研究，了解当今教师教育的发展，使自己充分与时代接轨。同时在平日的生活中，为了真正实现"真语文"教学观念，我要充分开阔自己的视野，真正实现自己知识的积累，使自己知识的量和面大幅度拓展，深入了解教材之外的语文世界。养成良好的阅读习惯，形成终身学习的信念。每天分时段读书，必须完成一定的阅读量；扩大读的范围，可以读教育名著、教育刊物、教材等等；形成科学合理的读书方法，在追求量的同时发生质的变化，不断丰富、提高自己的文化底蕴和教育理论水平。

（3）立足课标有效培训，形成有特色的教师培训风格。在新课标理念指导下，从一线有经验的教师请教，从名家案例里学习，从名师中汲取，敢于实践，在实践中反思，在反思中学习，在学习中成长，在成长中提升。

（4）学会反思，形成创新的工作局面。坚持反思自己的教育教学行为，找出不足，积极客观地面对，辩证看待问题，创新工作，把反思的成果落实在具体的事件中，并形成书面笔记。

（5）笔耕不止，形成自己的教育思想。及时记录教育教学中的现象、灵感，诉诸笔端，写出教育案例、故事、论文、随笔等。梳理自己的教育历程，丰富教学的血脉，形成有深度的教学思想。

（6）加强教科研，形成一定的学术能力。努力探求教育教学的规律，用研究的成果指导教师教育工作。在研究中提升，在提升中研究，走一条研究的学术道路。

（7）提高师德修养，形成人格的大山。用心灵去塑造教师的心灵，用自己的言行去影响教师学生，让人格的种子在教师和学生的心灵深处发芽，开出美丽的花朵。

第五章 给儿子的信

第一封信

亲爱的儿子：

  你好！

  今年你已经17岁了，你是个懂事，能知道关心别人的好孩子。你每一步的成长都历历在目，妈妈看着你能这样健康的成长，从心里感到欣慰。在你的教育上，爸爸倾注了很多心血，妈妈也为了你改变了很多。以前我们在方法上也有欠缺，我们及时改正，调整，尽我们所能创造宽松的环境。因此我们将你送到咸阳，目的是让你能够接触更多的同龄人，我和你爸爸让你能健康、快乐地成长。这也是我和爸爸最大的心愿。健康的心态很重要，学习虽然很重要，但那不是生活的全部，只要你能尽力而为，量力而行，我们也不会过分要求你做你达不到的事情。只是让你树立远大的目标，为之而努力，重要的是过程，成功与失败都不是最重要的。成功固然很高兴，失败了也不要气馁，爸爸妈妈永远是你的坚强后盾，永远支持你，爱你！

  你出去游玩，不仅在过程中学会很多人生的道理，同时你也要在每次的玩中细心体会人生的道理，不仅要学书本的知识，大自然也有更多的奥秘，只有走近大自然才会感到自己的渺小。爸妈希望你做个知识渊博的人，灵活地学习，做个对社会有用的人。

  你已经慢慢地成长起来了，在妈妈的心里你仿佛还是几岁的小孩子，所以对你做事还是有点不放心，总是说这说那。你也许有时会烦，妈妈请你理解，也许是妈妈的关爱方式不对，但妈妈是非常的爱你，做母亲的都是这样，时时为儿子担心。当你觉得妈妈有哪做得不好，可以直接说，妈妈会改的。妈妈心疼你，不让你做事情，现在想来还是有点不对的，希望你学会处理好自己的事情，但我并没有给你太多的机会锻炼，这也是我现

第五章 给儿子的信

在考虑最多的。你现在学习那么紧张，再让你做，妈妈心中不忍。你每天的学习已经很辛苦了，我看在眼里，疼在心里，妈妈能做的就是让你现在吃好，睡好，保持好的心态和情绪，以最好的状态投入到学习中，向你的目标努力。

做饭、洗衣服，虽然是小事，妈妈希望你以后出外读书时，能把自己照顾好，做个自立的好孩子。妈妈爱你，希望你离开家能独立生活得很好。这样妈妈才会放心哦！

最后祝儿子能开心地学习，健康成长！

爱你的妈妈
2017年3月16日

第二封信

亲爱的儿子：

我是你妈妈。是这个世界上最爱你的人，还有一个人和妈妈一样的爱着你，那是你爸爸。妈妈暂时还没有想好你多大的时候给你看这封信，但是我想我必须把这些写下来。你的降临是老天赐给爸爸妈妈最珍贵的礼物。为了你，我和你爸没少受苦，一点都不容易，妈妈为了生你差点送了命，我们再也不敢要第二个孩子，你是我们唯一的宝宝。所以我们爱你十分，你得爱我们五分，剩下的五分就看你小子良心了。儿子你现在已经长大了。从你出生起，你就应该明白你是一个男孩子，男孩子长大以后会成为男人，你以后也会和你爸爸一样成为丈夫，成为父亲，所以你要明白，责任是天，诚信是地，这是为人夫为人父的职责。妈妈一定不会强迫你做你不爱做的事情，当然多读书绝对不会是错的，我一定会支持你去做你喜欢的事情。爱好广泛绝对是有好处的，但是世上之事贵在坚持二字，凡事只有坚持才能成功。对于我和你爸爸，我希望你把我们当作朋友，如果你愿意把你的小秘密和我们分享，我们绝对欢迎，但是如果你希望将它们藏在心底，爸爸妈妈也不会去刨根问底。咱们家实行民主制度，凡事都可以投票解决，我们希望你能生活在一个轻松的温馨的环境中，爸爸妈妈不会用长辈的姿态强迫你，所以你有任何与我们不同的想法，不要害怕，你可以大胆地说出来，我们可以一起探讨。不知道为什么你变得不太爱说话，这样不好。你长大了，一定要学会与人沟通，交流，分辨是非对错。对于你的前程，我们也不会帮你设计，因为你才是你人生的设计师。无悔青春只有一次，这也是人生中最最美好的时光，我们希望你快乐的渡过这段热血沸腾的时光。关于朋友，妈妈想说的是，朋友绝对是你人生中一个重要的组成部分，一个成功的人，一定有很多能帮助他的好朋友，这个世界上没有绝对的坏人，任何人身上都有值得学习的地方，所以请不要看轻任何人，任何人都有可能是你的良师。但是请你记住你如何待人，人如何待你，你需要有一颗宽容善良仁义的心，这个世界上绝对没有白吃的午餐，要学会付出，才能有回报。当然，妈妈也不希望你受到伤害，所谓防人之心不可无，害人之心不可有。亲爱的儿子，从你出生的那一秒开始，我们就是这个世界上最亲的人了，妈妈是那么的爱你，你就是妈妈的世界，我是多么希望你快快长大，但是经常又很矛盾，害怕你突然就长大了，会离开我。我想你爸爸的心情应该和我一样吧。

儿子，当你成人的时候，你就会明白妈妈今天所说的一切了。

永远永远爱你的妈妈。

2017 年 5 月 26 日

第三封信

儿子：

我没事的时候就细细地梳理思绪，我发现了你很多的优点。你在上小学，初中时，当夜深人静时，父母都已睡觉了，你还在学习；早晨父母还在梦乡，你早已起床，无论春夏秋冬。你从未迟到过，这得需要多大的毅力啊！这一点身为妈妈的我感到欣慰。儿子，我经常在你的考试成绩出来后，注重了你的名次和分数，没能注重平时的引导和心理上的沟通。妈妈对你的成绩有过欣喜、气愤和无奈，但更多的是错误。在对待你的教育中我发现，其实妈妈存在很多的错误，妈妈对你的口不择言，原谅妈妈伤你的自尊，原谅妈妈的爱之深、责之切却不得其法。原谅我给你当了 17 年的妈妈。希望你用宽大的心胸来原谅妈妈吧。现在我发现我的儿子自上次月

第五章 给儿子的信

考后在努力，在用功，我的心中无比的高兴我还相信我的儿子一定会克服自己存在的不足（如对课程的热衷程度）。儿子你的班主任认为在对待你的学习上以及对你的方法上有他的独到之处，他看到了你的本质和问题的所在。说你有潜力，聪明，只要克服自己存在的问题，上课认真听讲，不打瞌睡，不玩手机，晚上按时睡觉，成绩定会突飞猛进。不知你是否这样认为？老师的细心观察得出的结论有他的真实性，是吗儿子？这也说明了儿子的努力有所欠缺，还有待你做出更大的努力。你是个聪明的孩子也是一个知错必改的孩子。只要你付出了，努力了就会有回报。儿子，我把自己的好胜心变成了对你的压力，这对你是多么的不公平，你小学，初中的奖状贴满了我们家的一面墙，希望你在的高中阶段也能够拿到奖，让妈妈和你一起进步，成为一个 积极上进的人。

妈妈
2017 年 9 月 18 日

第四封信

亲爱的儿子：

　　当你看到这封信的时候，你已经进入高三年级了。到了明年这个时候你将迈入成年人行列了，爸爸妈妈祝贺你！

　　很长时间了，我们一直在考虑当这一天到来的时候以怎样的方式向你表示祝贺——过生日，太普通了，送礼物，太轻飘了，想来想去，还是写信吧。

　　是的，祖先创造了字，让我们把想记录的记录下来，让我们把口头不便表达的表达出来，让我们把语言不可以保存的保存下来。而此刻，又让爸爸妈妈在这个非同寻常的日子里把要对儿子说的话说出来，留下来。

　　然而儿子，关于你的孕育、你的出生、你的成长，关于爸爸妈妈对你的爱、对你的期望、对你的祝福，又岂是一封信能容得下的。

　　十七年前的 1 月 3 日晚上 1 点零 6 分，妈妈生下了你，清晰地记得当医生刚刚把你从妈妈的腹中生出时，你来到人间的第一声啼哭让躺在手术台上尚处于麻醉状态的妈妈落下了眼泪，清晰地记得第一次喂你吃奶时妈妈动作笨拙，清晰地记得爸爸第一次抱你时怜惜无比却又手足无措，清晰地记得你的到来，是咱家多大的喜事呀！而让我们倍感幸福的是，从3岁开始到初中毕业，我们一直陪伴你左右。

陪伴着你，见证了你的成长，见证了你的诚实，你的热情，你的正义，你的节约，你的阳光，你的文采，你的顾全大局，你的善解人意，你的不讲吃穿，你的努力，你的孝顺，你的自律，你的不服输，你的善于把握机会，你的勇于承担责任，你的敢于自嘲。见证了你的幽默，你的时时替别人着想，你的与人为善，你的宽容，你的处事低调……儿子，你的优秀是爸爸妈妈心中永远的骄傲！

如今，你成人后的第一场考验愈走愈近，那，就是高考。

为高考，你已经在教室里坐了整整十二年，为高考，你已经参加了一次又一次这样那样的竞赛和考试，为高考，你体验了升上高位的喜不自禁，也忍受了跌入低谷的失意落寞。如今，高考终于要来了，站在这人生给你的第一份特殊的成人礼面前，爸爸妈妈要求你，首先，明确你的目标高校，然后，拿出四样东西：

一、一定能达到目标的信心；

二、心无旁骛、全力以赴的状态；

三、性格中沉着理智的那一面；

四、再仔细点、再认真点。

这些，你一定要做到。

儿子，十二岁，你漂亮地小升初，十五岁，你漂亮地免掉中考，十八岁，你也一定能漂亮地度过高考关！宝贝，你一定会成功的，爸爸妈妈静等那一天的到来！到那时，高考将成为你化茧成蝶的一场奢华仪式，将成为人生给你的一份再厚重不过的礼物！

一起给你写下这些字时，爸爸说，想掉泪。是啊，孩子，你是我们爱情的结晶，是我们人生的主题，是我们全部的全部。十七年了，你呱呱坠地，你咿呀学语，你蹒跚学步，你从幼年到童年到青年……今天，你成年了，步入你人生的分水岭了，不久的将来你就要成就学业，成家立业，到那时，我们双双老去，而你，我们的儿子，就要接替爸爸，担负起为这个家庭遮风挡雨的重任。几多感慨呀……

第五章　给儿子的信

很遗憾，今天，我们恰巧不能在你身边，你当然能理解个中原委，不会怪罪我们，然而不能陪伴你度过这意义非凡的一天，不能不说是我们的遗憾。不过，于你，这独处的日子也许正是你自由思想的绝好机会，而这，正是你所需要的，是吗？近日妈妈在重庆师范大学学习，正巧碰到你们学校的老师，带一本书和一支笔给你，它们承载着我们对你的全部期望和爱，希望你能够确立奋斗目标加油！

到这里，这封信就告一段落了，把它当作载体吧，它承载着爸爸妈妈给你的爱、给你的期望、给你的祝福。

这就是我们在你明年高考之际送给你的唯一礼物。

妈妈

2017 年 11 月 26 日

第六章　数学诗歌

与数学有关的诗歌

音乐能激发或抚慰情怀，绘画使人赏心悦目，诗歌能动人心弦，哲学能使人获得智慧，科技可以改善物质生活，但数学却能提供以上的一切。我们想变枯燥乏味的数学学习为欣赏美发现美的审美过程，完全可以渗透一些与数学有关的诗歌，甚至引导学生去创作。我曾听过一些老师的课和教研活动，他们的学生们在这方面所展现的能力和才情使我惊讶。要相信学生的创造力想象力远超过我们所能想象，我们所能做的应该做的，就是给他们一个启发，搭建一个平台。下面是我所积累的一些与数学有关的诗歌。

一、与课本内容有关的诗歌

集合、映射与函数

日落月出花果香，物换星移看沧桑。
因果变化多联系，安得良策破迷茫？
集合奠基说严谨，映射函数叙苍黄。
看图列表论升降，科海扬帆有锦囊。

集合

集合概念定三性，确定互异无序性。
并交全补是一家，心心相印不用怕。

指数函数、对数函数和幂函数

晨雾茫茫碍交通，蘑菇核云蔽长空。
化石岁月巧推算，文海索句快如风。

第六章 数学诗歌

指数对数相辉映,立方平方看对称。
解释大千无限事,三族函数建奇功。

二、诗歌数学题

朱世杰的《四元玉鉴》《或问歌录》共有十二个数学问题,都采用诗歌形式提出。如第一题:"今有方池一所,每面丈四方停。葭生两岸长其形,出水三十寸整。东岸蒲生一种,水上一尺无零。葭蒲稍接水齐平,借问三般(水深、蒲长、葭长)怎定?"在元代有一部算经《详明算法》内有关于丈量田亩求法:"古者量田较润长,全凭绳尺以牵量。一形虽有一般法,惟有方田法易详。若见涡斜并凹曲,直须裨补取为方。却将秦实为田积,二四除之亩法强。"

明代程大位有一首类似的二元一次方程组的饮酒数学诗:"肆中饮客乱纷纷,薄酒名醨厚酒醇。好酒一瓶醉三客,薄酒三瓶醉一人。共同饮了一十九,三十三客醉颜生。试问高明能算士,几多醨酒几多醇?"这道诗题大意是说:好酒一瓶,可以醉倒 3 位客人;薄酒三瓶,可以醉倒一位客人。如果 33 位客人醉倒了,他们总共饮下 19 瓶酒。试问:其中好酒、薄酒分别是多少瓶?

著名《孙子算经》中有一道"物不知其数"问题。这个算题原文为:"今有物不知其数,三三数之剩二,五五数之剩三,七七数之剩二,问物几何?答曰二十三。"这个问题流传到后世,有过不少有趣的名称,如"鬼谷算""韩信点兵"等。程大位在《算法统宗》中用诗歌形式,写出了数学解法:"三人同行七十稀,五树梅花廿一枝,七子团圆月正半,除百零五便得知。"这首诗包含着著名的"剩余定理"。也就说,拿 3 除的余数乘 70,加上 5 除的余数乘 21,再加上 7 除的余数乘 15,结果如比 105 多,则减 105 的倍数。上述问题的结果就是:(2×70)+(3×21)+(2×15)-(2×105)=23。

在印度学者婆什迦罗的著作中,也有这样一首数学诗:"素馨花开香扑鼻,诱得蜜蜂来采蜜。熙熙攘攘不知数,一群飞入花丛里。试问此群数有几?且把条件来分析,全体之半平方根,另有两只在一起;总数的九分之几,徘徊在外做游戏。"你如果列出无理方程运算后,则可得出此群蜜蜂为

72只。另外有一首写荷花的数学诗:"平平湖水清可鉴,石上半尺生红莲;出泥不染亭亭立,忽被吹到清水面。渔人观看忙向前,花离原位二尺远;能算诸君请解题,湖水如何知深浅?"这是一首多么富有诗情画意的代数题!你看,长在湖里的红莲,露出湖面的长度是半尺,它被风吹向一边,红莲顶上的花离原水面的距离为 2 尺,问湖水有多深?根据勾股定理列式算得,湖深为 3.75 尺。

三、数字入诗

最常见的入诗的数字是一。"一"虽说是个数字概念,其实,把"一"字恰当地运用到诗文中,会产生美的艺术效果。

例如清代诗人陈秋舫写过一首以《题秋江独钓图》为题的"一"字诗:"一帆一桨一扁舟,一个渔翁一钓钩,一俯一仰一场笑,一江明月一江秋。"五代时南唐后主李煜在位时,曾为宫廷画家卫贤所作《春江钓叟图》题词二首:"花有意千重雪,桃李无言一队春;一壶酒,一竿身,世上如侬有几人。""一棹春风一叶舟,一纶茧缕一轻钩;花满渚,酒满瓯,万顷波中得自由。"把一个个洒脱的渔翁形象刻画得栩栩如生。

又如元曲一首小令《雁儿落带过得胜令》:"一年老一年,一日没一日,一秋又一秋,一辈催一辈,一聚一离别,一苦一伤悲。一榻一身卧,一生一梦里,寻一个相识,他一会,咱一地,都一般相知,吹一回,唱一回。"诗中22个"一"字不断重复,反映了人生虚幻的凄苦。其写法奇特,而以俚语取胜。

有些诗歌会把一到十十个数字镶嵌到诗中。宋代理学家邵康云:"一去二三里,烟村四五家,亭台六七座,八九十枝花。"此诗妙在顺序嵌进十个基数,寥寥数语,描绘出一幅恬静淡雅的田园景色,勾起人们不尽的情思和神往。明代作家吴承恩有一首咏夜景的诗,意境十分开阔:"十里长亭无客走,九重天上现星辰。八河船只绵收港,七千州县尽关门。六宫五府回官宅,四海三江罢钓纶。两腐楼台钟鼓响,一轮明月满乾坤。"此诗妙在诗中数字从大到小,把夜色写得静美无比。两首诗歌对比诵读,很是奇妙无比。

关于数字入诗还有许多凄美的故事。据说,卓文君与司马相如婚后不久，司马相如即赴长安做了官，五年不归。文君十分想念。有一天，她突然收到丈夫寄来的一封信，自然喜不自禁。不料拆开一看，只写着"一二三四五六七七八九十百千万"十四个数字。聪明过人的卓文君立即明白了丈夫的意思：数字"七"出现了两次，由于"七"与"妻"同音，显然司马相如有停妻另娶的意思。于是，她满含悲愤，写了一首数字诗："一别之后，二地相悬，说的是三四月，却谁知五六年！七弦琴无心弹，八行书无可传，九连环从中断，十里长亭望眼欲穿。百般想，千般念，万般无奈把郎怨。万语千言道不尽，百无聊赖十凭栏，重九登高看孤雁，八月中秋月圆人不圆。七月半，烧香秉烛问苍天，六月伏天人人摇扇我心寒，五月榴花如火偏遇阵阵冷雨浇，四月枇杷未黄我欲对镜心欲乱，三月桃花随流水，二月风筝线儿断。噫！郎呀郎，巴不得下一世你为女来我为男。"

南朝宋鲍照也有一首有趣的《数名诗》："一身事关西，家族满山东。二年从车贺，斋祭甘泉宫。三朝国庆毕，休沐还旧邦。四牡曜长路，轻盖飞若鸿。五侯相饯送，高会集新丰。六乐陈广座，祖帐揭春风。七盘起长袖，庭下列歌钟。八珍盈雕俎，绮肴纷错重。九族共瞻迟，宾友仰徽容。十载学无就，善宦一朝通。"

南朝齐、梁间范云亦有一首《数名诗》："一鼓有余气，趫勇正纷纭。二广无遗略，雄虎自为群。三河尚扰攘，楯橹起槿楒。四巡驻青骅，瘗玉旷亭云。五十又舒旆，旗帜缤纷。六郡良家子，慕义轻从军。七获美前载，克俊嘉昔闻。八音仁繁律，将以安司勋。九命既斯复，金璧固宜分。十难康有道，延着望卿云。"

唐朝宰相权德舆也有一首《数名诗》："一区扬雄宅，恬然无所欲。二顷季子田，岁晏常自足。三端固为累，事物反徽束。四体苟不勤，安得丰菽粟。五侯诚暐晔，荣甚或为辱。六翮未骞翔，虞罗乃相触。七人称作者，杳杳有遵躅。八桂挺奇姿，森森照初旭。九歌伤泽畔，怨思徒刺促。十翼有格言，幽贞谢浮俗。"

四、用数学知识读诗

有许多诗歌，从字面上看不出它与数学的联系，但仔细思索之下，利用数学知识重新反思诗歌内容，会有全新的认识。譬如歌剧《刘三姐》中，刘三姐与三位秀才（陶，李，罗）对唱，罗秀才："小小麻雀莫逞能，三百条狗四下分。一少三多要单数，看你怎样分得清。"刘三姐："九十九条打猎去，九十九条看羊来。九十九条守门口，还剩三条奇奴才。"计算一下可以发现 300=99+99+99+3。这正是数学中的整数分拆问题。如果不计次序的分拆，就有四种分拆方法：300=99+99+99+3=99+99+3+99=99+3+99+99=3+99+99+99。显然，上面的分拆数目若计及次序的分拆便是 4 种；若不计及次序的分拆便是 1 种。这时候可以有一个更一般的问题题："将 300 分成有次序的 4 个奇数之和，有多少种不同的方式？"不难想象，如果当年与刘三姐对唱的罗秀才，将歌词的最后一句改为："多少分法请说清"，那么即使刘三姐非常聪明，一时间，也恐怕难于应付了。

五、数字诗谜

一首不见数字的数字诗宋代女诗人朱淑贞有一首《断肠谜》："下楼来，金钱卜落；问苍天，人在何方；恨王孙，一直去了；咒冤家，言去难留；悔当初，吾错失口；有上交，无下交；皂白何须问；分开不用刀；从今莫把仇人靠；千里相思一撇消。"其实，这首诗中每一句都是一个字谜，合起来就是一、二、三、四、五、六、七、八。

六、数字讽刺诗

利用数字入诗，可以写出许多讽刺意味极浓的讽刺诗。例如清代有位诗人写过一首《咏麻雀》的打油诗："一个二个三四个，五六七八九十个，食尽皇家千种粟，凤凰何少尔何多？"还是清朝道光年间，官员腐败，皆嗜鸦片，衙门尽设烟馆，一片乌烟瘴气，有人写诗嘲之："一进二三堂，床铺四五张；烟灯六七盏，八九十支枪。"讽刺朝廷的那些昏晕无能的赃官，可谓是入骨三分。前几年在某杂志上见过一首讽刺如今的某些官员的数字诗："喝酒一杯两杯不醉，跳舞三圈四圈不累，搓麻五点六点不困，小姐七个八个不多，受贿九万十万不退。"不知道这些当官的看见了会有什么想法。有一首民间流传古诗说的是泥塑神像："一声不响，二目无光；三餐不食，四体不勤；五谷不分，六神无主；七窍不通，八面威风；九坐不动，十足无能。"这里给泥塑神像列出了十大"罪状",算得上是一篇檄文。据说:当年推倒宣扬封建迷信神像的时候,就念这首诗,念到"十实无用"一句以后,紧跟着就是齐声怒吼:"推倒它!"大家一齐用力,就把神像推倒了。这些数字诗歌,一个个语言优美,形式新颖,妙趣横生,有种别样的美。阅读这些数学诗,它不仅可以打开人们思维的天地,又可以得到美的享受和学到某些数学知识,激发学生学习数学的兴趣。教学中若有意识地使用,有一些学生受数学诗歌的启发,也开始尝试着把数学中的一些结论和方法用诗歌的形式表示出来。

七、我的数字诗

一字诗

一

一八旺波成二三,四转九天多威严。
曾经落魄谁人问?不看唐僧看内心。

二

一别已有二三年,一泓秋水一轮月。
闲得逍遥吹箫乐,梦里相思赏明月。

三

一团和气万事兴,望子成龙女成凤。
有朝一日金榜名,把酒言欢世更新。

四

一平相连文武士,千里跋涉图报齐。
欲问三秋出扬帆,坐爱故里秋风晚。

五

一统山河太平歌,牛羊风光一时清。
百年大计通船渡,牵念曲调功珍勉。

六

一域春色关不住,三八二九出墙来。
珠峰南峰与天高,长江黄河鸭绿江。

七

一风回雨水流霞，沙步二三欢暮鸦。
祖国富强万人心，百炼成钢三军拼。

八

一生功名今朝成，双波行运在其中。
环山好水顶江山，越过青藏游巴蜀。

九

一代曹师为谁兴，勇冠三军称英雄。
耀武扬威震四海，古今三国谁人评？

十

一年三百六十日，终年辛勤田间作。
不到长城非好汉，喜庆丰收家家乐。

十一

一庭花影三更月，霓裳羽衣神仙乐。
静杯歌舞贪欢恋，一复一日每日歌。

十二

一轮红日出东方，万物生长靠太阳。
东方柔情稀方落，甜甜工作天天乐。

十三

一日三秋两相思，相濡以沫总相依。
身经百战今朝还，把酒雅乐续尽欢。

十四

一年四季耕作勤，诚心善意浴神异。
左右姑息对谁说？有声无影总相乞。

二字诗

二一合好九有望，一五四七定本期。
过喜和气人人夸，深山逸出有人家。

二

二八年华值妙龄，呈娇献媚皆动情。

龙争虎斗争上游，金榜题名为君愁。

三

二人莫道机命巧，前世有缘今生圆。
他日若遇第三子，形同陌路无人知。

四

二九江平未有风，扁舟共济三四同。
欲问江中照明月，手把墨笔写出名。

五

二伴三三今朝闲，四四顺利每月欢。
湖光秋月山似河，潭面微风吹平和。

六

二八少年多情怀，鸿运当头六六开。
三八取一应有机，同舟共济要争取。
左手右手二手空，心中经略皆畅通。
朦胧山涧云雾飘，似有又无假乱真。

七

两只鸳鸯双方对，昨日夜半盼郎归。
郎伴娇妻月更明，独叙幽情万物同。

三字诗

一

三一来五又来六，日新月异不忧愁。
虎蛇相斗得其中，心悦诚服步步升。

二

三三特出鸣月湖，金色秋波别样红。
辽阔蓝天双雁随，依翠绿挥鞭江山。

三

三生有幸育黄龙，相伴一世莫相欺。

楼宇见我孔夫子，可叹烟台忧郁人。

四

三科前名入朝纲，秀态婀娜惹人羡。
谁说女子莫若男，女皇武则诉情愿。

五

三教九流江湖事，生育子女望成器。
青山忽闻隐琼楼，儿富母贵两相移。

六

三回思顾探不清，胆小怕事末路穷。
雄才伟略应时有，生活光彩日益新。

七

三五成群我其中，无师自通陪尔齐。
长路漫漫无境止，两肋插刀多豪气！

八

三旬二地酒一酌，五湖四海开心过。
人生无处不尽欢，花好月圆世事凡。

九

三六平生多感激，一半衷心一半情。
花开一片出凡尘，万贯家财自身定。

十

三四合数有玄机，天天盼望作教师。
自觅自有诗歌闲，不怕艰难常冒险。

十一

三六合九吉祥数，四舍五入推新出。
魅力时隐紫竹青，万树簇拥日光明。

十二

三箭穿云迎其昌，南柯一梦兆吉祥。
虎踞山岗震四方，龙盘云海平三江。

第六章　数学诗歌

四字诗

一

四季国富呈吉祥，三脚功夫不自量。
花天酒地不成器，苦尽甘来确实庆。

二

四季如春春常在，飞时过溪明月清。
愿望情愫总依稀，游遍江南四时春。

三

四喜临门人人捧，北斗七星照月馨。
埋头苦干过余生，始终文武伴前明。

四

四一不分今朝定，好友二久常相随。
当年一别畅谈苦，风味依稀魅力留。

五

四面皆为最佳影，笔筒十色东北行。
同日跨上自家园，赏心悦目总相依。

六

四通八达聪明世，东方仙境美如画。
你方唱罢我方来，人间自有柔情在。

七

四世同堂方尽欢，二二思念姐妹观。
人生得意须勤换，天地之数也惘然。

五字诗

一

五光十色总相宜，一片江东春水蓝。
淡然明月万事闲，怜香惜玉何时休？

二

五羊开泰六畜旺，万里征途千里马。

牛前马后转一圈，鸿运当头每日欢。

三

五湖四海皆兄弟，幸运八方来亲人。
金屋妆伴娇诗作，玉楼宴罢春醉和。

四

五一国际劳动节，六十六年两春秋。
勤耕细作莫忘本，八面财源供清风。

六字诗

一

六合玄中藏八卦，忘却三六花依然。
过得三江观云海，远方客人何时来？

二

六月本是繁考日，风风火火二三事。
人奔四化六六顺，淡然名誉万事闲。

三

六合珠波同争取，四海九州共含情。
天际溜马时光逝，屋角斜阳炊烟起。

四

六座山岗一线天，峰回路转十六弯。
深山溪流路作伴，夕阳映月东流去。

七字诗

七上八下做一番，三脚功夫道不明。
回望年狂昨日事，一半忧郁一半喜。

八字诗

一

八方来客盼重彩，九九归一为抬头。
娇如群帝骖龙翔，神似羿身九日落。

第六章　数学诗歌

二

八骑奔驰守边关，捷报飞来报平安。
祖国上下人人欢，好人一生都平安。

九字诗

一

九月秋分二更凉，掬菊登高赏重阳。
忽闻哨声秋分来，原是教书抵万金。

二

九霄云外神州繁，长征火箭直冲天。
仙子嫦娥舞红旗，到我这里来休憩。

十字诗

十字路口过东西，年年月月在中间。
今朝有酒今朝醉，人生处处是知己。

二

十山二河藏布江，青山绿水源头长。
公路马路火车道，天上人间常来往。

百字诗

一

百年世事总依稀，往事不堪再回首。
华轩倾盖宛若梦，白头偕老常相亲。

二

世间马路千百条，弃小就大是高招。
失却虽然路远斜，浮重何处难回家。

三

百转盛景今朝还，徒留伤剑心难堪。
昨日故乡少许事，今宵浮月念往昔。

万字诗

一

万马齐欢腾旺波,紫气东来碧海清。
华轩皇冠宛若梦,青松白云总乡情。

二

万千羽扇手挥计,借剑草船万古传。
汉生重色思倾国,御字多年难求得。

第七章　抒情诗

教师节有感

一

今生有你变成师，粉笔含丹肺腑慈。
三尺讲台显风姿，四面凯歌迎风来。

二

汗水辛劳良地灌，满园桃李芳姿展。
天下祝师千万种，同乐师生情谊长。
半生为师一生情，秋收丰果遍地红。

三

教师之节逢周末，秋意微凉不见生。
难得偷得半分闲，半眠半醒到天明。

四

内忧外患愁断肠，凌晨不眠心茫茫。
今宵良辰庆师节，些许欢喜苦绵长。

聚别有感

一

亲朋相聚家做客，儿近弟亲心欢喜。
虽有一丝不如意，亲人登门把福祈。

二

昨日粤广伴稚童，今朝藏林陪亲人。
荷花依依舞翩跹，青山绕绕风习习。

三

完结广藏交流日，飞扑赶往回乡去。
朝夕相伴三六童，半掩衣衫依依别。

游林芝有感

一

又是清明旧时节，万水千山不阻隔。
夜雨淅淅泛牵挂，愁结百处林芝客！

二

寒食节气花纷纷，路上文气遍神州。
要问知音何处寻，携程提示南伊沟。

三

桃花红，梅傲雪，柳枝新芽春光笑。
人静坐，生问学，书声朗朗满园馨。

四

康拉拉唐送平安，自然博物伴群山。
难得偷闲半分多，伴陪亲友游林川。

五

俯视八一水连天，人在神山无心返。
昨日粤广绿树绕，今朝藏林蓝天抱。

第七章 抒情诗

六

自然风光九洲同，人文地理各不同。
人间独一藏家风，引来异客四方人。

七

一路溜达过两江，尼洋风光最美好。
情比石坚两生桃，槐树生存五十载。
男耕女织华夏俗，养蚕生丝万家富。
雅鲁藏布大峡谷，拐弯情深万千丈。
极地天河牵中华，南迦巴瓦矗江南。

八

林芝风光无限美，一路拍照一路喜。
日近黄昏不知迟，依依惜别回家去。

偶感

一

彩莲而今已迟年，荷叶依依见深情。
清风微动叶翩翩，池鱼戏戏情难免。

二

移步移地移环境，变情变绪变心情。
回想往事成烟云，不知双鬓已现花。

三

不忘初心跟党走，一心一意为教愁。
广东交流近尾声，七份真情三份愁。

四

身处童趣甜美梦,虽老童心仍未泯。
少年重现意真切,人到中年童女梦。

五

学子莘莘人人帮,花季少年事事忙。
真情人间处处有,相伴相知谢恩酬。

探亲

魂牵梦绕故乡情,心心念念花前厅。
犬吠夜半惊初梦,黎明苍蝇搅清静。
而今光阴算丰盈,心情却少旧时乐。
可叹时世多变幻,长忆儿稚总无忧。

回途

天路漫漫弃乡途,独凭车栏泪横流。
天路相连圣湖绕,炎热终夏心潮伏。
景频风光尺规限,心无栅栏天地宽。

母子图有感

谁知草木皆为情,切切游子身上衣。
少年稚童母狠心,夜夜思念到天明。
他乡求学不上进,愁得慈母霜间鬓。

庭院月季

一簇月季竞向开,家和事兴四处春。

庭院处处展生机，轻风徐来幽香逸。
一年三百六十日，明媚鲜艳丽几时？
呈苞弄嫩抓狂欢，好好珍惜笑容许。

观风景

风景拂动莲花头，寻找家园知我愁。
日日寻求成功德，艰难困苦都经过。
君问我欲何方去，天上美景田园风。
万紫千红春常寄，千山万水花思境。

上网瘾

黑云压体体欲摧，心中愤懑鸣不平。
手机网络乱伦理，小儿不识求奋进。
家国需要有和谐，社会更缺栋梁材。

父子情

父子同驾自行车，你先我后游街去。
那年盼儿快出世，今朝愿儿多志气。
愿多志气父母喜，少年壮志不言愁。
好学上进人人夸，不枉四海闯天下。

送儿上高中

西藏咸阳两地牵，望子新校改前闲。
生活精辟学习优，三年成就学霸男。
努力学习争先进，文理兼通好儿男。
他日金榜题名时，江山欢笑人欢喜！

广汉游感

西藏沧桑写满肠,川师学府欢盈江。
鸭子河旁富贵商,三星堆处风光好。
绿影处处欢笑靓,去除沧桑心愉畅!

打开心门

多日的心门打开,许久的烦恼不再。
今生的忧伤抛去,此后的人生美满。
蓝天彩虹晴天舞,居家过日纵情游。

在家偶感

孑然在家无人问,亲人好友过烟云。
欣得学校一丝情,辽待我情送途程。
林芝风光无限好,游罢青山万古畅。
生活总是有点味,千教万学总是情。
莘莘学子不怕苦,园丁迎来爱国梦。

广东艺术学校有感

家国钟情广东行,艺术教育往前冲。
歌功颂富育精英,玉女金童卫精粹。
形体优美颜值高,翩翩婆娑弄舞巧。
芭蕾现代展风情,粤广育德才辈出。
我欲乘风弄娇姿,可叹年高力不足。
天若有情赐吾岁,千万喜桌聚高朋。

外校吟

仿佛梦中游九天,昨日林芝今广粤。

第七章 抒情诗

送来稚子常作伴，返老还童心未老。
经历无数风雨情，占山孩王喜万千。
一年三百六十日，全为他人做嫁衣。
孑然对镜满面苍，青春不属空叹畅。
寄托风光小儿芝，盼望老来安定日。

观丝路花雨

丝路绵绵话乡情，甘陇粤广两家亲。
飞天翩翩儿时绕，今宵良辰圆我梦。
莫道中年他方魂，无处不念家乡音。

赠师生家长

少年壮志还未酬，进入林中把学求。
食宿恩师如慈母，三包政策解忧愁。
勤学全靠老师教，我们家长放心了。
有病校医精心治，各位父母不用去。
困难面前人人帮，林中的确是好家。
祝愿人人立远志，书香气息到处是。
报答林中无限恩，金榜题名好儿女！

读书有感

知吾所想品天下，予吾所好行万里。
文字海洋梦畅游，读书安知凡间事？
稚嫩个性予所爱，一屏之隔成书缘。
他日梦中情人语，近日逍遥过往事。

休憩

眼前明媚光，忆在大树双。

聚头望美艳，低头思鼓弦。

离天堂最近的香巴拉

离天堂最近的香巴拉，那是我依恋的西藏林芝。
假日灿烂的阳光之旅，我们依偎在绿树环抱里。
仔细地看这深情的大地，悄悄听那尼洋河的涛声。
是谁在那小鸟叽叽的丛林中？孕育生命的故事！

回望当年

当年一别长亭哭，风物依稀陌路留。
若是幸得登高处，把酒举盏庆福寿。

广汉漫步

西藏沧桑写满肠，川师学府欢盈江。
鸭子河旁富贵赏，三星堆处好风光。
林荫葱葱点点红，驱除沧桑心愉畅。

顿悟

多日心门顿然开，许久烦恼皆抛去。
今生忧伤不再有，后日人生多美满。

贺年有感

好事心情妙，锻炼身体强，鸿运盛事来。
健康天天伴，子女勤努力，开心过猴年。

思儿

闲看晚亭斜阳红，云天雾绕一家亲。

望儿文武能双全，坦然登科成壮愿。

望月思

松下云畔风主月，人海茫茫南北闯。
九天问月今何宵？三更入眠五更起。
弹指鹏程万里路，志高向远永不息。

母亲节

雅静忧坐思儿远，满天星辰寄千言。
天下可怜父母心，惟坐绣帐静独思。
一朝一夕慈母情，夕阳日落思前缘。
神州大地人来往，展望未来示我亲。

偶感

闲坐门庭无人问，清风送懒暗香动。
满腹皆是遗憾事，静待安详捎风迟。
看淡心境方寻觅，古今风流多少事。
举杯把酒邀明月，轻起弄舞嫦娥坐。

赏玫瑰

家邻门前玫瑰红，清香浮动满忧沉。
行路葱葱街市客，三朵两朵洒余香。
道得满腹惆怅在，尚存心间一缕泓。

参考文献

[1] 蒋元春. 创设教学情景，实施素质教学的几点思考[J]. 生物学教学，2004，29（5）：30.

[2] 戴长虹. 谈课堂提问"度"的把握[J]. 生物学教学，2004，29（5）：13~14.

[3] 王定华. 走进美国教育[M]. 北京：人民教育出版社，2004.

[4] 张自学，德金. 好孩子是夸出来的[M]. 北京：新华出版社，2006.